江恩理论解析与实战应用十六讲

蒋义行　陶暐拟　著

地震出版社
Seismological Press

图书在版编目(CIP)数据

江恩理论解析与实战应用十六讲 / 蒋义行，陶暐拟著. —3 版.
—北京：地震出版社，2019.2
ISBN 978-7-5028-4873-6

Ⅰ. ①江… Ⅱ. ①蒋…②陶… Ⅲ. ①股票投资—基本知识 Ⅳ. ①F830.91

中国版本图书馆 CIP 数据核字(2017)第 252896 号

地震版 XM4035

江恩理论解析与实战应用十六讲(第三版)
蒋义行 陶暐拟 著
责任编辑：薛广盈 吴桂洪
责任校对：孔景宽

出版发行：地震出版社
北京市海淀区民族大学南路 9 号 邮编：100081
发行部：68423031 68467993 传真：88421706
门市部：68467991 传真：68467991
总编室：68462709 68423029 传真：68455221
证券图书事业部：68426052 68470332
http://seismologicalpress.com
E-mail：zqbj68426052@163.com
经销：全国各地新华书店
印刷：北京市兴星伟业印刷有限公司

版(印)次：2019 年 2 月第三版 2019 年 2 月第一次印刷
开本：787×1092 1/16
字数：400 千字
印张：20
书号：ISBN 978-7-5028-4873-6/F(5574)
定价：58.00 元

前　言

2001～2002 年将近两年时间我们为机构大户和私募基金的操盘人员讲授了江恩理论及其实战应用，本书的内容，是在此基础上整理而成的，是研究和讨论的成果。在讲课期间，正值中国股市处于下跌的慢慢熊市中，当时我们对大势的看法和分析与大部分的市场人士相左。

随着股市行情的慢慢演变和发展，与众多市场人士的观点渐渐地暗然失色相比，我们的观点，便有了更多的关注。这一情形，可以从当时讲课的教室变化看出来。本来讲课和讨论是局限在小范围，在某公司的小会议室里进行的，但最后不得不在一个学校的阶梯教室开讲。

虽说，我们对股市的预测和分析，不能像江恩那样，预测到哪儿，市场就走到哪儿。就像江恩在 1909 年夏季，预测 9 月小麦期权将会见 1.20 美元，但到 9 月 30 日 12 时，该期权还在 1.08 美元之下徘徊，可市场就是在最后收市前 1 小时冲上，不偏不倚在 1.20 美元收市，是那样准确又神奇。

我们在 2001 年 6 月份大盘开始下跌前，就预测出了市场将有下跌的征兆，而不断地提出看空的观点。这段时间不断地正确预测了大盘走势的谷和峰，指出了许多重要的整数点位和时间周期。这一切，都归功于我们对江恩理论多年来的不断研究和对其理论精髓的准确把握。

我们两人，一位是偏重于从实战操作的角度来运用和分析江恩理论的作用和原理，对江恩理论的交易计划系统和交易的本身有深刻的理解和领会，并运用于实际的投资活动中去，使之达到灵活的运用和掌握。而另一位则侧重于理论的探讨和原理的分析，从更高的角度来把握和分析江恩理论的实质和预测市场的基础，揭示江恩理论的思想基础和方法论原则。再加上我俩都具丰富的投资实战经验和运用技术分析的较高技巧和手段，这就使得本书融原理讲解、理论研究与实战交易分析判断于一体。读者可从中学到江恩理论的基本知识和预测方法技术，能很快地将理论运用于自己的实战交易操作中。书中的许多例图，是我们在实际投资操作中所做过的交易的真实记录或相互讨论的结果。

因为这些原因，本书更具有很强的阅读性和参考性。由于这些图例本身分析和研究的就是中国的股市，看起来很亲切。也许其中的个股和大盘的走势分析，许多都是读者自己买卖过的股票和做过的行情。因此，就更加的熟悉和便于理解。这使江恩理论本身的晦涩难懂、高深莫测及预测的神秘性在本书的通俗和浅显的行文中比较少见，而其理论的思想原理和预测运用方法却被娓娓道出。

由于江恩理论博大精深，涉及诸多知识领域，想必在我们的这本书中还会有很多的不足和值得再思考和商榷的地方，希望广大读者和股民朋友们不吝赐教，作者诚挚地期望任何建议和批评。

我们的电子邮件：nargw@public3.bta.net.cn，将随时恭候您的光临。

蒋义行　陶暐拟

目　　录

第一讲

江恩及其理论介绍

在美国股市，几乎无人不知江恩。在华尔街，他纵横投资市场达45年，用自己创造的以数学及几何理论作为基础的买卖方法，总共赚取了5 000多万美元，相当于现在的5亿多美元。

他不仅是一位成功的投资者，还是一位智者和伟大的哲学家。其投资成功率高达80%~90%，是美国股市谜一样的人物。提到江恩，全世界的金融业者都充满了崇拜之情。因为世界上从没有这样一个人，既能够创造出把时间和价格完美地结合起来的证券经典理论又能在股票和期货投资操作中取得巨大的成功。

在世界各国投资界，江恩几乎无人不知。他是20世纪初最伟大的市场炒家之一，其市场分析方法别树一帜。他应用天文学、数学与几何学原理，其预测的准确程度往往匪夷所思，因此使得江恩理论蒙上了一层神秘的面纱。他的成功源于其悟性和勤奋。江恩在长期的投资生涯中积累了丰富的经验，创造了独特的投资理论和方法，并著书立作传授后人。

一、江恩的生平

江恩，1878 年 6 月 15 日出生于美国得州的小镇路芙根市。父母是爱尔兰裔移民，在浓厚的基督教循道会的背景下长大。江恩是极为虔诚的基督教徒，熟读圣经，他宣称，在圣经之中，发现了市场的循环周期。

1902 年，他 24 岁第一次买卖棉花期货，略尝甜头。1906 年，江恩雄心壮志到奥克拉荷马当经纪，既为自己炒卖，也管理客户账户。1908 年 30 岁的江恩移居纽约，建立了自己的经纪业务。同年 8 月 8 日，他宣布了他最重要的市场预测方法——控制时间因素。经过多次准确预测后，江恩名声大噪。

1909 年 10 月，江恩接受著名的《股票行情与投资文摘》杂志的访问。在杂志编辑的监督下，江恩在 25 个交易日内进行了 286 次买卖，其中 264 次获利，其余 22 次亏损，胜算率高达 92.3%。而资本则增值了 10 倍，平均交易间隔是 20 分钟。

据江恩一位朋友基利的回述："在 1909 年夏季，江恩预测 9 月小麦期权将会见 1.20 美元。可是，到 9 月 30 日芝加哥时间 12 时，该期权仍然在 1.08 美元之下徘徊，江恩的预测眼看落空。江恩说：'如果今日收市时不见 1.20 美元，将表示我整套分析方法都有错误。不管现在是什么价，小麦一定要见 1.20 美元。'结果，在收市前 1 小时，小麦冲上 1.20 美元，震动整个市场，该合约不偏不倚，正好在 1.20 美元收市。"

他认为，投资者在市场赔钱，乃由于买卖情绪所致。希望、贪婪及恐惧是成功的死敌。江恩察觉到自然定律是一切市场波动的基础，他用了 10 年漫长的时间，研究自然定律和投资市场的关系。在这 10 年之间，江恩足迹遍及英国、埃及、印度等国。他曾用了 9 个月的时间泡在纽约的图书馆和大英博物院，没日没夜地工作，研究大量过往的股票、期货市场的交易记录和华尔街的大炒家的操作方法。在这段时间，他的注意力集中在古代数学与星相学对投资市场的影响。江恩引用圣经中的名言："已有的，还会有；已做的，复去做。阳光之下没有新的东西。即使我们会说，看呀，这是新的，它却早已存在于我们之前的年代。”

经过神秘而漫长的旅程后，江恩总结出一套以自然规则为核心的交易方法，在他的分析理论中着重分析了价格和时间的周期性关系。他认为金融市场是根据“波动法则”运行的，这种法则一经掌握，分析者可以预测某特定时间的准确价位。此外，每一种股票或期货，都拥有一个独特的“波动率”主宰着市场价位的涨跌。

江恩宣称，他所有的预测是建基于数学之上的。只要给他足够的资料，他便可根据代数及几何配合周期理论，预测将会发生的事情。

在江恩的事业高峰期，他聘用了二三十人，为他制作各种分析图表及进行各类市场走势的研究，并成立两家走势研究公司：江恩科学服务公司及江恩研究公司，出版多种投资通讯。在他每年出版的全年走势预测中，清楚地绘制了在什么时间见什么价位的预测走势图，准确性极高。此外，江恩主持的走势分析方法讲座，收费惊人。如在一个名为《掌握预测方法》讲座中，江恩向每位参加者收取 2 500 美元；而另一个名为《新机械式买卖方法及趋势指标》讲座，收费更高达 5 000 美元。《精通时间与价格计算法》的讲座也收取 5 000 美元。这在当时，都是一笔相当可观的钱。

江恩相信股票、期货市场里也存在着宇宙中的自然规则，市场的价格运行趋势不是杂乱的，而是可以通过数学方法预测的。江恩的数学方程并不复杂，实质就是价格运动必然遵守支撑线和压力线。

江恩的成功不仅是有过 286 次交易中达到 92.3%的成功率，更重要的是他几乎百发百中的投资策略。在《华尔街四十五年》一书中，江恩详细地总结了其独创的交易技巧，对广大投资者来说是非常宝贵的经验总结。

江恩在 53 年的投资生涯中取得的成功，对于广大投资者来说，是一个奇迹，更是一个谜。

二、江恩的理论

江恩对于市场能够作出比较成功的预测，这是他长期学习、观察和研究的结果。他把星相学、天文学、几何学、周期理论融合在一起，创造出一套独特的分析方法。由于江恩的这套对市场分析预测的方法是他自己研究出来的，所以，他经常敢于在公开的场合作出对市场走势的分析判断。例如：在1928年11月3日，江恩在他出版的一份美国股市分析报告中，预告1929年将是长期牛市的终结。他认为由于股价升至不合理的水平，这次下跌将是极其惨烈的，报告中明确地指出了长期大顶会在9月份出现，10月份将是大跌的开始，建议投资者应该抛售全部股票，并以“金字塔”式加码沽空。1929年10月，美国股市果然神奇般地暴发历史上最大的下跌灾难。

江恩认为，一切事情若本质没有改变的话，一切变化都是基于数学的原理。

接触江恩理论的人，第一印象就是它的高深莫测、玄晦难懂，知其然不知其所以然。江恩说他的理论是受《圣经》的启发而得出的，由于《圣经》宗教教义的神秘性，更使得江恩理论变得神秘而曲高和寡。又因为江恩理论的预测系统，全然以纯数学及几何角度的形式分析涵盖一切走势，并且摒弃哪怕是最轻微的基本分析因素，使得它看上去都是先验的。

例如它以圆的概念引入“无往不复”的分析原则，显得其理论本身陷入机械循环论的宿命。但它在实践中所焕发出来的蓬勃生命力，使我们不得不抛弃成见和偏执而专注于发掘它的价值和作用。

半个世纪以来，曾有不少江恩研究者沉迷于这位大师有生之年亲手制作的各种图表与文字中，力图破译其中的秘笈。但是似乎除了江恩曾经以白纸黑字昭示过我们的以外，并无什么更新的有价值的收获。

江恩的理论犹如金子塔般神秘的令人敬畏，那么江恩的理论体系是依据什么样的原理和原则具体地推导、制定出来的，一直到他去世也始终秘不示人。是天机不可泄漏，还是故意留一手？还是这本身就是不可言说之言。江恩在其带几分自传性质的寓意小说《空中隧道》中有这样一段话：反复阅读《圣经》，我获得了大量的知识，我常常独自祈祷，独自拥有自己的发明。我相信这样的一种古老说法：在沉默中保持沉默，沉默着完成所有的理想。

由此看来，江恩很可能是有意秘而不宣。尽管他曾经应允会给因学习他的理论而得到他欣赏的人一个主宰的数字及主宰的字句，但却始终不见下文。

在《空中隧道》的前言中，他又以肯定的语气提示读者，只要把他这篇小说读上三遍，“黎明就在眼前，你会发现隐藏着的秘密和暗示都变得清晰起来”其实了解他的思想的人不需要三遍，便可以发觉他的确没有故弄虚。虽然对于直截了当的答案——所谓主宰的数字及主宰的字句，他仍旧是闪烁其词，但最根本的原则和最主要的前提已从字里行间凸现于目，越来越清晰可辨了。

从江恩受基督教的影响及他对《圣经》的熟读和感悟，可以揭示出江恩理论的源头与核心，而且也是解开他预测市场体系神秘之门的钥匙。使我们能够了解到江恩，这个虔诚至极的基督教徒是如何遵照他所笃信的《圣经》对他的启示，融合他长期刻苦钻研所汲取的天文学（星相）、数学（包括数字学）与几何学的知识，来构建其理论体系。

许多人认为江恩的投资理论和交易方法高深莫测，如图表分析中的江恩历法、江恩几何角、江恩线、江恩回调比率等。江恩认为，只要跟随固定的规则买卖，任何人都可以在期货市场获利，而且得胜的机会比投资股市高。江恩相信股票、期货市场里同样也存在着宇宙中的自然规则。价格运动不是杂乱无章的，而且是可以预测的。

江恩的投资生涯，经历了第一次世界大战、1929 年美国股市大崩溃、20 世纪 30 年代萧条以及第二次世界大战，这些动荡的年代。而在这些年代如果从事投资事业，将会是既充满着危机，又充满着牟取暴利的机会。而江恩却能够在那个年代，获得了近 5 000 万美元的收益，可见他的奇才及其理论的准确性和可操作性。

对于江恩理论来说，我们可以用江恩自己的话来概括：“圆形的 360°与 9 个位的数字，是所有数字的根源。在一个圆形里面，可设置一个四方形及三角形，但在其内，又可以设置四方形及圆形。而在其外，亦一样可以设置一个四方形及圆形，上述证明了市场运行的四个方面。”因此，他认为在自然定律中，有主要，有次要，有正，有负，亦有中性。他又进一步说，在循环周期中亦必定有长期、中期及短期的周期或循环中的循环，亦即“轮中之轮”。

上面的论述虽然艰深难懂，但可以用江恩的其他论述来加以解释。他指出："所有的市场顶部及底部都与其他市场的顶部及底部存在一个数学上的关系。市场上没有一个次要的顶部或底部，也没有一个牢不可破的顶部或底部。因此，我们不能简单地应用角度线及支持、阻力位加以解释，分析者应留意市场在此水平上的每日走势及成交量变化。换言之，只要给予他市场以潜的顶部或底部的时间及价位，他便可以应用上面三角几何的各种关系，来预测市场未来的走势。"

江恩之所以用圆来一统循环周期，应该不仅限于他由《圣经》中所得的启示，还肯定地直接来源于他广博的天文学知识。所有的天体都以椭圆的轨道运行这一现实，必然令他在建造自己的体系时会加以借鉴（当然他会认为这是上帝的旨意）。而且他一定会注意到它们运动时的旋绕方向，尤其是地球自转与公转时的旋转方向。为了和上帝之手同步，在所有的江恩循环图中，无论是"轮中轮"、圆形图也好，还是四方图、六角形图也好，内中数字的递增方向都一律呈逆时针运行。换言之，江恩是以右旋的螺旋运动将各种图都统一到圆形或更准确地说是类圆形、近似圆形的运动模式上来的。因为他要使它们的运动方向，也就是他心目中的万事万物的循环周期发展方向，与他所崇敬的"上帝一手创造的太阳系"特别是其中地球的旋绕方向保持一致。

我们知道：事物作螺旋式运动正是自然的基本法则。这就使形式上貌似呈周而复始的简单循环运动的江恩图得以摆脱了"机械循环论"。另一方面，代表长、中、短不同周期的交叉循环的数字设置，同样使江恩理论避免陷入"机械循环论"而更符合客观世界的本来面目。

那么江恩测市架构所涉及的各项数字，基本上出自天文学，或从天文学依照费波纳茨数列关系（几何角度）衍生、演绎而来，具体来说就是由地球自转与公转的时间段如一天、一周、一月、一季、一年等衍生、演绎而来。其方法是在圆形内依照天文历法进行一定几何角度的等份分割。江恩这样做当然是基于他的上帝创造世界的自然法则的理念，并将之称为"伟大的波动法则"，那些数学或角度便是构成"波动法则"和"波动率"。掌握了"波动法则"与"波动率"，市场的变化便在指掌之中了。

江恩曾指出："我们拥有一切天文学及数学上的证明，以决定市场的几何角度为什么及如何影响市场的走势。如果你学习时有所进步，而又证明你是值得教导的话，我会给你主宰的数学及主宰的字句。”这是何等的豪言壮语。

20世纪30年代江恩提前退休后，坐着自己的私人飞机周游美国，教授技术分析，许多人都从中获益匪浅。他还出版了大量教程和书籍，由早期30年代的《棉花机械交易法》的相对简单的跟随趋势技巧到1954年临终前一年出版的深奥的《1到40年的每周时间和价格周期表》，都反映了江恩在50多年的交易生涯中逐渐成熟的技术分析交易体系。

江恩在1949年出版的《如何在商品期货交易中获利》一书中写到：“在过去的40年里，我年年研究和改进我的理论。我还在不断地学习，希望自己在未来能有更大的发现。”江恩这种活到老学到老的求知精神和工作作风，值得我们每个投资者学习。

三、江恩的著作

(1) 1923年1月，《股票种类真面目》（TRUTH OF A STOCK TAPE）。书中江恩以铁路股、棉花、小麦、玉米交易为例，讲述了怎样在投机与投资交易中获利，这些品种也是当时美国经济的主流。江恩从需求和供给的角度，研究价格的波动和时间周期。

(2) 1927年2月，《空中隧道》（TUNNEL THRU THE AIR）。是一本爱情小说，在暗示性的语言中包含了有价值的秘密。

(3) 1936年1月，《股票趋势新发现》（NEW STOCK TREND DETECTOR），第一次公开了24条制胜规则。

(4) 1940年，《面对美国的现实！展望1950》（FACE FACTS AMERICA LOOKING AHEAD TO 1950）；江恩同样考虑政治、经济环境对股票、期货价格的影响。

(5) 1949年4月，《华尔街45年》（45 YEARS IN WALL STREET）。这是江恩写的惟一一本股票方面的专著，详细地总结了其独创的交易技巧。

(6) 1950年1月，《神奇的数字》（THE MAGIC WORD），江恩最后的一本著作。对历史数据进行分类统计，揭示了江恩如何发现“神奇数字”。

(7) 还有，《投机——有利可图的职业》、《江恩买卖原则》、《如何在商品期货市场获利》、《如何在期权中获利》、《股票种类真面目和华尔街股票选择器》(注：两本书合订再版)，包括书、小册子、资料一共11本。

另外，在1996年6月，出版商兰伯特-江恩出版公司整理了江恩的原著，分离出股票和期货部分，编写了《江恩股票市场教程》、《江恩期货市场教程》。江恩的理论经受住了市场和时间的考验，这其中“波动法则”和“周期理论”是江恩理论体系的精髓。而“江恩角度线”及“江恩四方形”是投资者最常用的分析工具。

第二讲

关于波动法则

江恩同其他普通的交易者一样，也曾经损失过成千上万的美元，并经历了一个没有预备知识的入市新手必然遇到的起起落落的过程。

所有的成功人士——无论是律师、会计师、医生、还是科学家，在开始赚钱以前，都对自己特定的追求和职业进行了多年的学习和研究，但也只有少数人通过不懈地努力而成为行业的专家。

在江恩从事经纪业务，以及为大量客户服务的过程之中，有机会研究他人失败和成功的原因。江恩发现这样一个事实，在对市场没有任何预备知识和研究的交易者中，有90%以上最终都会亏本。

同时，江恩也观察到股票和商品期货涨跌的周期性的再现规律。因此得出结论：自然法则是市场运动的基础。为此，江恩花了10年的时间研究应用于市场的自然法则，并将精力投入到使投机成为一种有利可图的职业中去。

一、波动法则

在对已知的科学经过彻底的调查和研究之后，江恩终于发现了波动法则，它可以准确地测定在给定时间内，股票或商品期货价格上涨或下跌所能到达的准确位置。正是这一理论奠定了江恩理论的基础和核心。

江恩说："在此，我不可能给出我在市场中应用的波动法则的具体概念。但是，我说波动法则是无线电报、无线电话和留声机的基本法则时，门外汉还是可以抓住某些要领。没有这种法则存在，上述这些发明将是不可能的。"这个陈述也就是说，这种属性是市场的某种自然属性；也就是说这种属性是某种事物与生俱来的，是市场固有的。

关于波动法则的含义，在引进江恩理论时，大多数人把它翻译为"波动"。在美国传统辞典中它有另外的解释"A distinctive emotional aura or atmosphere regarded as being instinctively sensed or experienced."——感应，共鸣。一种独特的情绪上的气氛或者环境，被认为能被直觉感觉到的。

在市场的交易实践中注意加入共振的概念，也就是可以将波动法则在某种意义上理解为共振（共鸣）法则。使用这个全新的概念，将会有助于你理解江恩思想理论的本质。

江恩为了检验其发现和想法的有效性，花费了9个月的时间在纽约的阿斯特图书馆和伦敦的大英博物馆里没日没夜地工作，研究早至1920年的股票交易记录。研究了杰伊·古尔德、丹尼尔·朱、康门多尔·范得比尔特，以及从那时起至他的那个年代华尔街所有其他大炒家的操作方法。

江恩研究了E. H. 哈德曼的风险控制法以及以后的联合太平洋公司的行情。在华尔街历史上的所有操作方法中，江恩认为哈里曼先生最有代表性。数据表明，无论是否有无意识，哈里曼先生严格按自然法则进行交易。

所以，可以确定地说江恩的理论是对前人交易活动的研究与总结，是建立在大量研究市场和前人经验的基础之上的。因此，江恩的理论和方法具有强烈的实战性。这也使得他的理论区别于其他的证券交易理论，江恩本身就是一个实战交易家，在江恩的理论中充满了实战性。但在江恩的理论和方法中，有时是只可意会而不可言传，这就使其具有了某种神秘主义的色彩。

其实，这种神秘是市场的神秘之处，而不是理论本身。江恩理论试图发现市场存在的规律和应用的方法，但是并不试图证明其规律的成因，这也是江恩注重实战交易在其方法中的表现。

在市场中某种法则（规律）控制着股票价格的变化和波动，以及所有这些波动背后确实存在一种周期法则或循环法则。在证券交易中存在固定周期的活跃期，和其后伴随出现的沉寂期这样的循环变化。这种周期循环变化的规律不仅适用于较长周期的市场运动的变化，而且还可用于每日或每时的股票价格运动。这样了解了每只股票的确切波动法则，就可以判断什么地方是支撑位，什么地方是阻力位。

江恩同艾略特一样，注意到市场具有波浪的特性——发现了股价的潮起潮落的现象。在某些时候一只股票会变得异常活跃，成交量也异常巨大；而在另一些时候，同样的股票会变得几乎静止或凝滞，交投清淡。这正是波动法则支配和控制着这些条件。这个法则在某些方面支配着一只股票的上涨，而一种完全不同的法则却控制着它的下跌。

江恩的波动法则思想，实际包含了江恩的主要理论思想：周期循环、波动速率、折返支撑压力的内容。所以，江恩“波动法则”是整个江恩理论的核心。

江恩发现股票或期货的本身与他背后的驱动力存在着某种和谐或不和谐的关系。可以研究判断每个证券品种（如每只股票）的波动，而且通过考虑某种时间值，可以在大多数情况下确切说出在给定条件下股票的表现。

所以，研究判断市场趋势的能力归因于对个别证券品种（如每只个别股票）特征的研究，以及在其特有波动率下的一组不同的品种的研究。证券（股票、外汇、期货）是有生命的电子，有生命的原子、有生命的分子，它们有着与基本波动法则相适应的特殊属性（个性）。

江恩认为任何原始的激励，最终都会变成一种周期运动或有节奏的运动。就像把石子扔到平静的湖面上，湖水以石子的落点为中心以一定的波动比率向外波动。就像摆锤在摆动中往复运动，就像月球沿着轨道运行，就像来年总能带来玫瑰和春天，就像随着原子量的增加，元素性质会周期性地再现。

江恩的这种观念，把一种股票的波动速率定为固定不变的，对于这个认识，我们需要深入的探讨。证券市场作为人类活动的产物，个别的股票价格也一定受到人类活动对这支股票产生的作用。最明显的例子就是资产重组，当然，你也可以把资产重组看成是另一只股票的新生。上市公司业务的转型等都对股票的运动产生影响。江恩的这种观点不仅仅是来源于科学家关于原子运动的观念，它同样也暗合中国关于3岁看大，7岁看老的古老思想。

江恩认为，科学已经得出结论，元素的性质是原子量的周期函数。同样，将会证明，能感知的自然在不同领域的多样性，而以数学关系紧密相联。这些数字不是混杂的、混沌的和随机的，而是受固定周期的影响（实际混沌是更高境界的一种有序）。在许多情况下，变化与发展是波动起伏的。因此，江恩确信，每一种现象，无论是自然界中还是市场中的，必定受制于因果关系和协调关系的普遍法则。每个结果必然有一种适当的原因。

如果我们希望避免在交易中的失败，那么我们必须研究它的规律。每一种存在的事物都基于其中确切的比率和适当的关系。自然界不存在巧合，江恩认为最高级的数学原理是万物的基础。

波动是最根本的，万物都是如此，是自然本身的法则。它是最普遍的，因此适用于地球上的每一种现象。根据波动法则，市场中的每个品种都在其自身的活动范围内运动。至于强度、成交量、运动方向，所有演化的本质特征，都在于其自身的波动法则——波动率。

证券品种本身就像原子，是能量的真正中心，因此它们受数学的控制。市场中的股票、期货、外汇创造了它们自身的活动领域和力量——吸引和排斥的力量。这个原理说明了为什么有些品种是市场的领涨股，而有时又变成了“死亡板块”。因此，要进行科学的投机交易，就必须遵循波动法则，也就是自然法则不可。江恩把波动法则归于自然法则，这是江恩理论的基点。江恩认为波动法则可以解释市场的每个可能的阶段和状况。

二、江恩波动法则与江恩分割比率

我们看到江恩波动法则包含着非常广泛的内容，但在江恩在世时又没有给出明确的波动法则定义，这也就造成了以后研究江恩理论的分析家对波动法则的不同理解。

有一个音乐家兼炒家彼得曾写过一篇文章，从乐理角度去解释波动法则。彼得认为，江恩理论与乐理一脉相承，两者都是波动法则的不同理解。音节的基本结构由七个音阶组成，在七个音阶中，发生共振的是C与G及高八度的C，亦即10%及1倍水平。也就是说，音阶是以$\frac{1}{2}$，$\frac{1}{3}$，$\frac{1}{4}$及$\frac{1}{8}$的形式产生共振，因此频率的1倍、2倍、4倍、8倍会产生共振。而上述比例及倍数与江恩的波动法则有着密切联系，也就是江恩的分割比率。

从这个例子中，我们同样感悟到江恩所讲的波动法则是自然法则的思想。这个思想有两个含义：一是自然界存在普遍的相同的自然法则，它既存在于其他物质世界，也存在于证券市场；其二是证券市场的各个品种，同其他的事物一样也有其特有的属性。

江恩的分割比率是以八分法和三分法为基础，也就是江恩的分割比率是50%（$\frac{1}{2}$）。其次是25%（$\frac{1}{4}$）和75%（$\frac{3}{4}$），再其次便是$\frac{1}{8}$、$\frac{3}{8}$、$\frac{5}{8}$及$\frac{7}{8}$等。

我们在研究深沪股市的走势图时，可以发现大量的实际例证来证明江恩分割比率的有效性。我们看上证指数周线图，如图2－1所示，1992年11月20日，股指周线图收盘数为401点。经过13周的上升，涨至1993年2月19日，周收盘指数为1499.7点，上涨幅度1100点，这一周股指最高点为1558点，随后开始下跌，经过6周的下跌，至1993年4月2日，周收盘指数944点，下跌幅度556点，约为上涨幅度的$\frac{1}{2}$，下跌时间也约为上涨时间的$\frac{1}{2}$。通过以上例证，我们可以了解到江恩50%分割率的重要性。

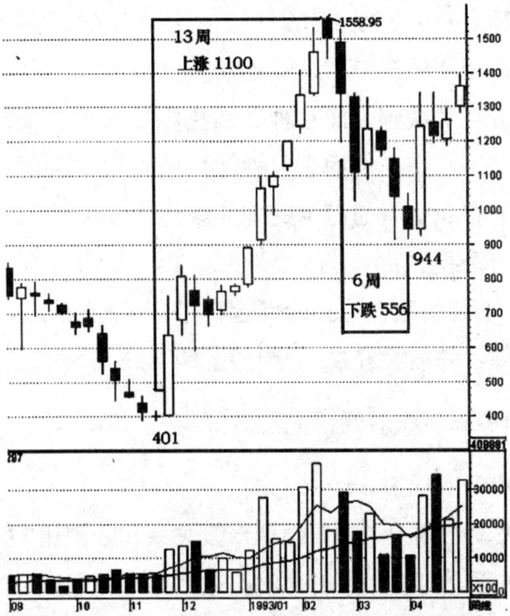

图 2－1　沪市周期 50%的分割

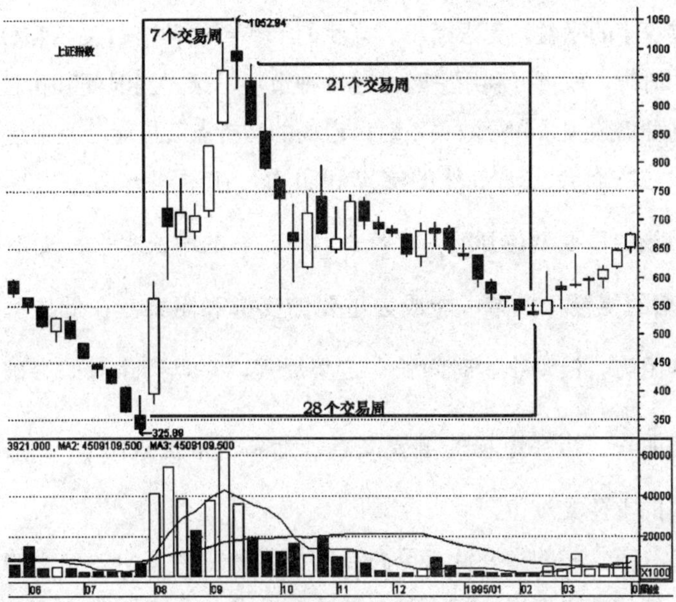

图 2－2　沪市周期结构与分割

江恩的经验是从美国股市和期货上总结出来的，根据自然法则的原理，它同样也应该适用于沪深股市。波动法则和分割比率并不局限于某一特定区域，它是一种自然法则。而这种自然法则是人们在交易过程中自然而然遵循的一个法则，它是人们固定习性的反映，而这种固定习性表现出的是一种规律。我们查找资料的简单的方法就是二分法。

我们再看上证指数周线图，如图 2—2，从 1994 年 7 月 29 日至 1995 年 2 月 17 日，上证指数在此期间共运行了 28 个交易周，从 333 点至 1052 点，上涨了 7 周，随后又经过 21 周的下跌，跌至 533 点。上涨时间占此段时间的$\frac{1}{4}$（25%），下跌时间占此段时间的$\frac{3}{4}$（75%），而 25%和 75%都是江恩非常重视的分割比率。

在江恩的波动法则中，非常强调倍数关系和分割比率的分数关系。而倍数关系和分数关系是可以相互转化的，这就要看我们所取的数值的大小。这又是江恩波动法则强调的可能产生共振点的倍数关系（就像音乐一样）。倍数关系可以无限扩大，分数关系可以无限缩小，关键是取什么数值定为 1。

这就如同月球绕着地球转，地球绕着太阳转，原子里面有原子核，原子核里又有更小的微粒，无限缩小。当我们了解到这种倍数关系和分数关系的重要性的时候，就可以利用它建立起一种市场框架，当时间和价位的单位都运行到这种倍数关系和分数关系时，市场的转折点就可能已经到达了。

在价位方面会出现自然的支撑和阻力，在时间方面会出现时间的阻力。在市场的重要低位开始，计算$\frac{1}{2}$，$\frac{1}{4}$，$\frac{1}{8}$的增长水平；及 1 倍、2 倍、4 倍、8 倍的位置，将会可能成为重要的支撑和阻力。在低位区，走势常受到$\frac{1}{8}$的阻力，波动小、时间长、走势反复，一旦产生有效突破，阻力减少，走势明快。当在市场的重要高点，计算这个位置的$\frac{1}{2}$、$\frac{1}{3}$、$\frac{1}{4}$及$\frac{1}{8}$，常为调整的重要支撑位。

将指数或价格的重要低点至高点的幅度分割为 8 份，分割的位置都是重要的支撑位和阻力位。对于时间循环，可将一个圆形的 360°看作市场的时间周期的单位，并用$\frac{1}{2}$、$\frac{1}{4}$及$\frac{1}{8}$的比率分割，分割为 180°、90°、45°，包括月份、星期、日期的周期单位，分割的位置就常成为市场周期的重要转折点。

三、波动法则与波动折返比率

波动折返比率是交易商品的价格在运动过程中，相对于重要的点位（价位）调整的幅度比例。是波动法则的另一个重要内容，是价格在空间上分割的主要内容。它也是波动法则的具体表现之一，是江恩分割方法的表现之一。这也是江恩的又一个大的重要发现，现在，许多人只把角度线作为江恩理论的画线手段，而忽视了波动比率的关系。

江恩把交易价格的一个重要的高点（低点）到低点（高点）的空间，进行8等分。同制作角度线（角度线在其后有阐述）的道理一样。45°是90°的一半，那么，高度的50%也是江恩理论认为的一个重要位置（50%的折返比率在第三讲中有阐述）。

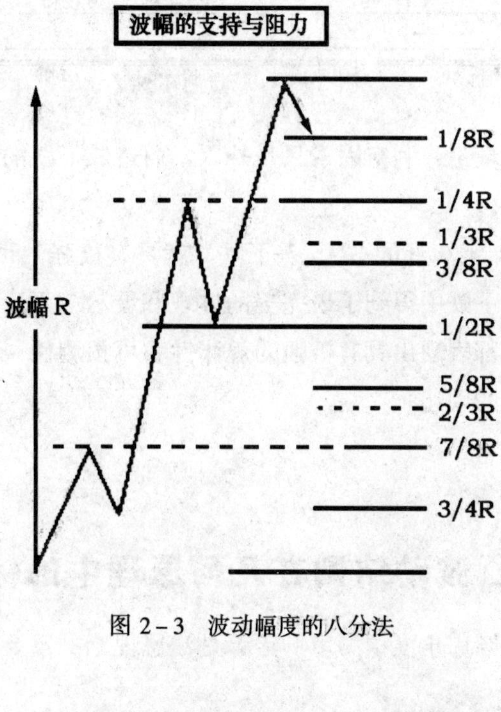

图2-3　波动幅度的八分法

图 2—3 是八分法在波动幅度中的示例。它表示$\frac{1}{2}$位，也就是 50%位，是最重要的位置；其次是$\frac{1}{8}$等。

对应不同的分割线形成不同的压力线。图 2—4 为以 90 步长对中国股市作出的江恩循环。9 这个数字，是江恩的重要波动幅度，也是江恩理论中一个重要的数字，在江恩理论中占有重要的位置和意义。

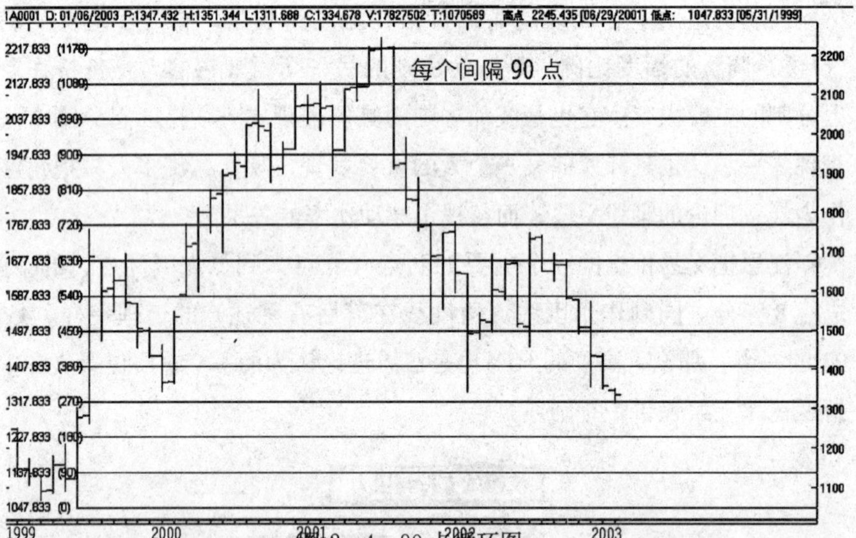

图 2—4　90 点循环图

根据江恩的理论，利空因素只是外因，而造成下跌的真正原因来自于市场的自然规律。

沪市在 2001 年 6 月的 2245 点下跌，就具有极强的可研究和分析性。江恩理论在这次下跌中得到了最完美的体现和展示：无论是下跌的幅度以及下跌的时间，都表现出具有极强的规律性和可预测性（对于沪市的分析将在附录中具体的阐述）。

四、波动法则在几何原理中的体现

用角度线与圆周角度预测市场走势是江恩理论的重要内容。用平面几何原理研究力学以及其他物理现象已经不是什么新鲜事了，然而将平面几何概念引用到市场技术分析领域却显得有些离经叛道以至于至今还有人以为江恩市场几何原理高深莫测。

其实我们早已用几何原理来研究市场了，用平面直角坐标来表达的时间与价位关系就是一种简单直观的几何图形，我们通常所使用的趋势线与上升通道等重要概念实际上也就是在使用几何角度概念研判市场走势，所不同的是江恩将其中的某些角度赋予了时间与价位的特殊意义。江恩认为，当市场运行的角度在其股价长度与时间长度之比为1:4、1:3、1:2、2:3、3:4特别是为1:1时，股价往往会发生较大的转折，这一规律体现在市场走势图上即是一系列从某一原点出发符合上述比例的角度线，它们构成了对市场走势的支持与阻力。

用360°圆的分割角度来表达市场走势的支撑值与阻力位是江恩几何原理的另一项内容，江恩认为市场的每一次上涨或下跌过程都是股价在时间序列上的起止过程，每一次起止过程即股价从起点到终点都可以看作是股价在时间上走过了一个几何圆 360°，若将这个 360°圆进行 3 等分、4 等分、6 等分、8 等分后，股价往往会在这些等分点上发生较大的转折，下面我们用“5·19”行情以来上证指数的走势对江恩的上述市场几何原理加以说明。

我们规定 1999 年 5 月 17 日上证指数“5·19”行情的超低点 1047 点为 4 等分圆的 0°，每增加 90°表示上证指数上涨了 240 点，那么按照 4 等分圆增长的上证指数应为 0°—1047 点；90°—1287 点；180°—1527 点；270°—1767 点；360°—2007 点。而“5·19”行情以来上证指数的实际走势情况是：1999 年 5 月 28 日摸高 1294 点后进行了一周小震荡调整。这一高点恰与上述 4 等分圆的 90°角处的理论点位 1287 点相近；1999 年 6 月 30 日摸高 1756 点后进行了为期数月的调整，这个高点恰与上述 4 等分圆 270°处的理论点位 1767 点相近。

在这一讲中，主要是要领会市场存在着固有的普遍的运动规律，对一个事件（时间与价格）运用八分和三分法是江恩发现的自然属性的一般分法，每个事物的运动都具有特殊的属性，在不同时间结构中，其波动的时间、价格的比率也呈现出一种规律。

第三讲

百分比率预测

在寻找价格的最高点和最低点的方法中，江恩最常采用百分比的预测方法。江恩认为，八等分分割法是价格空间分析的基本方法，同时他认为三分法也非常重要，所以，在江恩的分析中，八分法与三分法基本主宰了整个江恩分析体系。而且，回调在江恩理论中也占有重要的地位。回调是指价格对原运动趋势的反转运动。50%、75%和100%的价格回调位置是对价格进一步运动的最强劲的支持或阻力。回调到达的终点或是起点的50%的位置，江恩称为“平衡点”，是一种常见的回调。

一、百分比率与重要高低点的比率关系

我们知道，八分法是将 1 分成八等份，即$\frac{1}{8}$（12.5%）、$\frac{2}{8}$（$\frac{1}{4}$或 25%）、$\frac{3}{8}$（37.5%）、$\frac{4}{8}$（$\frac{1}{2}$或 50%）、$\frac{5}{8}$（62.5%）、$\frac{6}{8}$（$\frac{3}{4}$或 75%）及$\frac{7}{8}$（87.5%）。而三分法是将 1 分为三等份（33.33%）。

在这里 1 可以表示一个价格空间，一个重要点的价格，1 个周期等等。江恩说："最伟大的发现之一是如何计算道·琼斯指数及个别股票的最高价和最低价的百分比。极限最高价和最低价的百分比可以指出未来的阻力位和支撑位。"而这也是八分法和三分法的一种应用。

"每个最低价与未来某一最高价之间存在着一种关系，而且最低价的百分比可以指出在什么价位会出现下一个最高价，在这个价位上，你可以冒很小的风险卖出股票，并可同时建立做空仓位。""极限最高价或任何小顶部都与未来的底部或最低价位有关，最高价的百分比告诉我们未来在哪里会出现最低价，并给出一些你可以冒很小风险买入的股票。"所谓的最高最低价都是存在一个时间区域内的价格发生转折的重要点，这给制定价格转折和重要点之间存在相互联系，互为定位关系，这种关系也表现为它们之间的表达式。

江恩给出的最重要的压力与支撑位是任何最高价或最低价的 50%，其次是最低价的 100%，还应当使用 200%、300%、400%、500%、600%或更高的百分比，这取决于从最高价或最低价开始的价格和时间周期。第三个重要的压力与支撑位是最高价或最低价的 25%，第四个重要的压力与支撑位是最高价或最低价 12.5%，第五个重要的压力与支撑位是最高价或最低价的 6.25%。第六个重要的压力与支撑位是 33.33%和 66.66%，从这些百分比计算出的压力与支撑位应首先在 25%和 50%之后考虑。

沪市综合指数主要高低点，见图 3 - 1。

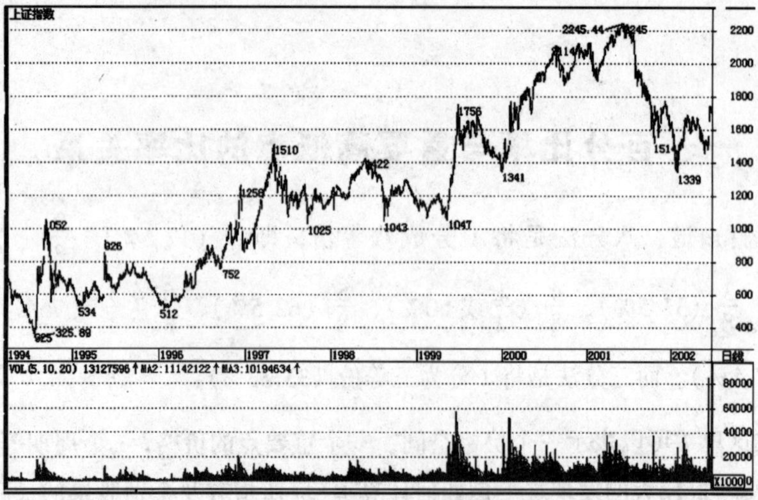

图 3-1 沪市综合指数主要高低点图

沪市综合指数高低点比例关系见图 3-2。我们以 1994 年 7 月 325 为低点起，可以观察到 50%和倍数的关系是非常重要的关系。其次，25%、33%、66%的关系也占有一定的比率。而且存在一些主要的相似水平的高低点，如 1025、1043；1047、1052；1510、1514 和 1341、1339 等。

二、50% 回调规则

50%比率关系，被江恩认为是最重要的百分关系，对于确定压力支撑、重要点、市场趋势的强弱具有重要意义。而 50% 回调对市场趋势判断具有重要的意义。

50%规则的要点：50% 反作用力点对于下降趋势是一个支撑的点。它是波动范围的中途点。在一个趋势被证实后，买、卖的交易在一个趋势之中。对于 50%的另一个最重要的点是相对于顶或底部的 75%，而 100% 是最后最重要的点。

在持续的价格运动中，价格一般会在 50%处进行调整，如果价格没有发生折返，那么价格继续向 75%的目标进行调整。

低点	325	512	534	752	1025	1043	1047	1341	1339	1312	1514	1510	1422	1756	2114	2125	2131	2245
325	100.00%	157.54%	164.31%	231.38%	315.38%	320.92%	322.15%	412.62%	412.00%	403.69%	465.85%	464.62%	437.54%	540.31%	650.46%	653.85%	655.69%	690.77%
512	157.54%	100.00%	95.88%	68.09%	49.95%	49.09%	48.90%	38.18%	38.24%	39.02%	33.82%	33.91%	36.01%	29.16%	24.22%	24.09%	24.03%	22.81%
534	164.31%	104.30%	100.00%	71.01%	52.10%	51.20%	51.00%	39.82%	39.88%	40.70%	35.27%	35.36%	37.55%	30.41%	25.26%	25.13%	25.06%	23.79%
752	231.38%	146.88%	140.82%	100.00%	73.37%	72.10%	71.82%	56.08%	56.16%	57.32%	49.67%	49.80%	52.88%	42.82%	35.57%	35.39%	35.29%	33.50%
1025	315.38%	200.20%	191.95%	136.30%	100.00%	98.27%	97.90%	76.44%	76.55%	78.13%	67.70%	67.88%	72.08%	58.37%	48.49%	48.24%	48.10%	45.66%
1043	320.92%	203.71%	195.32%	138.70%	101.76%	100.00%	99.62%	77.78%	77.89%	79.50%	68.89%	69.07%	73.35%	59.40%	49.34%	49.08%	48.94%	46.46%
1047	322.15%	204.49%	196.07%	139.23%	102.15%	100.38%	100.00%	78.08%	78.19%	79.80%	69.15%	69.34%	73.63%	59.62%	49.53%	49.27%	49.13%	46.64%
1341	412.62%	261.91%	251.12%	178.32%	130.83%	128.57%	128.08%	100.00%	100.15%	102.21%	88.57%	88.81%	94.30%	76.37%	63.43%	63.11%	62.93%	59.73%
1339	412.00%	261.52%	250.75%	178.06%	130.63%	128.38%	127.89%	99.85%	100.00%	102.06%	88.44%	88.68%	94.16%	76.25%	63.34%	63.01%	62.83%	59.64%
1312	403.69%	256.25%	245.69%	174.47%	128.00%	125.79%	125.31%	97.84%	97.98%	100.00%	86.66%	86.89%	92.26%	74.72%	62.06%	61.74%	61.57%	58.44%
高点																		
1514	465.85%	295.70%	283.52%	201.33%	147.71%	145.16%	144.60%	112.90%	113.07%	115.40%	100.00%	100.26%	106.47%	86.22%	71.62%	71.25%	71.05%	67.44%
1510	464.62%	294.92%	282.77%	200.80%	147.32%	144.77%	144.22%	112.60%	112.77%	115.09%	99.74%	100.00%	106.19%	85.99%	71.43%	71.06%	70.86%	67.26%
1422	437.54%	277.73%	266.29%	189.10%	138.73%	136.34%	135.82%	106.04%	106.20%	108.38%	93.92%	94.17%	100.00%	80.98%	67.27%	66.92%	66.73%	63.34%
1756	540.31%	342.97%	328.84%	233.51%	171.32%	168.36%	167.72%	130.95%	131.14%	133.84%	115.98%	116.29%	123.49%	100.00%	83.07%	82.64%	82.40%	78.22%
2114	650.46%	412.89%	395.88%	281.12%	206.24%	202.68%	201.91%	157.64%	157.88%	161.13%	139.63%	140.00%	148.66%	120.39%	100.00%	99.48%	99.20%	94.16%
2125	653.85%	415.04%	397.94%	282.58%	207.32%	203.74%	202.96%	158.46%	158.70%	161.97%	140.36%	140.73%	149.44%	121.01%	100.52%	100.00%	99.72%	94.65%
2131	655.69%	416.21%	399.06%	283.38%	207.90%	204.31%	203.53%	158.91%	159.15%	162.42%	140.75%	141.13%	149.86%	121.36%	100.80%	100.28%	100.00%	94.92%
2245	690.77%	438.48%	420.41%	298.54%	219.02%	215.24%	214.42%	167.41%	167.66%	171.11%	148.28%	148.68%	157.88%	127.85%	106.20%	105.65%	105.35%	100.00%

图 3-2 沪市主要高低点比率关系对照

用百分比不仅可以对未来的回落与反弹的支撑与压力进行预测，而且也可以用来预测转折的高点和低点。而这一点正是对江恩思想深入的认识。

1. 100%、85%、125%调整

我们先观察100%、85%、125%的一个例子，来介绍江恩理论的思想。江恩理论认为：过去、现在和未来的高低点，存在一种相互联系的比率关系。而这种比率关系可以用百分比来表示，也可以用费波纳茨比率关系来确定。在这里我们用百分比来确定，通过已知的价格空间来确定未来的高点或低点。这是一种探测顶部或底部的方法。

我们把1999年5月18日沪市低点1047点，标记为D1，把1999年6月30日的高点1756点，标记为G，将1999年12月27日的低点1341点，标记为D2（图3－3）。

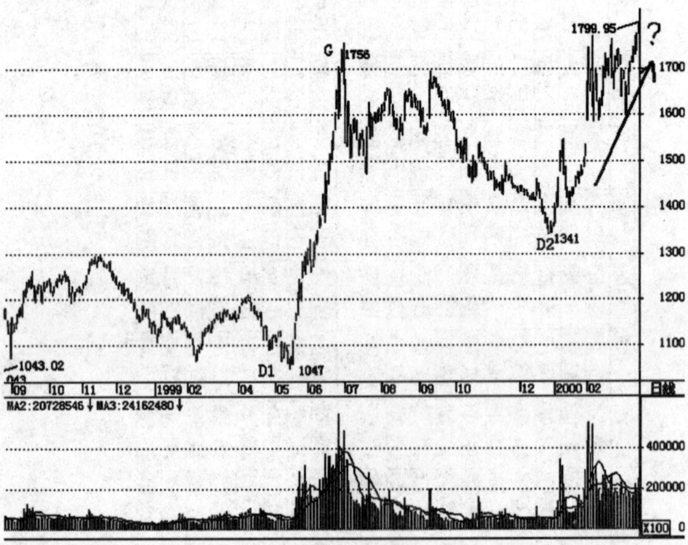

图3－3　沪市1999～2000年高点预测

未来的高点＝D2＋（G－D1）×N，一般选择N为100%、85%、125%。预测可能的未来高点：2050、1943、2227。

把2000年9月25日的低点1874点，标记为D1，把2001年01月08日的高点2131点，标记为G，2001年02月22日，是个低点1907点，标记为

D2（图 3－4）。

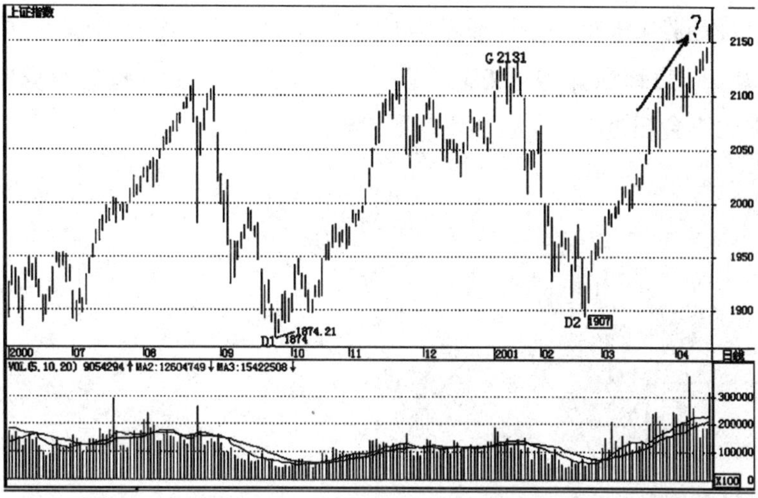

图 3－4 沪市 2000～2001 高点预测

未来高点预测的结果是：2164、2125、2228。我们对上述一个目标的测定，可以看到远期和近期的测定有一个值基本是一致的，这就是 2227 与 2228，这是通过不断地修正来确定目标点位。在这里测定的目标级别越大，误差也会加大。2001 年 6 月最高点为 2245 点。自此开始下降。

对于低点的预测方法基本相同。将 2001 年 12 月 5 日的高点 1776，标记为 G1；将 2002 年 1 月 29 日的低点 1339，标记为 D；2002 年 6 月 25 日的高点 1748 点，标记为 G2（图 3－5）。

未来低点＝G2－（G1－D）×N，N 选择为 100%、85%、125%。未来的可能低点是：1311、1376、1201。实际情况是 2003 年初到达低点 1311 点，自此开始上升。

在测定上升的高点中，如是反转行情，要考虑 D1 和 D2 的互换的可能；在测定下跌的低点时，如是反转行情，要考虑 G1 和 G2 的互换。

2．50% 回调的作用

50%比率在判断价格的调整水平时经常用到。熟练掌握应用这个技术，对交易起着重要的作用。50%的比率在市场中存在着美妙的关系，具有明显的韵律，参看图 3－6。

50%回调规则的应用对确定趋势和回调的级别有着重要的指导意义，在一个下降趋势中的反弹，一般不会超过50%的比率，有时达到了50%，也会在50%时受到强大的压力而下跌。相反，在一个上升趋势的折返比率，一般也不会超过上一个价格空间的50%。

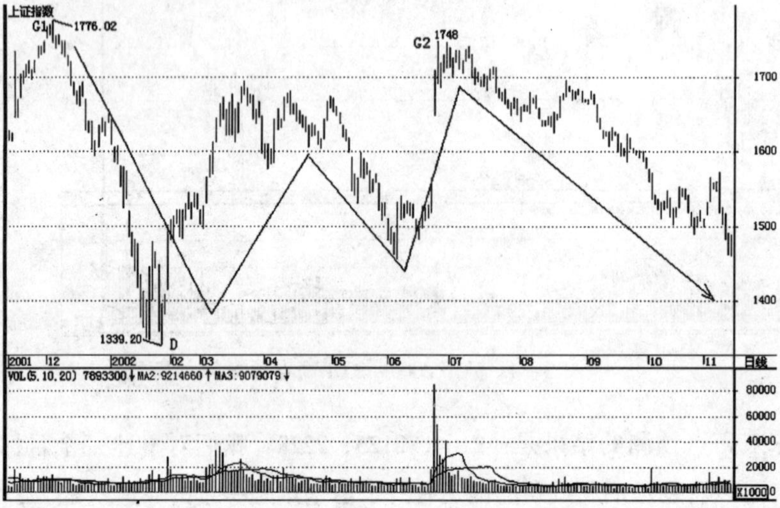

图3-5　沪市2001~2002低点预测

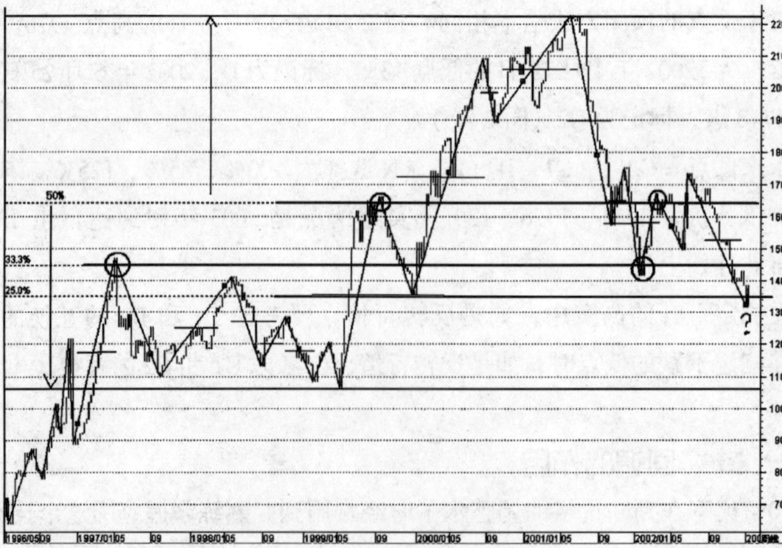

图3-6　和谐的50%比率

现在看这条规则是怎么发挥作用的，让我们来追踪北京中燕（600763）的走势，见图3-7。

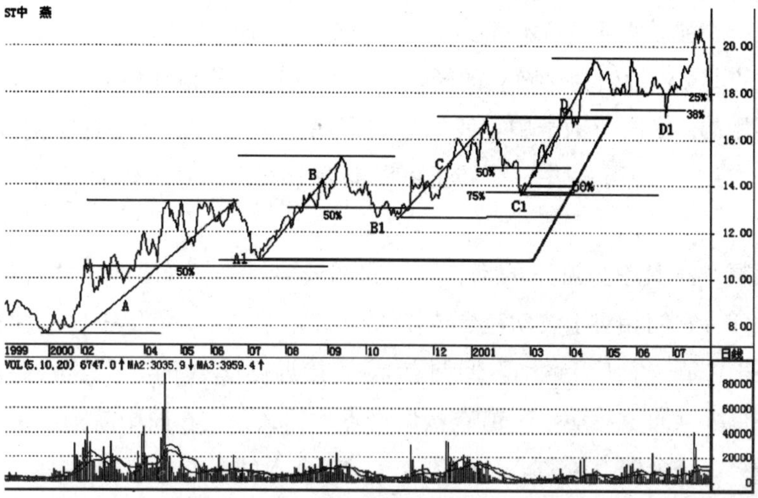

图3-7　2000年北京中燕的上升趋势

我们注意到2000年北京中燕处在一个上升的趋势中，江恩的50%规则将帮助我们，确定趋势是否还会进一步发展。

我们看第一段上升趋势，其跨度大约5个月。如果趋向运动的时间结构短于两个月，预示是一个价格摆动而不是价格趋势。摆动和不同的趋势会相互交替发生，许多交易者使用K线模式进行分析，但是K线模式突出的是两天和3天组成的模式，其中用两天的K线模式更加频繁多见。你不能用一个两天或3天的K线模式去证实一个价格趋势，虽然它可以在时间窗口的焦点时刻确定一个反转点。定义一个摆动确定一个价格摆动的方向变化，需要用5~7天的K线。

在判断价格走向时，首先要确定多么大的价格变化是值得关注的，因为我们需要过滤掉不要的杂波（或叫噪音）。我们现在经常使用的是日或周线，对大的趋势也用月的时间结构。在江恩的分析中经常使用2日或3日线。2~3天的K线模式，随着K线分析已经被广泛地使用，经常使用的宝塔线、新三价等也和江恩3日线有异曲同工之妙。其次，它将把噪音（杂波）从3天中去掉。江恩把2日或3日作为一个单独的价格棒线，这个概念也就是多日线。

使用什么样的过滤技术要考虑交易的时间结构和交易对象变化的频度。我们现在一般使用价格5%变化的“之”字转向技术来过滤干扰杂波。也就是一个波动大于5%才可以确定一个支点，小于5%的变化被忽略。因为重要点是5%价格变化确立的转向点，观察这些价格如何变化及连接是十分有用的。在这个例子中，我们忽略了A段的5%的几个细小的摆动，在北京中燕（600763）中一个转折可以定为15%。这是个较大级别的趋势运动。

观察对向上趋势矫正的动作——回调或对一个下降趋势的矫正运动——反弹，它们相对于波动范围50%的区域。图3－7第一个摆动被标记为A，并且是一个上升运动，回调点A1，接近摆动A的50%。如果回调结束并且继续向上运动，超越A段的高点，那么，它在图中就构成了一个上升趋势。这个向上运动A（在图3－8中的A线）长达5个多月，这个长度意味着强劲的上升力度。

在交易中，应该注意观察成交量的变化。成交量对价格运动起到一个是否支持的说明。通常，一个简单移动平均也能发挥出很好的作用。想要在成交量上寻找变化，就要比较成交量是比平均线更高还是更低。我们看到，在B段上升，得到了成交量的支持。

在B段，回调点B1在50%的位置停住了。你将会观察到发生了什么？看到价格要继续向上发展。再使用江恩的50%回调规则，就能够预期一些可能事件的发生，并给出明显的证据，证明市场正在做什么。这决不是猜测，而是依靠百分比率的预测，即50%回调规则指出了这是一个重要的支撑或阻力区，在这个位置将发生调整。对B段上升趋势的修正，进行到50%的位置，就开始整理。之后，价格再继续向上攀登。

在C段的上升中，后半段没有得到成交量的有效支持，出现了不稳定的因素。那么对C段的修正，又在50%的位置，做了一个横盘整理。但是，实际上在2001年2月21日出现了急速的下跌，价格一度回调到C段的75%C1点。C1点实际上是修正了C段＋B段的50%，也再一次验证了50%回调的规则。

如果价格向下发展，那么，就要在破位B1点做空，或出现了比C段高点低的高点。在这里需要耐心。当你作趋势交易的时候，江恩经常提及耐心的重要性。你不要试图把顶部或底部都拣到，这是正确交易规则的纪律。我们注意到，对C段修正时成交量极度低迷，略有资金介入，价格就会上涨。

在这个图例中，上升趋势几乎被打破。但是对于空头头寸的建立，需要第二个向下的摆动，在第二个向下的作用上建立空头头寸（相反的情况下，对于多头头寸的建立，需要第二个向上的摆动，然后跟随在第二次上涨的作用力上建立多头）。从一个趋势的观点观察价格，而事实上，价格正在开始上涨。在这里我们不用去猜测所谓庄家的动向，只要用数据分析。

对D段的修正，主要在25%的位置，并在高位形成一个平台，这是一个趋势受阻的信号，趋势的方向正在改变。这个D段的锯齿运动是在做头部吗？无论结果如何，你都要设立利润保护。再一次追随江恩的建议：耐心。不要试图猜测这是头部，它也可以是也可以不是。但我们需要取得上升疲软的证据，等待趋势继续发展，然后再进行交易。

在百分比的分割中，50%的分割作用是明显的。图3－8是1997年以来的沪市周宝塔线、5%“之”字转向图及50%的折返比率线。图中的水平线就是50%折返比率线。我们可以明显地看到了它的作用。从图中我们观察到，它不仅仅是一个重要的趋势判断条件，同时也是行情发展中的一个重要的巩固点。

使用不同的时间周期结构，可以获得不同的50%点的位置。如果几个不同的时间周期的支点重合，就会形成周期的共振。

在实际交易中，我们还要注意多周期共振点，同时25%、75%、100%、33%也是重要的位置。

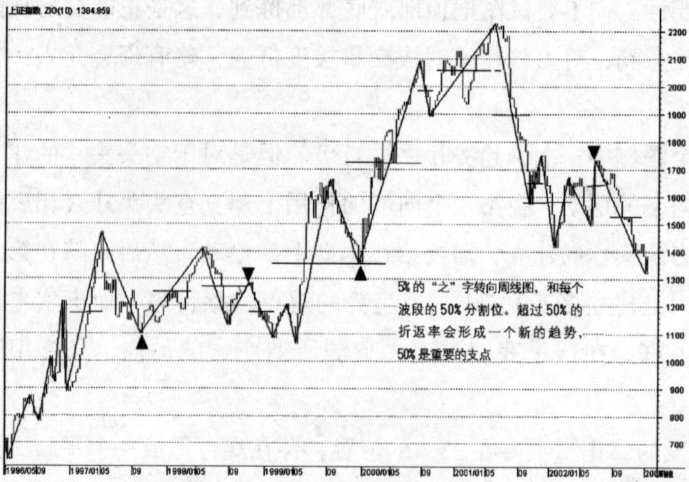

图3-8　沪市周宝塔线，5%“之”字转向图及50%的折返比率线

第四讲

江恩的周期循环理论

江恩理论的独特之处，在于导入了“时间”这一最重要的因素。而江恩理论的基本原理，就是市场的时间与价位存在着的数学关系，彼此又相互作用，互相转换。

如通过时间循环周期可事先预测市场将可能在什么时候出现顶部或底部，交易者应密切留意市场势态的变化。另一方面，股价形态是实际反映交易情况的具体记录，因此，它更有现实基础，但仅仅用技术形态去预测未来，难免遇上假突破或技术形态失败的尴尬场面，而且技术形态的滞后性也常常遭到批评。

如何完好地、和谐地把时间和价位两者相结合，是化解技术分析方法矛盾的最大课题。江恩通过长期对证券期货、股票市场的研究，在其理论体系中，最直观、明了地反映了“时间与价位”相互关系。在英文中，Square也可译为直角正方，是众所周知的江恩角度线。尽管江恩角度线已被广泛应用，但其背后的理念——“时间的因素”的作用，却已被交易者遗忘了。

江恩的名言是：“当时间与价位形成四方形，市场转势便迫在眼前”。也就是说，江恩理论的预测原理就揭示了“时间等于价位，价位等于时间，时间与价位可以相互转换”的基本原则。市场交易者若不紧紧牢记这个原则，则应用江恩角度线以及其他的一些预测方法工具时，便只知其然而不知其所以然。

因此，江恩说：时间是决定市场走势的最重要因素，经过详细研究大市场及个别股票的过往记录，你将可以给自己证明，历史确实重复发生；而了解过往，你将可以预测将来。当然，历史的重复不是简单意义上的重复。

一、江恩周期循环理论的基础

1908年8月8日，江恩公布了他最重要的市场走势预测方法，名为“控制时间因素”。经过多次准确预测后，江恩名声大噪。

1. 时间的作用

对于时间的作用，就是在江恩理论中的所谓“时间控制因素”原理。用江恩自己的话来说，就是指时间是决定市场走势的最重要的因素。因为时间可以超越价位的平衡，当时间到达，成交量将推动价位升跌。而时间作为预测市场走势的一个因子，其最重要的作用在于预测市场运动趋势的转折点。

时间是如何运动的？在地球上万事万物又是怎样受时间的制约？这些关于时间的问题，爱因斯坦用他的相对论做出了解释。他的相对论揭示了时间和引力是怎样相互联系的，引力越大，时间过去得越慢，反之亦然。爱因斯坦的相对论还认为，由于引力的作用，会使时间和空间发生弯曲。时间并不会流动，它的存在就如同空间的存在一样。

可以有这样一个地方，在那里，过去的事尚未发生，也可以有这样一个地方，在那里未来的事已经发生。

这也就是在应用技术分析时，其理论之所以成立的假设条件，“历史会再现”的最好注解，其实质也揭示了股市的历史重现性。

爱因斯坦关于时间的定义依赖于引力，引力的性质引导时间寻找事物变化的本质。引力推动着宇宙中的每个物质的颗粒不被遮断。因此，引力的作用随着时间的积累而飞涨。昨日的引力加上现在的引力产生将来的引力，也就是过去加上现在等于未来。这条垂直的轴线，随着时间流逝，未来变成现在，又变成过去，这是水平轴所记录的。随着时间从左到右，引力积累的本质发生变化，从底部到顶部，这就是为什么有生命的物质不会静止。如果注意引力一时间的累积性质，正如同生命一样，就不可能只沿着时间轴变化，它同样还会沿着变化轴移动。

2. 时间的周期循环

江恩认为："历史会重现"、"已发生的，还将发生；已做的，还将做；同一个太阳下，没有新鲜事。"这也就说明在股市技术分析中，时间是没方向性的。"过去就是现在"，现在过去已有。这就清楚地表明，任何事物都会按照固定的周期循环发生，不管是人类的社会生活、历史事件，还是股票市场都是无一例外的。

江恩在 1927 年写过一本《空中隧道》的小说，这本书实际是以小说的形式，表达了它的预言。他在该书的序言中强调这是一本充满隐喻的小说，只要阅读至第三次，便可发现隐藏的市场秘密和暗示都变得清晰起来。在"未来周期"一章中，他说："在计算股市及期货市场时，我会研究市场的历史，找出市场周期之所在，然后根据以往市场的波动，预测未来市场走势的轨迹。"又说："我对市场的所有预测，完全是根据循环理论及数学序列而做出的，在计算时，正如天文学家一样，是根据几何及数学而做出市场预测的。"

因此，江恩的循环与一般的循环理论具有明显的区别，不同之处在于运用异常独特的分析方法。他强调：从一切事物中证明，历史的确在重复发生，若要了解未来，你必须先要知道过去发生过什么，并且站在一个正确的起点上。

他借用《圣经》里的名句：已发生的，还将发生；已做的，还将做；同一太阳下，没有新的东西。过去即是现在，现在过去已有。一切事物的将来是历史再现的必然结果。

那么时间周期为什么存在重复周期循环的现象呢？江恩在他的《空中隧道》里是这样描述的：

如果我们回溯 1 000 年，我们就会获得充分的证据发现历史正在重演。公元 916 年至 923 年的欧洲与 1 000 年后 1914 年至 1920 年的欧洲极为相似。对于前者，当时欧洲正经历着战争、恐慌和谷物欠收。历史显示，公元 916 年英国农业严重欠收，小麦和玉米短缺。部分人为争夺土地而发动战争。1000 年后的 1916 年至 1917 年发生了几乎同样的事，这个国家被要求向饥谨的欧洲运送食品、兵源和资金以挽救他们战败的军队。公元 917

年，康斯坦丁诺夫被保加利亚人所拥戴，战争持续到919年。1914年至1919年，一场战争发生在土耳其以及整个欧洲。公元923年法国爆发内战，1000年后的1923年法国出现了类似的麻烦。

我们从柏林大学教授汉斯·杜布克在伦敦学院的讲演中得到另一个关于1000年和2000年循环的证据。这次讲演正好发生在第一次世界大战前的1914年，他说道："比较历史上不同时代的战争可以发现惊人的相似之处。如瑞士战胜杜克·查尔斯的战斗与希腊战胜波斯人的战斗间隔2000年，却几乎使用同样的武器，运用同样的政治宣传进行战斗。"

什么是100年循环的证据呢？100年前发生的事情在过去几年内发生了吗？美国1814年至1822年曾发生过谷物欠收、战争和黄热病，特别是1819年至1822年尤为严重。1821年波斯尼亚爆发了痢疾传染病。100年后的同一时期，美国也爆发了可怕的传染病，造成数百人死亡。1822年爱尔兰发生饥馑。100年后饥馑再次发生是100年循环的又一个证据。回顾100年的历史我们可以发现更多的100年循环证据。1819年第一艘蒸汽船横渡大西洋。100年后的1919年英国热气球R－34成功地从苏格兰飞往米尼奥拉、纽约长岛。

尽管江恩只是从人类历史的一些事件来论证时间周期存在重现性，看到了人类历史似乎在一个周期象限内原始运动，按照一定规律在重复出现。那么，人类历史有如此相类似的重复性，而证券市场作为人们共同参与的市场，而且本身人类的许多情绪冲动都与自然界息息相关，这就证明了证券市场本身是不能脱离自然界而独自发展的。总之，证券市场的波动与自然界一样存在着周期性。我们完全可以相信，证券市场确实存在着周期规律，而预测市场价位见顶或见底，就可以通过时间周期规律性的重现去把握。

二、江恩循环周期分析的工具

既然证券市场正如人类历史一样有着相类似的重现性，那么市场的重演是怎样出现的，我们又如何进行有系统的预测呢？对于这个问题，江恩指出：我预测未来循环时强调，最重要的事情是要有一个正确的起点。如果我们有一个正确的开始，那么我们就将得到一个正确的结果。如果我们知道结果的起因，我们也就不会对未来的事物和结果有任何疑问。显然，江恩研究股市的规律（循环）是以找寻“一个正确的开始”为前提的，通过确认起始点，就可以预知未来结束点的具体时间和价位了。

怎样通过“正确开始”对股市预测，用什么分析工具来完成此项任务？

这就需要我们先了解什么是“一个正确的开始”。对于市场来说，无非是价位上或时间上的起点，因为所有的循环分析都是先从一个起始点入手，然后展开预测的。正确的开始，说明了交易者在选择起点时要考虑到该区间是否具有重要性，否则就不能产生正确的分析结果。

因此，在江恩理论里对循环的“正确的开始”赋予了特殊的意义，它是一个事物发展过程中最重要的转折或起点，是坐标中的 Y 轴中心点，所以可以理解为一个轴的支点。一般而言，市场在什么时间、什么价位见顶或见底的预知是交易者所梦寐以求的，但现实上是可望而不可及的。

但江恩这个“正确的开始”正以这一出发点，其分析的工具是用“圆形”来研究。这个“圆形”不是一般概念意义上的，而是名副其实的 360°圆形。江恩把这种方法称之为“先验架构”。交易者就可以根据这一先验架构所提供的信息进行分析预测，这时可以完全不用了解当前市场走势，只要设定了“正确的开始”，就会从中找到正确的结束点。

江恩用“圆形”作为分析时间周期的工具，是根据先验架构所创造出的一套“控制时间因素”的分析方法。它体现了影响我们空间视线的时间是如何被控制的，然后将空间上的股价波动反映出来，达到预测市场走势的目的。

三、江恩的圆形分析

江恩在用圆形做循环分析时强调：“圆形的 360°……是所有数字的基础，在一个圆形内，可设置一个四方形及三角形，但在其内又可设置四方形及圆形，而在其外，也一样可设置四方形及圆形，上述反映了市场运行的 4 个面向”，如图 4－1 所示。

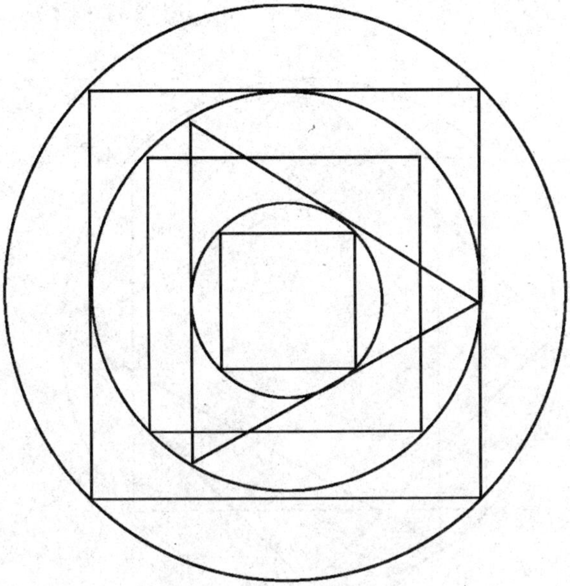

图 4－1　圆形的四个面向

这一原理体现了循环之内有小循环，之外有大循环，环环相扣，互为作用，说明江恩理论通过简单的圆形模式揭示出市场大大小小的循环。

因此，交易者只要掌握到市场正确的起点，包括时间和价位，然后将其代入圆形中的“零点”作起点，通过圆形的分割角度逐一进行验证。按江恩的这种设计方案，圆形里面设置有四方形与三角形，是逆时针方式分割不同的角度，计有两个四方形和一个三角形，其角度是 45°、90°、120°、135°、180°、225°、240°、270°、315°、360°等（图 4－2），这些角度既可用作时间也可用作价位计算分析。按照分割方式来说，是八分法和三分法，与波动比率可谓是一脉相承，都是江恩周期分析的基础。

那么如何运用这一圆形和角度分割来分析呢？江恩又进一步作了解释：“市场所有的顶部和底部与其他重要的顶部或底部，都存在一个数学上的关系，市场上每一个顶部和底部，均能应用正方形和三角形的角度加以解释。”

因此，只要能给出某一市场过往的顶部或底部的时间和价位，我们就可以用几何关系的数字比率，准确地判断未来的股价走势。这样就可以知道市场在什么时间见什么价位、市场顶（底）出现的时间等。

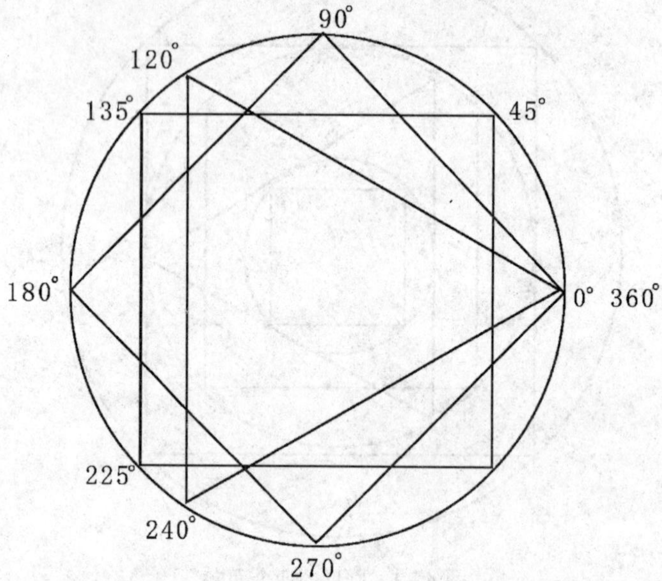

图 4-2　江恩圆形可内设四方形及三角形，共 10 个角度

例如，我们以上海综合指数为例，可用圆形循环按几何角度运行分析，用以揭示市场在什么时间，将会见到什么价位。

我们看到在图 4-3 中，竖线边上的数字表示这根线与上海股市开市的距离（天数）。我们观察到沪市存在 45、90、270、360 的周期的循环，这种循环是嵌套循环的。一个大的周期中存在小的周期，一个周期又是上一个周期的延续，也是下一个周期的开始。

对于市场顶部与底部出现的时间，即市场高低点周期又是什么时间出现的呢？按照圆形循环的原理，周期的顶部或底部是从循环的规律中引发出来的。

再以沪市综合指数说明，见图 4-4，图中沪市存在一个 480 个交易日的周期循环。

从 1995 年 5 月至 2001 年 6 月的 5 年中，共出现了 5 个重要的高低点，明显存在一个 480 交易日的周期。这个周期是 365 的 1.315 倍，即是 365 又 115 天。

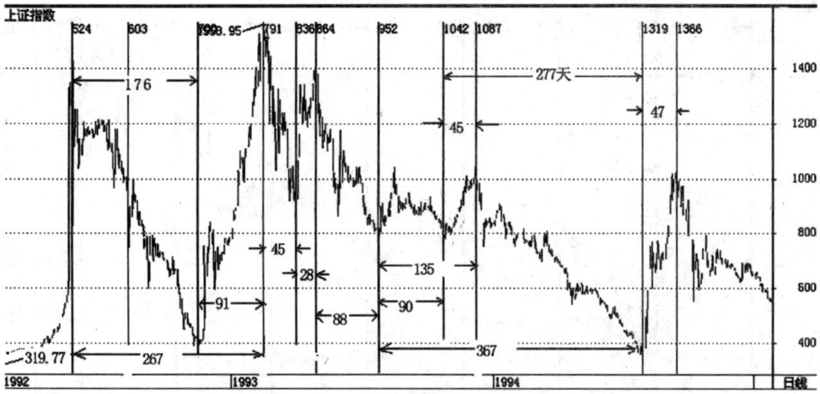

图 4－3　上证综合指数周期

图 4－4　上证综合指数的 480 个交易日的周期循环

另外，分析 1995～2001 年的图表，同样也存在 276 个交易日的周期循环。480 与 276 存在这样的关系，270＋220＝490。也就是说，实际存在 270 与 220 的共振关系。480 可以分解为 360＋120，那么，这种关系，可以进一步分解为 45、60、90、120、180 等的关系。

由此可见，江恩的循环比一般的循环分析具有更清晰、更准确的预测效果。

图 4-5 上证指数 276 个交易日的周期循环

四、圆形分析的 360°递增模型

根据江恩循环多面向的格局，将各种市场周期都能统一在这个独特的圆形循环之中。因此，我们对照市场循环提供的资料，编制了一个 360°递增模型的示意图（图 4-6）。

在这个图中，中心的圆形就是江恩的 360°圆形，为了能体现大大小小的市场周期循变化和市场的递增或扩散。我们又在中心圆形的基础上增加了第二个圆形，其制作方法是按三份（每份 120°）或八份（每份 45°）的分割方式叠加，分别是 405°、450°、480°、495°、540°、585°、600°、630°、675°、720°，此外第三个圆形，也是在这一基础上叠加，其余依此类推，直至无限个圆形。

（1）在这个递增模型中，终点 360°一线的角度分别是 720°、1080°、1440°、1800°、2160°、2520°、2880°、3240°、3600°……这些都是终点 360°的倍数，所以其重要性是所有角度中最高的。

（2）360°对应的角度是 180°，在此一线的角度分别是 540°、900°、1260°、1980°、2340°、2700°、3060°、3420°……这些都是 360°或其倍数的一半，所以其重要性仅次于前者。

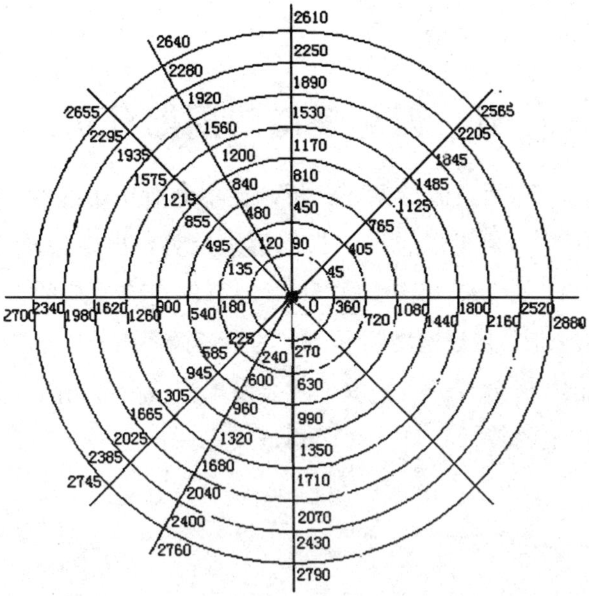

图 4－6　360°递增模型

（3）圆形的$\frac{1}{4}$，即 90°其递增的角度分别是 450°、810°、1170°、1530°、1890°、2250°、2610°、2970°、3330°……这些都是角度处于 180°和 360°的 90°角范围，其重要性次于 360°和 180°。

（4）圆形的$\frac{1}{3}$，即 120°，其倍数是 480°、840°、1200°、1560°、1920°、2280°、2640°、3000°、3360°、……而圆形的$\frac{2}{3}$，为 240°，其倍数是 600°、960°、1320°、1680°、2040°、2400°、2760°、3120°、3480°……这些角度对市场的影响常常也是相当大的。

另外，圆形的 45°、135°、225°、315°和其所属的倍数循环也是市场比较重要的转折点，都值得留意。在这里我们对圆形 360°循环的递增设计，只是希望利用江恩原有的圆形分析思想，对指数在不断膨胀后的点数值能够作出相应的有效分析。

五、循环递增的周期分析

用圆形以 360°为整体的循环分析，在中国股市中往往有惊人的表现。我们以上证指数为例可以看出沪指的历史趋势，出现比较奇妙的循环现象。如图 4—7，自 1993 年初的 1558 点至 1994 年 7 月底的 325 点，指数共跌去 1233 点。非常接近递增圆形 180°的第三循环 1260°（360°×3＋180°＝1260°）。利用 1260 这个角度，我们将会发现沪指在市场高低点、波动幅度以及时间方向上的转折实例（参见图 4－2 和 4－6）。

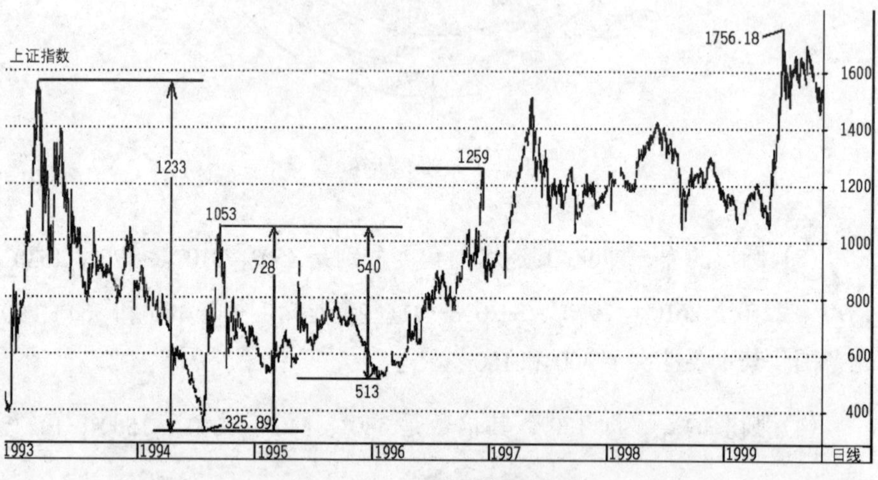

图 4—7　上证指数循环递增

（1）沪指从 1994 年 7 月的 325 点反弹至 9 月的 1053 点，共升了 728 点，而后又跌至 1996 年初的 513 点，即跌去 540 点。我们将反弹浪与下跌浪的波幅叠加，即为 1268 点，正好与前一下跌浪波幅相同，这是根据市场的波动幅度而作出的。

（2）沪指于 1996 年底曾一度急升至 1259 点见顶的原因与上述波动的递增循环 1260°有关系，这是根据市场的高低水平而作出的。

（3）我们根据时间的周期计算，将递增循环 1260°转换成 1260 天。由 1994 年 7 月底起，1260 天的时间，刚好在 1999 年 6 月的高点 1756 点附近。

（4）再用时间循环，将沪指自1990年的12月19日历史大底95.79点作为开始，至1996年1月19日的513点，非常巧合地用了1260天（1276个交易日，1858个自然日）。那么我们不妨这样类比地分析，从513点开始延续1260天，时间就是2001年3月。实际情况是2001年2月22日股市开始向上运动，随后是几个月的牛市。

我们从上述例子中可以看出，将1260°的循环能分析和转化成市场中的各种表现形式。

下面，我们再以深圳成分指数来进一步的说明（图4－8，参见图4－2，4－6）。

图4－8　深证成指循环递增

深圳股市从1996年开始，成指的走势就大起大落，但其中的波动也并非是无所适从的，也是按照自有的规律运行着的。从价位上看，1996年底的4522点，正发自180°内的第12个循环（360°×12＋180°＝4500°）。当年另一个低点为2792点，恰好是270°内的第7个循环2790°。而1997年中的历史高点6103点则大致为360°内的第17个循环（360°×17＝6120°）。1999年5月的2521点，正是360°内的第6个循环（360°×6＋360°＝2520°）。因此，从价位上我们可以看出圆形递增循环对成指的作用和影响。

从波动幅度上，深成指从1996年初的924点升至4522点，共升3598点，与3600点仅2点之差，而3600是360的10倍。接着深市又出现了第二轮上升浪，从2792点至6103点，升了3311点，与90°内第9循环3330非常相近。当然，此一升浪也基本上可与前一升浪的波幅等同，两者相差270点，就是说深成指出现了两个3600点的升浪。随后的下跌，深成指从6103点至2521点跌去了3582点，基本上也接近3600点。

由此证明，深成指在价位上、波动幅度上都相当精巧地向我们展示了典型的圆形循环模式。当然，我们还可以举很多例子证明，江恩循环理论在时间上、价位上，甚至波动幅度上均可显示出强大的预测功效。

六、循环起始点的选择

江恩在用周期循环分析时，首先要确定“正确的起点”，然后才能按固定的模式去分析。因此，我们在设定周期的过程中，就要划分起点的类别。因为不同的起始点对市场产生的作用是不同的，而且其中的差别也非常大。

在江恩的方法中，他划分周期的起点大多采用市场的大顶或大底。但有时也采用一些一定时期的高低点，这就导致了分析作用或效果上的不同。

在江恩理论中，一般循环分析的起始点选择主要有三个方面：历史性起点、重要性起点和明显性起点。

1. 历史性起点

就是在一定历史性的条件下，在时间上、价格上都具有惟一性和排他性的点。它是历史时间循环或价位区域的开始。对市场来说，要达到这一条件，当然不是什么别的位置，而是股价指数的历史最低位。如江恩计算的循环是从1932年的40点起，就是美国道·琼斯指数在20世纪的最低位，它对市场的分析作用非常巨大。

同样道理，对于中国股市而言，深圳综合指数的历史最低点是1991年9月25日的45点，这是深综指的历史性起点。而上证指数的历史最低点是1990年12月19日的95．79点，这是沪指的历史性起点。因为，深沪综指在上述位置上都仅出现一次，具有惟一性和排他性，所以理所当然就成为两市循环周期分析的历史性起点。但随着时间的不断推移，人们在实际操作中，往往只会关心市场的短期趋势，对历史性起点的关心程度会相应递减。

上证指数从95.79点看，它对后来的许多大顶和大底都产生过极其重要的时间影响。见图4-9，竖线表明了交易日和自然日。

图4-9　起始日的影响作用

上证指数的第一个高点在1992年5月26日的1429点，它是起点的359个交易日。而第二个高点在1993年2月的1558点，它是起点的542天。在起点的481个交易日，指数出现了1992年11月的低位386点。同样在起点的909个交易日后，在1994年7月，出现325点低位。

所以，由此看来历史性的起点，具有预测未来转折的功能。

2. 重要性起点

正如前面提到过，我们在选择周期的起点大多采用了市场的大顶或大底。这些大顶和大底与历史性起点的区别是：前者是重要的高低点，但并非惟一的点。当市场突破或时间远离该区域之后，其分析价值将相应下降而再不被人们所关注。因此，为了与历史性起点相区别，我们可称其为重要性起点。

所以，重要性起点的确定也并非是随意的，它与历史性起点或其他重要性起点之间也都存在着非常和谐的时间周期的比率关系。因而在市场分析的意义上，应该仅次于历史性起点的作用和重要性。

3. 明显性起点

当我们分析市场时，在历史性起点或重要性起点之外，特别是在市场趋势有明显性突出的高低点时，我们则认为，这些高低点的分析作用，应该是对由于重要性起点出现次数较少而不足的补充。因为，有了这些足够多的高低点，可为分析市场提供中短期判断的参考。

所以，在制定周期时，首先要知道预测的是长线、中线还是短线，然后再按分析的目的寻找各自的起始点。在这里历史性起点具有影响全局的作用，长期指引着市场的趋势。许多大顶、大底均在其比率中衍生出来。而重要性起点，更多的意义是具有中线分析的作用，它支持了大市在某一时期的主要趋势，而且各个重要性起点之间都存在着非常和谐的时间比例关系。而一般明显性起点多应用在短期行情中，具体的分析方法是用短期市场的各个高低位之间的时间比率关系，来正确地分析和判断其时间的周期。

七、周期循环的时间单位计算

我们用周期循环进行分析时，关于时间单位的计算，就会遇到如何来确定时间单位的问题。到底是以交易日计算还是以自然日计算呢？江恩认为在制定周期时，首先要划分起点和种类，以便根据不同的模式进行分类。然而，在计算市场循环时间时，江恩认为交易日和自然日都有其特定意义。所谓交易日分析，是以市场进行交易的日期作为计算的时间。而所谓自然日，它包含有交易日以外的所有日期。

那么如何来确定周期循环的时间计算单位方法呢？江恩认为：若以市场重要的转折点为基础展开的循环分析，可以选取市场交易日。若以时间为单位，选取季节循环的节气作分析的起点，就要用自然日。

1. 以交易日为单位的循环

在计算周期时，人们从图表中最容易计算出来的就是交易日循环。由于观察上的便利，这种计算方法是市场周期中最为普遍的一种。它的最大特点是从一些重要的市场高低点为计算起点，推断下一个循环转折的时间。因此，我们可以根据市场的情况选定高低点，如以江恩的圆形角度，则为 360 天、180 天、90 天、60 天或其他的循环角度。这从日线图中，可逐一计算。

2. 以自然日为单位的循环

虽然大部分的分析者以交易日作为市场的分析对象，但是在一些市场的关键时期，利用自然日作为循环分析的基础，其意义更为突出。一般情况下，这种方法是以季节循环，如以中国历法的节气点，作为计算的起点，用以推算其 360 天、180 天、90 天、60 天或其他江恩的循环角度。

但有时，自然日循环的应用并非一定要由季节循环为基点，在很多时候和交易日循环分析一样，往往是以重要转折点作为起点。

八、分割率与周期循环

分割法是江恩方法中最为普遍使用的一种方法，通过分割可以找到事物存在的自然固有的共振点、谐和点。江恩理论的数学关系表达式可以表示为：$S_n=360n/8$，$X_n=n/8$，$Z_n=360n/3$，式中 n 为自然数，其中 S_n、Z_n 是对时间或空间的预测，而 X_n 通常用于空间的比率分析。

上面的数学关系表达，表示了对圆和 1 的分割的概念。在这里 1 的概念非常重要，要大家细心领会。“1”可以代表一个价格空间、一个时间循环周期。一个循环周期可以是任何的时间周期，如 45 天，1 年、7 年、30 年。

江恩理论主要将圆分割成八等份。将圆八等份后的时间和空间，代表了股市波动规律中最常见的自然法则。所以，360 n/8 是股市时间周期的波动法则之一和空间的阻力和支撑，当股市从一个循环起点运行 45 天，90 天、135 天、180 天……时常会产生转折。

江恩对圆的分割体现了江恩对市场循环的认识：

1. 八等份分割

1/8：360°÷8=45°

2/8：45°×2=90°

3/8：45°×3=135°

4/8：45°×4=180°

5/8：45°×5=225°

6/8：45°×6=270°

7/8：45°×7=315°

8/8：45°×8=360°

2. 三等份分割

1/3：360°÷3=120°

2/3：120°×2=240°

3/3：120°×3=360°

……

江恩把一个事件（空间）定为 1 的概念，将空间界定在用户特定的视野和研究对象中。江恩对“1”的分割主要表现在价格空间上。江恩对价格空间的比率分析中，主要是对 1 进行 8 等份和 3 等份以及 16 等份。

$X_n=n/8$	$X_{n'}=n/3$	$X_{n''}=n/16$
$X_1=0.125$	$X_{1'}=0.333$	$X_{1''}=0.0625$
$X_2=0.25$	$X_{2'}=0.666$	$X_{2''}=0.125$
$X_3=0.375$	$X_{3'}=1$	$X_{3''}=0.1875$
$X_4=0.5$	$X_{4'}=1.333$	$X_{4''}=0.25$
$X_5=0.625$	$X_{5'}=1.666$	$X_{5''}=0.3125$
$X_6=0.75$	$X_{6'}=2$	$X_{6''}=0.375$
$X_7=0.875$	$X_{7'}=2.333$	$X_{7''}=0.4375$

$X_8=1$　　　$X_{8'}=2.6666$　　　$X_{8''}=0.5$

$X_9=1.125$　　　$X_{9'}=3$　　　$X_{9''}=0.5625$

……

九、时空循环案例分析

1. 江恩将圆进行分割的时间和空间案例

（1）沪市自 2001 年 6 月 13 日高点 2245 至 2001 年 10 月 22 日低点 1514 点运行了 89 个交易日（江恩八等份分法是 90 天，89 也是费波纳茨数列），相当于 132 个自然日（八分法 135 天）；以收盘价计算下跌 722 点（2242－1520），空间正好完成 2 个圆的循环。时间与价格发生了共振，之后出现强劲反弹走势。

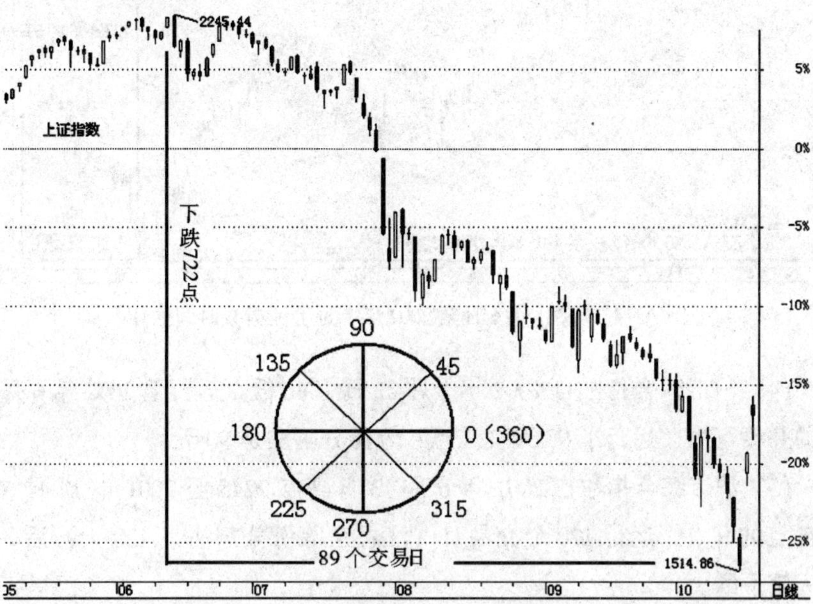

图 4－10　2001 年 6～10 月上证指数时空循环

（2）沪市自2001年6月13日高点运行至2002年3月21日1693点高点运行183天（江恩八等份分割法 90×2＝180天），相当于282个自然日（282在24分圆中是在270°上，$11\frac{3}{4}$圈），期间上涨了354点（接近一个圆360°）。

（3）沪市综合指数自2001年12月5日1776点高点至2002年4月29日1667点高点，运行了91个交易日（江恩八等份分割法是90天，误差1天）后，展开一轮下跌。这个期间的自然日是146个，与费波纳茨数列144共振。

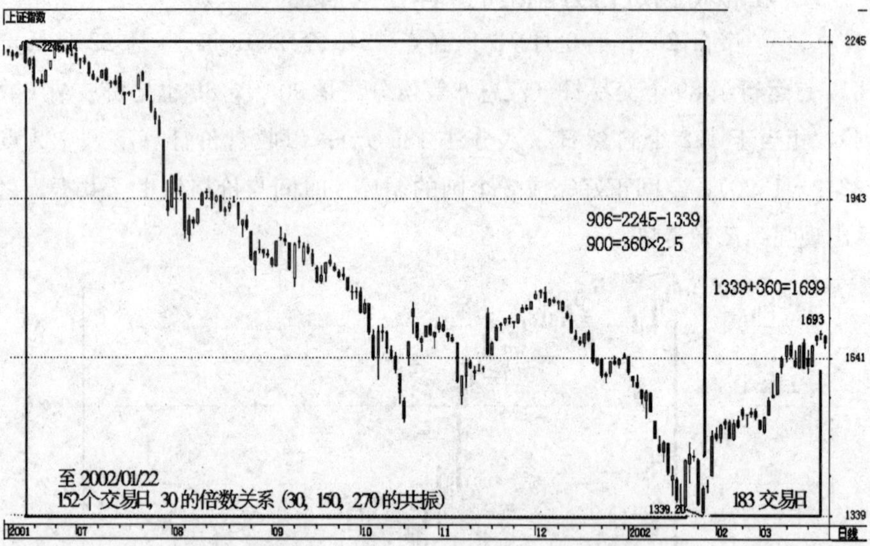

图4－11　2001年6月至2002年3月上证指数时间循环

（4）沪市综合指数自2002年1月22日1346低点运行至2002年6月17日的井喷行情，运行了90天（江恩八等份分割法是90天）。

（5）沪市综合指数自2001年6月13日高点2245至2001年12月5日1776点的高点，运行120个交易日（江恩三等份分割法是120天）后，展开一轮下跌。

（6）沪市综合指数自2001年6月13日高点2245至2002年6月17日展开井喷行情，运行了240个交易日（江恩三等份分割法 120×2）。

以上的例子充分说明了八等份分割法与三等份分法代表了股市波动规

律中最常见的自然法则。

2．江恩对价格比率分析案例

以沪市综合指数1999年12月30日1341低点为起点：

（1）1341×1.125=1508；

（2）1341×1.25=1676；

（3）1341×1.333=1787；

（4）1341×1.375=1843；

（5）1341×1.5=2011；

（6）1341×1.666=2235；

（7）1341×1.675=2246。

沪市2000年2月17日高见1770点下跌（与（3）1787差17点）（图4－12）。

沪市2000年4月21日高见1858点（与（4）1843点差15点）出现急挫。

沪市2001年6月13日高见2245点（与（7）2246仅差一点）展开一轮熊市下跌（图4－12）。

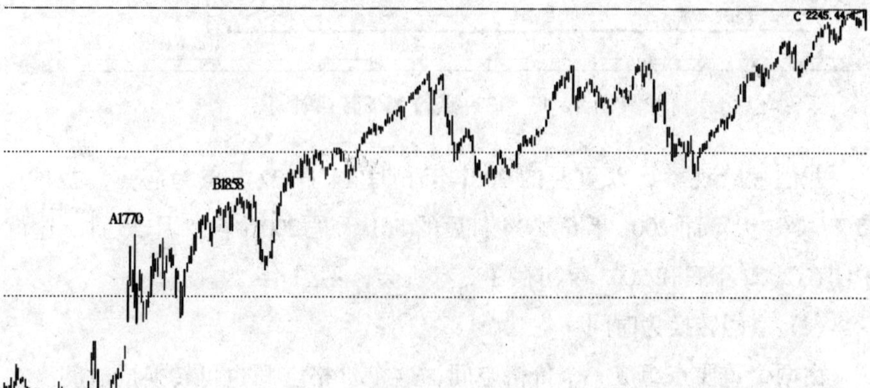

图4－12　上证指数价格比率

3．江恩时间与空间相互转换分析案例

(1) 价格转换为时间

从一个关键的重要点可以测定价格的变化，在确定价格转换时间的时候，一个重要的难题就是解决时间与价格的比率关系。这个波动率我们在关于角度线中已探讨。

我们以上海综合指数为例，见图 4－13，假定波动率为 1。我们现在取 2002 年 1 月 29 日上海综合指数低点 1339 点为起点，1339 点的 25%为 335 点，335 日后是 2002 年 12 月 29 日，实际在 1 月 6 日发生变盘。

图 4－13　1339 点的 25%转换时间

我们继续观察，以重要的 2001 年 6 月 14 日 2245 点为起点。2245 × 25% = 561 天。而 2001 年 6 月 14 日后的 561 天是 2002 年 12 月 26 日。这就说明在 2002 年底和 2003 年初存在变盘机会，见图 4－14。

(2) 空间转换为时间

由两个重要点组成一个价格空间，这个价格空间也可转换成时间。在这个价格空间的 25%、50%、75%都存在一个时间窗口。

图 4－15 为 1999 年 5 月 1047 点到 1756 点价格空间向时间转换的例子。

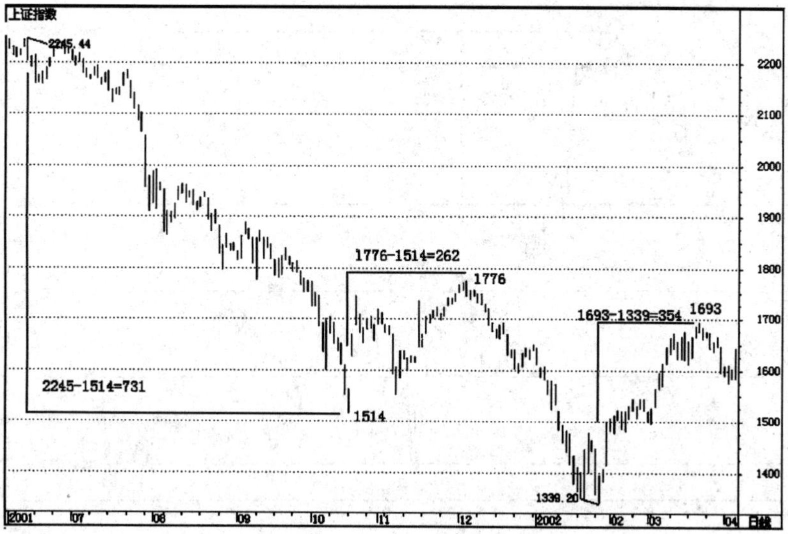

图 4-14　价格转换为时间

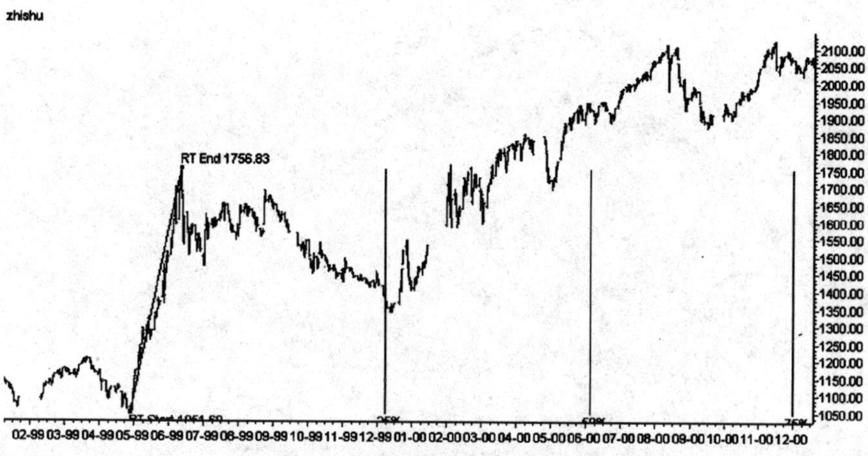

图 4-15　价格空间向时间转换

(3) 空间百分比转换

空间本身也存在自身的运动周期与转换。这种空间的运动扩展经常以百分比来进行。图 4-16 是 2245 点与颈线 1894 点的价格空间的扩展。空间以 50%进行扩展。我们观察到，1718、1542、1366 都成为重要的价格分区。

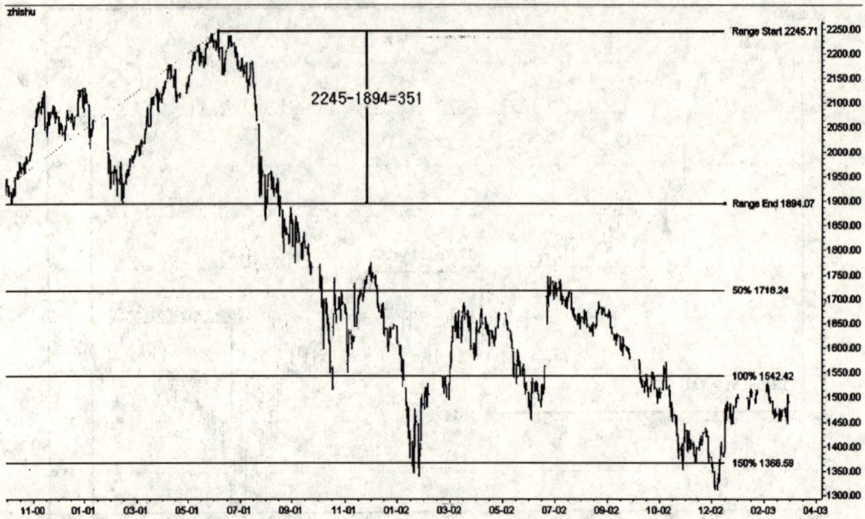

图 4-16　空间百分比转换

第五讲

江恩周期循环的分析

江恩的周期理论是整个江恩理论的精要之一，其范围非常广泛，从最小的根据地球自转1°所对应的4分钟循环周期到若干小时、若干天、若干月、若干年的中级循环，到最长可达几百年几千年的循环周期。江恩经常强调，市场的长期循环为180年、90年、82年至84年、60年、49年、45年、30年和20年，中期循环为15年、13年、10年、7年、5年、3年、2年和1年等。

其中，江恩特别重视30年循环，认为长、中、短周期均是其倍数或分数。30年中共有360个月，是一个完整的圆形。为什么是以30年而不是50年或者20年作为中心呢？相信这与天文学有关。30年里共有360个月，换言之，是月球绕地球360次，是一个圆形循环的周数。

一、循环周期最小从 4 分钟循环开始

我们在江恩所著的小说《空中隧道》的未来周期一章中看到，江恩认为自然法则中的循环规律包括小型、中型和大型循环，而时间的量度是以宇宙循环为准则。我们知道，地球自转一周是 360°，为一天。而一天共 24 小时，合 1440 分钟，用 1440 除以 360，就是市场的最小分割循环为 4 分钟。

因此，江恩认为 4 分钟是市场不断重复的最活跃的频率，从这个最小频率演化成的另一个循环就是 24 小时，是地球围绕太阳一周的时间，即人类的一天。如图 5－1 所示。

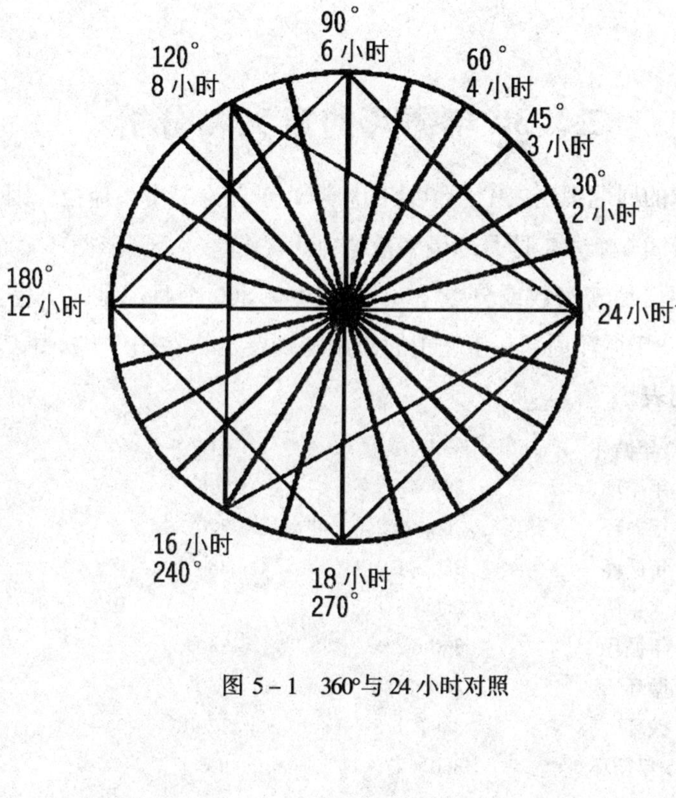

图 5－1 360°与 24 小时对照

按 4 分钟为 1%的循环分析，短线的周期可列表如下：

地球自转	时间循环
30°	2 小时
45°	3 小时
60°	4 小时
90°	6 小时
120°	8 小时
180°	12 小时
240°	16 小时
270°	18 小时
360°	24 小时

所以，当市场趋势运行至上述某一角度时，就会出现变盘的情形。当然并不是说必然在上述的水平转势，它只是提供了趋势变化的最小周期而已。实际上，市场趋势出现转机往往会发生在上述时间循环的倍数上，如 18 的倍数 36 小时、54 小时；24 的倍数 48 小时、72 小时等。

二、30 年循环的意义和分析

在江恩的周期理论之中，30 年的周期处于理论的中心地位。因为，30 年里面共有 360 个月，即月球围绕地球 360 次，是一个圆形循环。而且长、中、短周期均是其倍数或分数。30 年中共有 360 个月，是一个完整的圆形，所以 30 年循环周期在市场中的作用特别突出。在图 5－2 中，可以看到下面的列表。

180 年循环	360×6	2160°
90 年循环	360×3	1080°
60 年循环	360×2	720°
30 年循环	360×1	360°
22.5 年循环	360×6/8	270°
20 年循环	360×2/3	240°
15 循环	360×4/8	180°
10 循环	360×1/3	1200°
7.5 年循环	360×2/8	90°

从中看出，从细微到 4 分钟的小循环，大至 180 年的超级大循环。江恩都巧妙地将其纳在一个圆形中，从而提供了一套预测价格变化的数学模型，为投资者分析市场提供了分析工具。

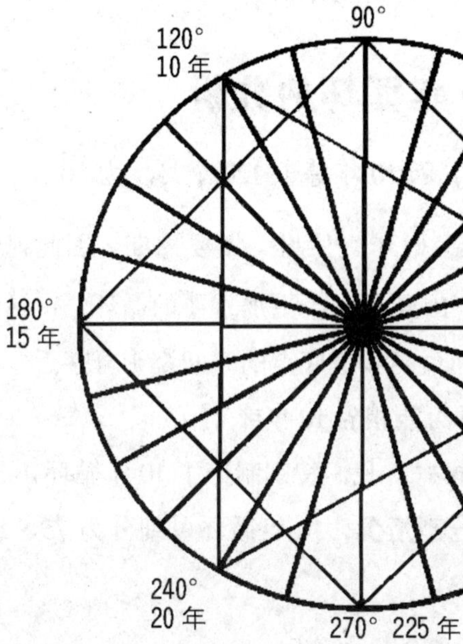

图 5—2　360°与 30 年循环分割对照

360 月循环按三角形及四方形分成次一级循环：7.5、10、15、20、22.5 及 30 年 360 个月，也就是月球围绕地球 360 次。在更广泛的意义上，30 年十分接近土星的周期，土星围绕太阳一周，共 29 年零 167 天。因此，土星绕太阳一周约等于月球围绕地球 360 次的时间，其运行的形式与时钟原理如出一辙。

将江恩的 30 年周期与土星的角度比较，以下是市场转折的时间循环：

30 年周期——土星回归

22.5 年的周期——土星 270°

15 年周期——土星 180°

7.5 年周期——土星 90°

在以 30 年作为循环周期的中心，除了天文学上的理由外，金融市场也存在这个规律。在 30 年循环以内，江恩认为重要的周期还有 20 年、15 年、

13年、10年、7年等。这些周期与30年循环存在着相互关系，所以常常认为是30年循环的子循环，即30年循环的次级周期。

三、10年循环的分析

江恩还特别强调10年循环，因10年等于120个月，为30年（360个月）的$\frac{1}{3}$。所以，10年的循环是30年之外另一重要周期。因此，江恩指出，界定一个市场的循环周期，10年是一个更加重要的循环，市场经常每10年便重复类似的波动形态，而最高和最底点的时间都十分接近。在某些市况下，市场的重要顶部及底部可能相隔10年或11年。

根据江恩30年圆形的分割模式，我们特别制作了10年循环在30年循环的所在位置以及其内部的再分割情况，10年循环可细分为75、15、30、40、60、80和120个月（图5－3）。

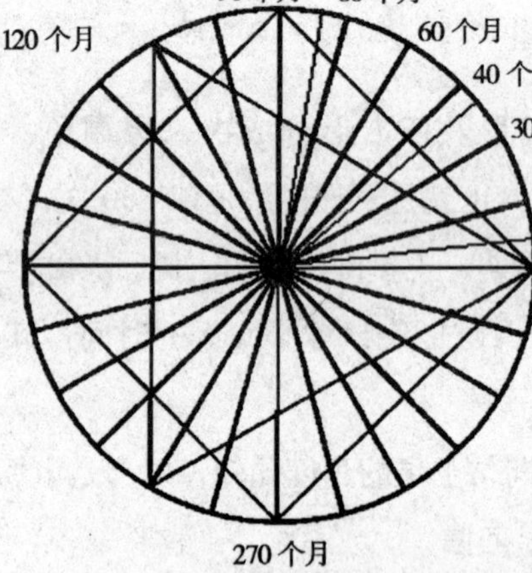

图5－3　30年循环的月周期循环分割

由图中所见，10年，也就是120个月可以划分为一些较小的循环：

(1) 120个月的一半是60个月，即5年循环；

(2) 120个月的$\frac{1}{3}$和$\frac{2}{3}$分别是40及80个月；

(3) 120个月的$\frac{1}{4}$是30个月，亦即两年半循环；

(4) 120个月的$\frac{1}{8}$是15个月；

(5) 120个月的$\frac{1}{16}$是7.5个月。

市场经常每10年便重复类似的波动形态，而最高点及最低点的时间会十分接近。此外，在某些特别的情况下，10年的循环亦会引发价位重现。对于这两种独特的市场现象，可按照上述10年期循环来分析。

但在10年循环周期中，价位重现的出现是有一定条件的。当10年之内市场趋势基本处在同一区域，若市场处于大升市或大熊市，则不会有此形态的出现。相反就可能产生形态重现的周期现象。

通过对江恩10年循环周期的研究，在江恩10年循环模型中，我们发现由任何一个顶部计算10年时间，市场便会出现另一个顶部。在这个10年的市场循环内，由上一个周期的重要顶部起计，3年后将出现一个顶部，之后再加3年，另一个顶部便会出现，而在这个顶部之后再加4年，市场便会到达10年循环周期的顶部。在某些情况下，市场会提早出现顶部。所以，由上一个顶部开始，第27（2.25年）、34（2.83年）和42（3.5年）个月的时间是要必须留意转势的。

而且，江恩还特别提醒，10年循环中将会出现数个5年的子循环。一般情况下，由任何一个顶部计算，5年后将会出现一个底部。同样，由市场任何一个底部，5年后将会出现另一个顶部（图5－4）。但这是一个理想状态的股市模型图，理论会存在有某些个别区域能按此模型运行。

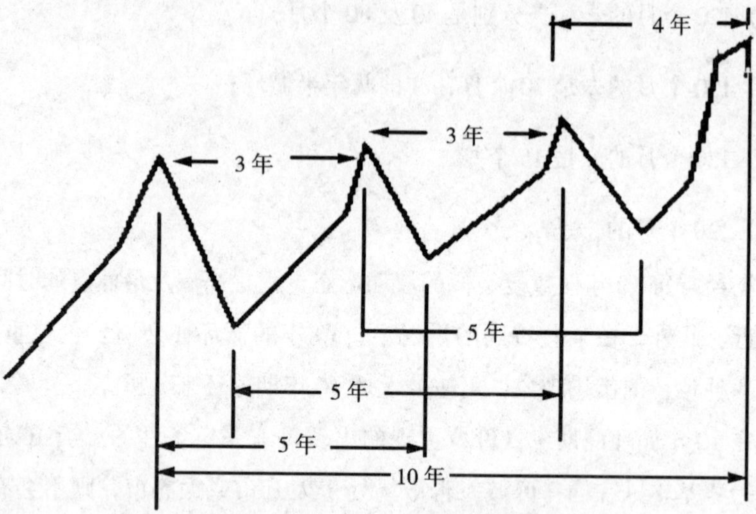

图 5－4　10年循环结构

四、7年循环的分析

江恩对7年循环也相当重视，因为，7年内共有84个月。他认为：从一个市场重要的顶部或底部算起，7年后可能会再次出现一次顶部或底部。而且，7年的一半或$\frac{1}{4}$，即42个月或21个月，都是需要注意的市场转势时间。这两段时间大致为21～23个月和42～44个月不等。在某些市况下，市场会在10～11个月转势，原因就是这段时间为7年的$\frac{1}{8}$（图5－5）。7年循环还可以细分为10．5个月、21个月、42个月、63个月和84个月。7年循环的次级结构，按照江恩对7年循环的分析，认为由一个市场重要的顶点或底点起，7年后将会又是一个顶点或底点。

此外，江恩还发现，在一些市场的熊市循环中，跌市通常会运行7年。其结构则是先跌3年，形成第一个底，然后由此再跌4年完成第二个底部。

江恩还对“7”情有独钟，因为，在《圣经》创世纪中描述了上帝用7天创造了世界，于是“7”被认为是一个完整的数字。江恩将“7”及其倍数的周期也同样视做重要的转折点。

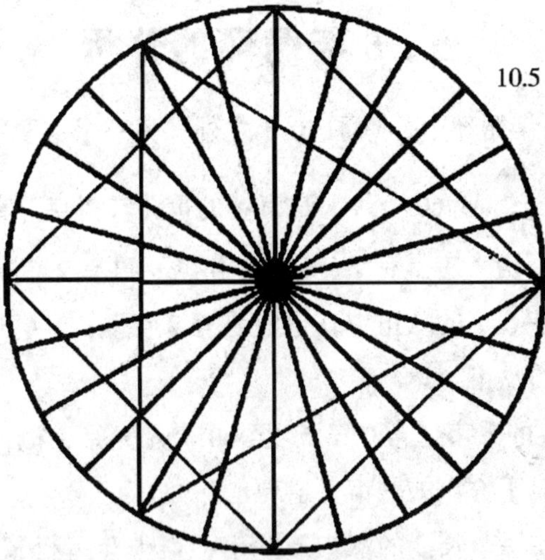

图 5－5　7 年循环的月周期结构

其中方法之一就是将 1 个圆形的 360°分成 7 份，观察市场的转折情况。

将圆的 360°分成 7 份，其分割的角度如下：

360°的 1/7 是 51.4°

360°的 2/7 是 102.8°

360°的 3/7 是 154.3°

360°的 4/7 是 205.7°

360°的 5/7 是 257.1°

360°的 6/7 是 308.6°

360°的 7/7 是 360°

在这里，分割的 7 个角度与前面介绍的圆形八分法分割角度具有同样的市场作用。

五、5年循环的分析

在江恩的10年循环中，除了10年之外，另一个重要的周期就是5年。因5年是30年的$\frac{1}{6}$，或60个月，是市场的重要转折点。在5年循环，如5年的升市中，江恩认为应是有2年升，1年跌，再有2年升，才完成一个5年的升市。同样在5年的跌市中，也应是有2年跌，1年升，再有2年跌，才完成一个5年的跌市

在这里，5年的涨市通常在第59至60个月完结，因此第59个月是要特别留意的。而对于5年的跌市，道理也一样。

江恩认为，在一个长期的涨市或跌市，很少会运行超过3年至3.5年而没有3~6个月的调整或反弹，除非这是处于长期循环的末段，大部分的趋势都不会运行超过2年，特别要注意调整或反弹的月份，包括第23、24、27、30个月时市势的变化。在极端的市势中，第34、35、41及42个月是值得留意的。

对于5年以下的循环，江恩认为，是属于中短期的循环一类，而这些周期亦是由30年的循环的360个月分割而得，市场的顶部或底部往往会在这些时间内出现。

3.75年 = 360月 × $\frac{1}{8}$ = 45个月，

2.5年 = 360月 × $\frac{1}{12}$ = 30个月。

六、月循环周期

以月为单位的循环分析方法，也是江恩非常重视的方法之一，它是中长期投资者应该首先掌握的。由于时间单位是以月为基础，时间跨度较长，准确度高，可靠性非常强，往往是自然形成的。在此基础上形成的规

律是不会轻易改变的。

现以上证综合指数为例，在过去12年的走势中，可以在月线图中找到已经发生了的明显的约20个月的循环周期。从1991年5月的最低点104点至1992年11月的低点386点，是一个低点到低点的循环周期，期间运行19个月。从1992年11月的低点386点至1994年7月的最低点325点，期间运行了21个月，这也是一个明显的低点到低点的循环周期。从1994年7月的低点325点至1996年1月的低点512点，运行了19个月，又是一个低点到低点的循环周期。还有从1996年1月低点512点至1997年9月低点1025点，运行了21个月（图5-6）。

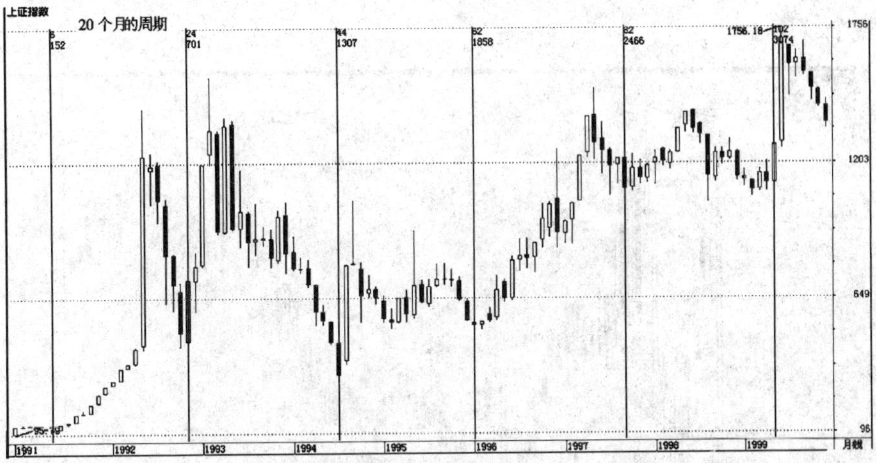

图5-6 上证指数的20个月循环周期

以上的例子证明20个月的循环也存在于中国的股市之中。20个月的循环是江恩60个月循环周期（5年的循环）的$\frac{1}{3}$，也是上证指数的重要循环周期。

在上证综合指数月线图中，我们可以找到3次以18个月为循环周期的循环。1993年2月的最高点1558点至1994年7月的低点325点，就是一个高点到低点的循环周期，期间运行了18个月；从1994年7月的低点325点至1996年1月的低点512点，运行了19个月，是一个低点到低点的循环周期；从1996年1月的低点512点至1997年5月的高点1510点，是一个低点到高点的循环周期，期间运行17个月。这几个循环周期均按照18个月

（±1个月）的循环周期运行。所不同的是，运行方式不单纯是按照低点到低点或高点到高点的方式完成循环。

18个月循环周期是江恩36个月循环周期（3年的循环）的$\frac{1}{2}$，也是我国股市存在的非常重要的循环周期之一。

江恩对月循环还特别强调以下几点：

（1）从重要的市场底部开始计算，3个月后，可能是市场的另一个底部或顶部；再加4个月，可能是市场的另一个底部或顶部。

如上证综合指数1994年7月创出325点的低点，是一个重要底部；7个月后，1995年2月，上证综合指数运行至524点的低点，是另一个重要底部（图5－7）。

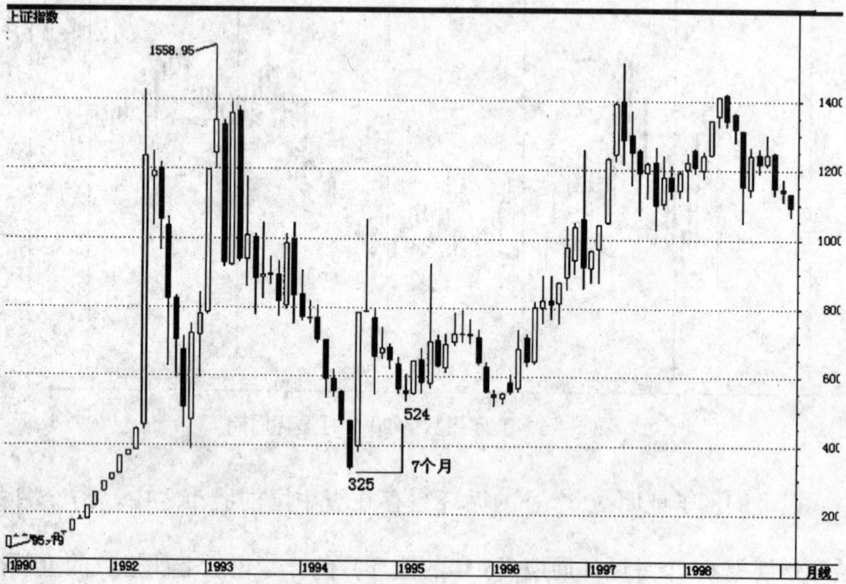

图5－7　上证指数7个月循环周期

（2）在上升趋势中，调整一般不会超过2个月，到第3个月市场将见底回升。

如1996年1月上证综合指数从低点512点开始，展开了一轮大级别的大牛市行情，直至1997年5月1510点为止，中途进行了三次调整，每次调整均为两个月，第三个月开始恢复升势。它们分别是1996年4月底开始调整，6月初恢复升势；1996年7月26日开始调整，9月19日恢复升势；

1996 年 12 月开始调整，1997 年 2 月恢复升势。

(3) 在极端的情况下，市场可能只调整 2～3 周。在这种情况下，市场可能连续上升 12 个月，每个月的底部均比上个月的底部高（图 5－8）。

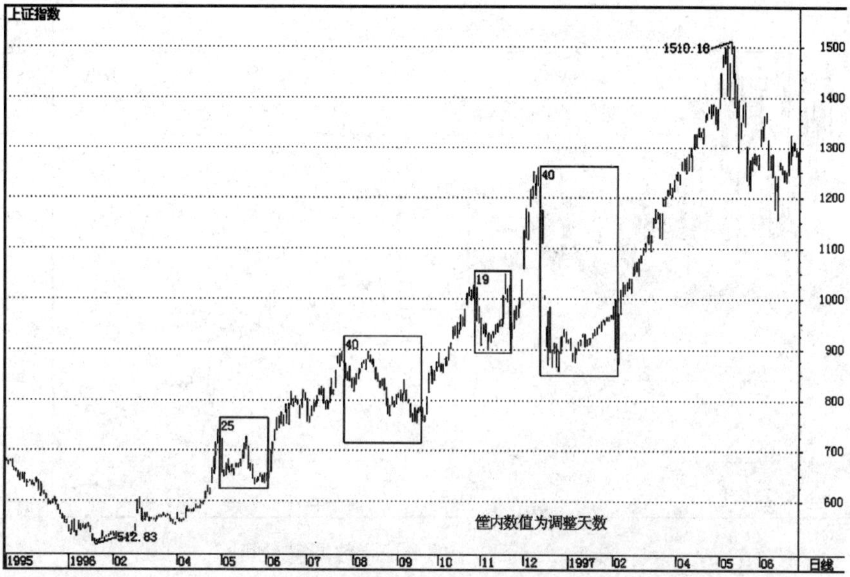

图 5－8　上升中上证指数调整周期

(4) 在大牛市的多头行情中，如出现下跌趋势，可能只运行 3～4 个月，随后市场将重拾升势。

(5) 在大熊市的空头行情中，一波反弹只能维持 3～4 个月，然后再调头继续下跌。

如上证指数 1993 年 2 月从最高点的 1558 点开始下跌进入熊市，一直下跌到 1994 年 7 月最低点 325 点，下跌了 18 个月。在 1993 年 10 月从低点 774 点产生了一轮反弹行情，至 1993 年 12 月高点 1044 点结束反弹，反弹时间不到 3 个月，共 34 个交易日（图 5－9）。

我们在历史数据中，还可以找到这样的规律：上证指数在下跌过程中，多数时间下跌 5～6 个月，而宣告下跌结束。1992 年 6 月至 1992 年 11 月，下跌 6 个月；1994 年 9 月至 1995 年 2 月，下跌 6 个月；1995 年 9 月至 1996 年 1 月，下跌 5 个月；1997 年 5 月至 1997 年 9 月，下跌 5 个月；2001 年 6 月至 2002 年 1 月，下跌 6 个月。下跌时间较长的是 1993 年 12 月至

1994年7月，下跌时间长达8个月，而中途几乎没有反弹月份（图5-10）。

图5-9　下降中的上证指数调整时间

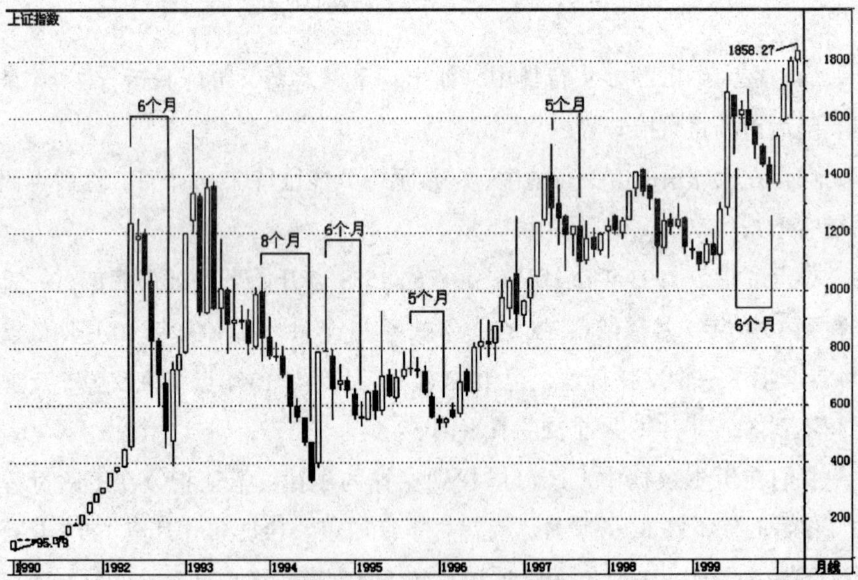

图5-10　上证指数下跌周期

对于月线转折市，江恩指出："一个单边性质的升市或跌市，通常很少会超过3~3.5年（36~42个月的调整，除非这是处在长期循环的末段。大部分的趋势都不会超过2年，特别要注意的月份包括第23、24、27、30个月的市场变化。在极端的市况下，第34、35、41及42个月是值得留意的。"上述体现了江恩长期对市场观察所作出的结论。当然，他研究的背景是20世纪二三十年代美国股市的基本情况，在当时的经济、科技水平等社会条件下，股票市场的波动节奏与今日或许存在很大的差异。

七、周循环分析

周线循环分析与年、月线分析是大同小异的，较常见的长线周期是30、45、60（63）、72、90、120、180、240周等。由于这类稍长的循环大多在年、月循环已有论述，因此，在这里只做简略介绍。

在选择"周"作为周期单位，除了符合通用的分析预测方法之外，更重要的是可以较精确地细划出行情的波动周期，通过周期循环的手段去演绎市场更长的运行轨迹。

另外，江恩认为，在一个升市之中，市场的调整通常有2~3周，或者会有4周，之后，市场通常会回复上升。江恩提出以下两个规则以作依据：

(1) 在升市中的调整，可预期市场会在第3周的中间时间见底回升，而以全周高位收市。

(2) 在某些情况，市场要到第4周才调整完毕，之后，市场会以全周的高位收市。

也就是说，当市场调整的时间足够，而该周期全周高位收市，市场重入升势的机会甚大。在大升市中，若成交量充足，则市场可能会上升6~7周，然后才出现调整。在某些极端情况下，市场甚至会上升13~15周才出现调整。

至于市场运行整个趋势的时间，江恩认为以下几点值得注意：

(1) 一星期有7天，而七七四十九天为7星期，这时市场的趋势经常会出现逆转。因此，当市场运行至第49~52天的时候，投资者应留意市势会同现调整。

（2）市场趋势逆转一般可能会发生在第 42～45 天，也就是 1/8 年。

（3）当市场趋势运行至第 90～98 天时，投资者就要小心趋势会出现调整，也就是 1/4 年。

八、日循环分析

江恩在《华尔街四十五年》里，对短期循环的涨跌市况作过如下统计：我们考虑了 1912 年 10 月至 1949 年 6 月的道·琼斯工业平均指数，这里记录的是最主要的涨跌行情，它们是持续时间相对较短的骤升或骤跌，在这期间共有 292 次涨跌行情。

3～11 天——有 41 次涨跌行情处于这个时段，比例约 1:7。

11～21 天——有 65 次涨跌行情处于这个时段，比例约 1:4.5

21～35 天——有 65 次涨跌行情处于这个时段，比例约 1:4.5

在 11～35 天这个时段中，共有 130 次涨跌行情，占总数的 1/3 以上，这使它成为极限最高点或最低点的重要时段。

36～45 天——有 31 次涨跌行情，比例约 1:9.5

45～60 天——有 33 次涨跌行情，比例约 1:9

61～95 天——有 20 次涨跌行情，比例约 1:14.5

95～112 天——有 13 次涨跌行情，比例约 1:22.5

112 天以上——有 12 次涨跌行情，比例约 1:22

总结以上所述，江恩认为通常出现转势的时间为：7～12 天、18～21 天、28～31 天、42～49 天、57～65 天、85～92 天、112～120 天、150～157 天、175～185 天。

在实际预测时，前面论述过以交易日和自然日作的分析，其两者的作用主要是：若以市场重要的转折点为基础，则可选用市场交易日；若以时间为单位，选取季节循环的节气作分析的起点，可应用自然日。因此，在实际应用中，分析时应同时作好上述两种准备，直至市势形成后再作取舍，其好处在于全面捕捉市场可能出现的转势机会。

对于日线循环的短线分析，江恩认为应该先判断该段趋势是处在上升年抑或是下跌年，若为上升的话，则该年市势所出现的调整通常会有2~3周，之后会整固3~4周，然后再创新高，上升6~7周。

若市场已经见顶，则可能会下跌2~3周，之后再出现2~3周的反弹，不过，这次反弹中，并未能创出新高。其后，市场可能在窄幅内上落一段时间，然后才向下突破。

此外，在《华尔街四十五年》中，江恩还强调下列一些短线转势的操作技巧："当市场上涨或下跌30天，甚至更长后，下一个需要留心头部和底部的时间周大约是6~7日，这将是一个买卖点，当然不要忘记根据这些阻力位置止蚀位，以保护资金，如果市场反弹或下跌45~49天以上，那以下一个时间周期大约是60~65天，这是熊市中反弹以及牛市中调整的最常见的平均时间。"

"在寻找转势的日期时，请注意市场是否已经离开最高价或最低价7~12天、18~21天、28~31天、42~49天、57~65天、85~92天、112~120天、150~157天或175~185天。这些时间周期开始的顶部和底部越重要，转势就越重要。"

九、季节性循环

江恩对气候的变化十分敏感，认为金融市场的价格波动，经常受到季节的影响，特别强调金融市场的季节性循环。

1．江恩的"一月预言"

根据他的观察，有两个时间投资者需要特别留意：

（1）1月2日至7日以及15日至21日。

（2）7月3日至7日以及25日至27日。

从天文学的角度来看，1月5日被称为"近日点"，是地球轨迹最近太阳的一天，地球公转速度最快；7月5日则被称为"远日点"，是地球离太阳最远的一天，地球公转速度最慢。从气候来看，1月20、21日在中国历法中被称为“大寒”；而7月23日则被称为“大暑”日，是一年中最酷热的一天。

关于1月份，江恩提醒投资者，要留意该月市场所造出的顶部或底部，除非1月份的顶部或底部被突破，才可决定该年市势的上升或下跌。

有时，市场在1月份所造成的顶或底，要等到该年的7、8月才能突破。在某些情况下，这些顶或底会成为全年的顶或底。

对于市场季节性的变化，江恩经过长期的观察，总结了一套相当有代表性的“一月预言”的分析技巧。

所谓“一月预言”，就是关注市场在1月份所出现的高低点将对全年产生的影响。因此，江恩所发现的是气候对市场情绪影响周期，他提醒投资者，要留意该月市场所出的顶部或底部，除非1月份的顶部或底部被其后所突破，才可决定该年市势的上升或下跌。有时，市场在1月份所造出的顶或底，要等到年中才能突破。

季节性循环为何会对市场产生影响，据一些天文兼金融分析家指出，季节的变化对市场存在内外两种影响。

内在因素：节气变化对金融市场尤其是商品市场（与商品有关的期货市场）影响极大，价格往往随着季节的变化而大幅波动，这样商品期货价格的波动亦会影响到金融期货或股票市场上来。

外在因素：气候的四季变化影响着人类的情绪波动，这样，金融市场买卖主体的投资者自然会受到气候的变化所影响，此外，大自然对市场有时并不一定以投资者个人的意志所改变。在某些情况下，1月份的顶或底会成为全年的高点或低点。

季节性循环正是市场的特有现象，“一月预言”正是深刻了解季节性变化的产物。对于分析者或投资者来讲，在每年之初有必要细心地研究这一现象，这将对全年的分析会有益。

1月份的见顶或见底，中国股市最具有说服力的是1996年1月，这一年无论是大盘还是个股，有95%是在1月份产生低点，并且有不少的个股以及深沪大盘至今仍都远离1996年1月份的价格区域。

图5-11和图5-12是深圳综合指数及深发展的月K线图，1996年1月深综指最低跌至104.90点。而深发展也跌至5.90元历史低位。

图 5-11　深证综合指数

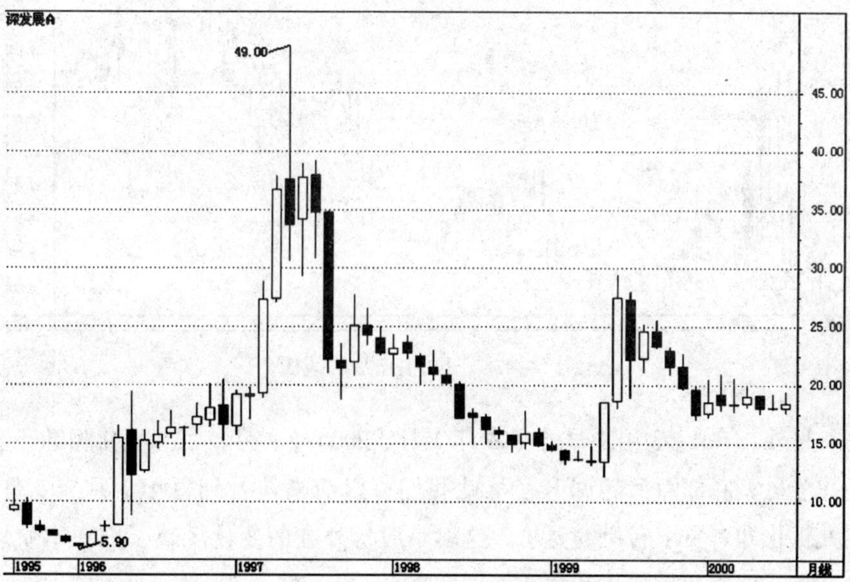

图 5-12　深发展的月 K 线图

再以三九生化（000403）为例，如图 5－13，自 1996 年 6 月 28 日上市以来，连续 4 年的 7 月份，该股均发生趋势逆转。

（1）1996 年 7 月，刚上市就下探 5.09 元的低位，成为历史性的底部。之后最高到达 23.00 元的顶峰，涨幅为 325%。

（2）自高位 23.00 元下跌，3 年时间回吐了升幅的 90%，于 1997 年 7 月止跌企稳。虽然未能立即上涨，但此时买入却是良机。

（3）1998 年 7 月反弹至一个价格中轴阶段，两度上攻未果，反转回落等待更佳时机。

（4）进入 1999 年，该股在突破 1998 年 7 月高位后，于 7 月冲至 19.62 元高位见顶回落，调整又是 5 个月。

图 5－13　三九生化月 K 线图

另外，在 1998 年 1 月、1999 年 1 月、2000 年 1 月，三九生化相继产生了一个显著底部而反转回升，从此我们可以清晰地看到每年 1 月或 7 月，三九生化即有要求转机的要求，这就是股价外在的变化反映了内在本质性的因素，即周期性规律和季节性周期规律。

所以，从三九生化的股价波动规律以及其他个股的研究，发现 1 月和 7 月确实为股市的重要时间段。从时间周期上来看，1 月与 7 月相差半年，即180天，是江恩所强调的重要时间循环。

而且在“一月预言”中，江恩还特别强调1月份出现的高低点对市场的作用，具体来讲有3种情况：

(1) 若1月见底，则市场可能到7、8月份才突破这个底部，反之亦然。

(2) 若1月见全年的底，则市场可能到7、8月份才完成一轮趋势，从而见全年的顶，反之亦然。

(3) 若1月是全年的底，则7、8月份可能会出现另一个调整的底，之后市场会重新进入原有的上升趋势，反之亦然。

将上述3种模式套入上证指数中分析，沪指10年的历程几乎尽在其中（图5-14）：

图5-14　沪指10年的历程

属于第一种的有：

(1) 1993年，1月筑底后急升至2月中旬，但不久迅速转势向下，7月正式打穿1月的底部，使全年形成先扬后抑大幅下落的格局。

(2) 1998年，1月筑底后缓升了一段日子后，于8月中旬急速向下突破年初的低位，是另一个先升后跌的模式。

上述两例均在7、8月到达或突破年初的底部，然后在下半年处于无趋势状态。

属于第二种的有：

(1) 1992年，由1月急升至5月，7月开始大幅下挫，几乎将上半年升幅打回原形。

(2) 1994年1月走出当年高点后一直单边下跌至7月底，随后出现"V"型的大反弹。

(3) 1995年，1、2月份筑出底部后以波浪式上升，在8月份创下高点后（实际上当年高点是在5月，但时间上仅由3天行情组成），第四季出现显著的下挫。

(4) 1999年，年初完成底部后，年中急速攀升，7月初创下新高后大幅回落。

上述4例均在7月左右完成年初以来的趋势，从而见全年的底部和顶部。

属于第三种的有：

(1) 1991年，这是由年初一直升至年末的单边趋势年。

(2) 1996年，由1月造出大底后，市势升至7月份稍作调整，随后又再度上扬，维持上半年原有的趋势。

(3) 1997年，1月份见底后急速上升，随后在8、9月完成另一个底，整体是全年处在一个上升途中。

(4) 2000年，从1月低点起，一直升至8月份才出现回调，但年底时又创下新高点。

上述4例明显是一个单边的走势，年中的反复则是对前期趋势的整理，使下半年能继续保持强势。

综上三种模式，第一种出现率较小，而第二种、第三种则均有4次，反映中国股市每年的趋势波幅较大，升跌趋势还是相当明朗的。因此，我们通过上述分析，将会更好地了解每年股市的特性，从而制定出适当的投资策略。

2．节气对市场的影响

江恩选取一年的春分点作为分割的起点，春分点亦即太阳回归的时间，是日，日夜时间均等，日期为3月21日。至于分割比率，江恩所用的有4种：将一年分二、分三、分四和分八，时间上与中国历法的节气不谋而合（图5－15）。

现将分割的时间排列如下：

0——3月21日，春分；

1/8——5月5日，立夏（春分后45天）；

1/4——6月21日，夏至（春分后90天）；

1/3——7月23日，大暑（春分后122天）；

3/8——8月5日，立秋前2天（春分后19.5周）；

5/8——11月8日，立冬（春分后182天）；

2/3——11月22日，小雪（春分后32.5周）；

3/4——12月21日，冬至（春分后39周）；

7/8——2月4日，立春（春分后45.5周）。

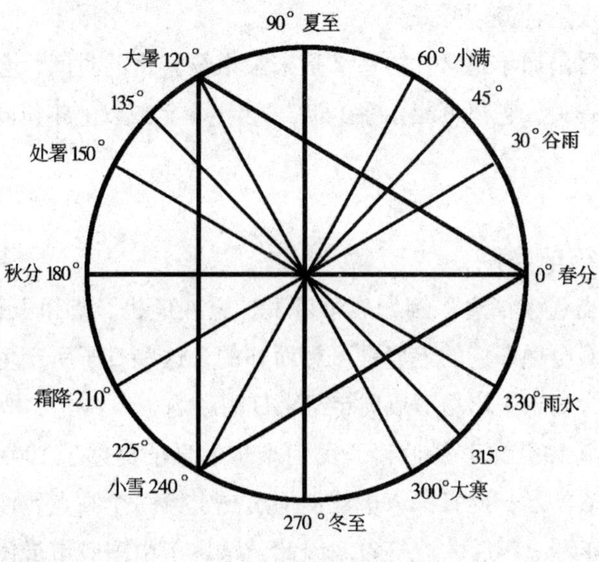

图5－15　二十四节气与360°循环

江恩的时间循环理论与中国历法中的二十四节气不谋而合，前者用以分析市场走势的变化，而后者则用来分析气候的变化。然而，上述两个范畴并非风马牛不相及，而是互相呼应的。

十、江恩的周年纪念日

江恩不但把时间看作是决定市场的最重要因素，而且强调历史会重复发生，江恩的周年纪念日的理论就是在这种基础上产生的。江恩周年纪念日理论认为，未来市场的逆转时间经常与从前市场逆转的日期存在着周年纪念日的关系，也就是说，历史上曾经在某年某月某日又会重复发生。

江恩在《华尔街四十五年》里写道："我写这本书的目的是给你一些关于时间周期全新的、有价值的规则，这些规则可以帮助你预测未来最高点和最低点。如果你研究并运用这些规则，那么将来它们必然使你受益。我在研究工作中发现，股票会在它们已经到达最高价和最低价的月份发生重要的转势。我称这些日子为周年纪念日，每年你都应当留心市场可能在这些重要的日子发生转势。"

因此，可以看出周年纪念日的意义是未来市场转折的时间，会跟过往市场重大的转折有关，它很可能会在1年、2年、3年或以上年份同一时间内发生。

1．特殊周年纪念日

江恩指出：当重大消息，例如战争爆发、金融危机、货币贬值等政、经事件出现时，对金融市场的走势是可想而知的，这些日子所产生的重大波动或转折常常会对未来市场形成周年纪念日的影响。

对于中国股市10年来，最值得股民们难忘的日子莫过于1993年2月22日。如图5－16所示，此日深市指数创下历史上第一个高点，而这一高点竟分别等到3年和6年后才被打破。因此，这属于中国股市最值得纪念的日子。

事实上，2月22日的周年纪念作用在两年后的1995年也同日出现。这天下午，在当时的新低位 122.6 点突然狂飙至 136 点，升幅超过 10%，时间仅用了几分钟。早在 1992 年 2 月中旬，深市摆脱长期整理局面，22 日筑出最后一个低点，从而推动后来的升浪。

图 5-16　深证综合指数的纪念日周期

而 1995 年 5 月 18 日，在关闭国债期货的消息影响下，深市突然跳空急涨，3 天内升幅达 50%，形成中国股市最早最大的一次消息市。如图 5-17所示。两年后的 1997 年 5 月 13 日，深市延续一年半的牛市终于见顶回落，明显地是周年纪念日的影响发挥了作用。再者，两年后的 1999 年 5 月 17 日，深市创下低点后止步回升，成为当年急升的引发点，这个时间点就是周年纪念日。因此，从广义看来，其实 1992 年 5 月 25 日深市早已形成了周年纪念日的雏形，创下当年的最高点或第一个历史高点（图5-17）。

2．广义周年纪念

江恩把时间看作是决定市场的最重要因素，而且强调历史会重复，江恩的周年纪念日理论就是在这种基础上产生的。江恩周年纪念日理论认为，未来市场的逆转时间经常与从前市场逆转的日期存在着周年纪念日的关系。也就是说，历史上曾经的价位将会在某年某月某日又重复发生。

他的理论与众不同，特别强调了金融市场的季节性循环，所使用的方法也十分简单，就是把市场在过去每年的最高点和最低点出现的时间做一个统计，从而推断出未来可能出现市场最高点和最低点的日期。

我们现在以 10% 以上的波动做一个分析，考察上证指数 1991 年至 2002 年内每年的峰顶、谷底在月份上出现的频率。ZIP 折线以收盘价计算。

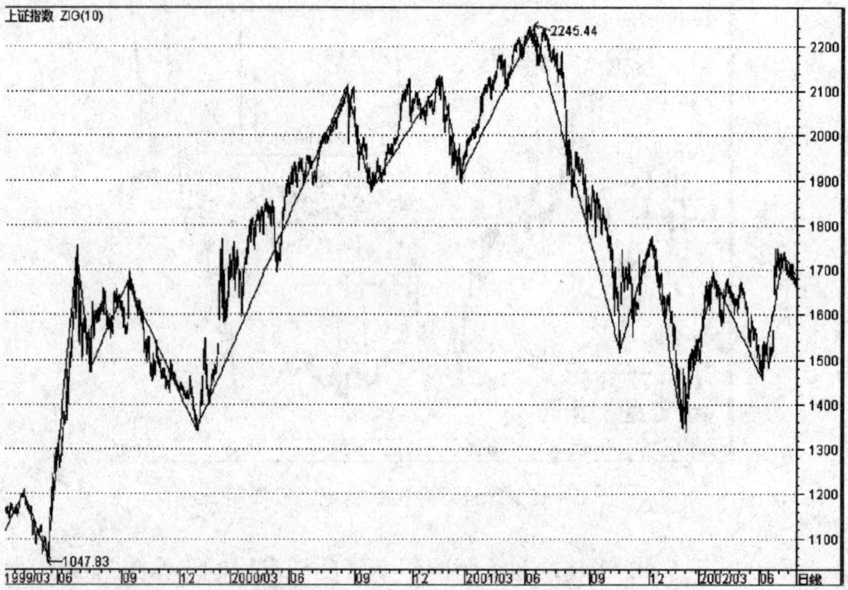

图 5-17　上证指数的纪念日周期

底部的月份（以收盘价）

1991/05（大）（大中小代表顶低的级别）

1992/11（大），1992/12（上小）

1993/03（下小），1993/04（中），1993/07（小），1993/11（小）

1994/07（大），1994/10（下小）

1995/02（大），1995/05（中），1995/06（小）

1996/01（大），1996/05（上小），1996/09（上小），1996/12（上中）

1997/09（中）

1998/08（小）

1999/02（小），199/05（大），1999/12（大）

2001/10（下小）

2002/01（中），2002/06（小）

统计分析发现，5 月的底部较多，其次是 12 月。3、4、8 月的机会较少。5 月是个特别关注的月份。

月份	底部次	大底
1	2	1
2	2	1
3	1	
4	1	
5	4	2
6	2	
7	2	
8	1	
9	2	
10	2	
11	2	
12	3	1

头部的月份（以收盘价）

1991/02（中）

1992/05（大），1992/12（上小）

1993/02（大），1993/03（小），1993/04（中），1993/08（小），1993/12（中）

1994/09（大），1994/11（下小），1995/04（上小）

1995/05（中），1995/08（中），1995/05（上小）

1996/08（上小），1996/12（上中）

1997/05（大）

1998/05（中），1998/11（下小）

1999/04（下小），1999/09（上中）

2001/06（大），2001/11（下小）

2002/03（中），2002/06（中）

头部的统计表明 5 月是个很突出的月份，其次是 4 月、8 月、11 月、12 月。而 1 月、7 月没有头部，也就是头部在 7 月前后的密度较大。

月份	次数	大级别
1		
2	2	1
3	2	
4	3	
5	5	2
6	2	1
7		
8	3	
9	2	1
10		
11	3	
12	3	

通过对峰顶、谷底的分析表明，沪市的底部分布较为平均。年初、年底和五月份有较大的入场机会，同时出场的机会也较大。无论如何，5月注定是个多事的月份。我们也观察到，每一年中有1—2次较大的赢利机会。同时，波动的频率与行情的性质有关。并且，上证指数从1991年至2002年波动幅度也随着时间在减弱。

根据江恩周年纪念理论，历史会重复发生。我们可以发现在5月、6月、12月会寻找到全年的高点；在12月到2月会寻找到全年的低点。这一结论对交易者正确把握大市，提高胜算率，适时抄底逃顶具有一定的意义。由此可见，江恩的周年纪念理论能将复杂的投资活动变得非常简单。

十一、周期重现

历史的重现表现在以下几个方面，一是价位的重现，尽管这种价位的内涵可能已经发生变化，如指数结构等，但其数值会重现。二是周期的重现，一个运动的周期会反复重现。出现高峰谷底的月份，也就是历史纪念周期。

1. 时空周期重演

沪市1994年7月29日至1994年9月14日出现急升行情（325.89～

1052.94)，历时 32 个交易日；日历天数 48 天。

1999 年 5 月 17 日至 1999 年 6 月 30 日（1047.83～1756.18），历时 33 个交易日，日历天数 45 天。

这也就是说沪市有 32 个交易日的周期，折合 6 周半，大约 45 个日历天。这也是江恩 90°的 1/2。同时 31 在轮中轮上，也是 90°的关系。

图 5－18 是一个空间循环的例子。我们可以考察到沪市存在一个 700 点和 1200 点的空间循环节奏。

图 5－18　空间重演

2．形态重演

形态的重演分对称性重演和模拟性重演。我们在图形观察中可以看到许多的图形重现（图 5－19），这也是图表分析的存在基础。

沪市综合指数 1500—1500 的对称（图 5－20）。

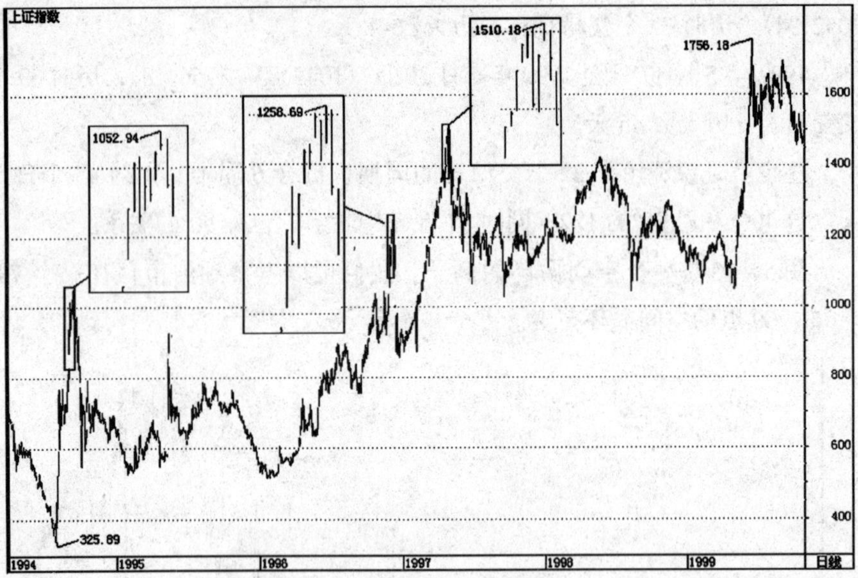

图 5-19　形态重现

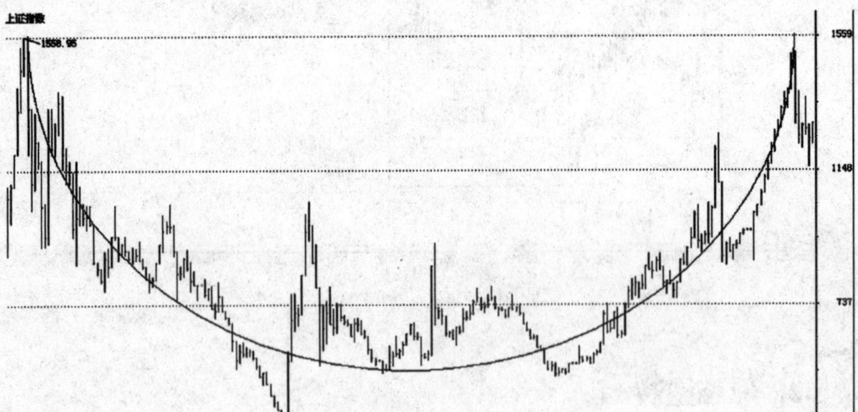

图 5-20　沪市 1500—1500 典型对称

3. 价位重演

2000 年春分，上证指数报收 1710 点，2001 年春分上证指数报收 2066 点，两者差距接近 360 点，经过 360 个自然日后，指数差距 360 点，而 360 是圆周的度数，是最重要的江恩数，不能说这是巧合。2002 年 3 月 21 日上证指数在1693点见顶，又基本实现了对2000年春分的价位重演（图5－21）。

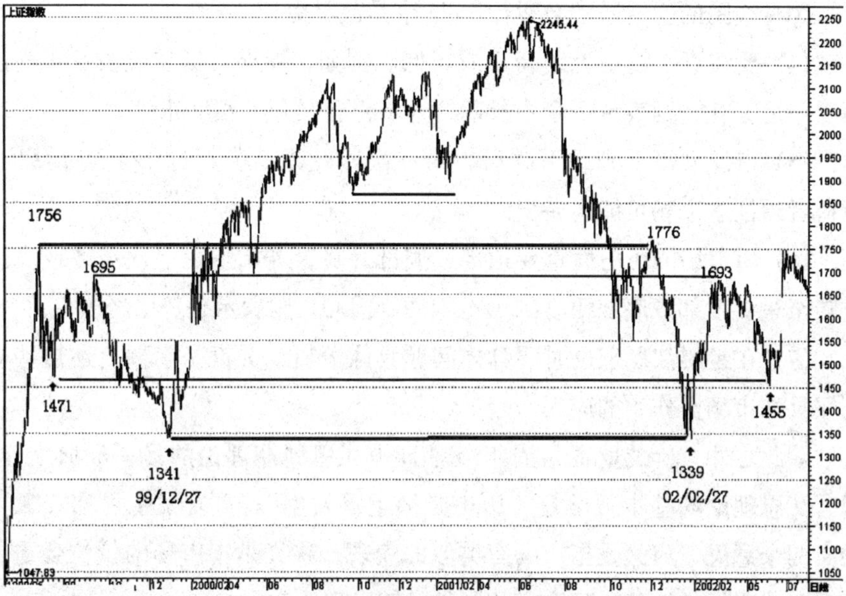

图5－21　价位重要性重现

图中1341与1339、1695与1693、1756与1776都是一种结构性的价位重演。

注意：①历史可以重演，但并非一定会重演；②历史发生重演的决定性因素是时间限定；③历史重演包括时间、点位和形态的重演，对于实际操作来讲最重要的是时间区间内的趋势重演。

十二、运用江恩周期循环理论时的注意点

（1）时间是最重要的因素，除非时间方面有足够的证据证明转势，否则不可轻易判断市场逆转。

（2）在判断市场逆转时，要充分留意价位在支持或阻力位上能否配合。

（3）不同的时间循环产生不同的转势时间，如：

①日线图的逆转通常为7~10天；

②周线图的逆转通常会运行3~7周；

③月线图的逆转通常会运行2~3个月甚至更长。

(4) 要注意市场是否创新高或新低。例如，如果市场在过去5年一浪高于一浪上升，则表示一个中长期的升市将会展开，相反亦然。

(5) 市场大幅上升或下跌后，第一次回吐或反弹超过1/4至1/2时，投资者须注意市场可能会转势。

(6) 由市场的历史性重要顶部或底部计算，若市价由上次顶部或底部逆转至重要顶部或底部幅度的1/4、1/3或1/2，则表示趋势已经改变。

(7) 在运用江恩理论时要具体问题具体分析，关键是掌握上述这些规则在具体市场操作中的应用。

除此之外，价位重现与周年经念日是江恩周期理论的另一经典之作，因为江恩理论的基本哲学是“历史必须重复发生”。重复发生可取广义与狭义两个意思，广义是指市场有类似的表现，狭义是指市场的价位会重复出现，或市场逆转的时间会在相同的日期出现。

第六讲

江恩周期循环的测市工具

在江恩使用的具体方法中，轮中轮、正方图、六轮图是比较神秘的地方。我们要领会的是江恩的哲学思想，而不是一招一式。要从具体的形式和方法中悟出更为深刻的道理。圆形、方形、六轮形是到目前我们发现的主要的几何图形。蜂巢就是六轮形加圆形组成的。圆形无处不在，天体是圆形的。江恩把数字按一定的方式添加在具体的形式中（圆、方、六轮），是要借助其结构说明数字之间的关系。指出哪些点比较多地会发生共振。轮中轮的方法充分体现了江恩的周期理论和时空转化的思想。

一、江恩的轮中轮

江恩将循环周期、角度、支持/阻力价位都做了统一的表述，创立了独一无二的江恩“轮中轮”，为正确预测金融市场的价格提供了有效的测量工具。

江恩在“轮中轮”中说：在自然定律中，有主要，有次要；有正，有负；亦有中性。因此，在循环周期中亦必定有短期、中期及长期的周期，或循环中的循环。“轮中轮”，是指一个大的循环周期之中，还有长期、中期、短期的周期。比如江恩30年周期中，既有20年，又有10年、5年、1年等周期，还有360个月周期以及360×30个日周期。当然还可以分下去。图6-1为江恩轮中之轮原始图型。

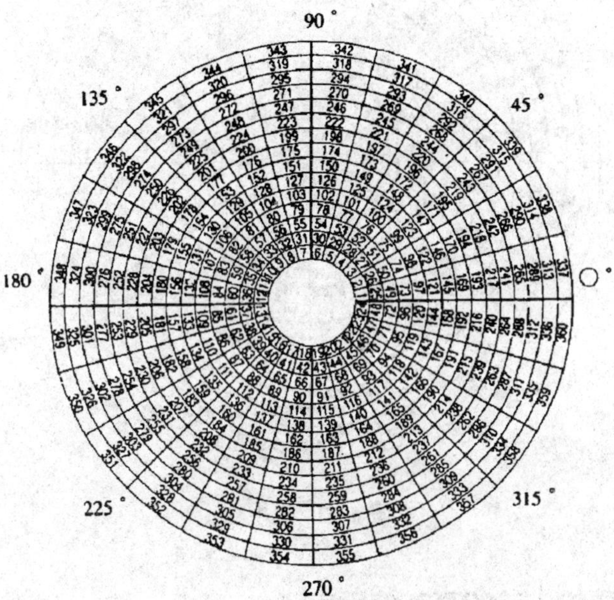

图6-1　轮中轮原始图型

1. 轮中轮的制作

将圆进行24等分，以0°为起点，逆时针旋转每15°增加一个单位，经过24个单位完成第一个循环，依此类推，经过48个单位完成第二个循环……，最后经过360个单位完成第十五个循环，即一个大循环，形成江恩“轮中轮”。

江恩轮中轮上的数字循环既是时间的循环也是价格的循环。例如，对时间循环而言，循环一周的单位可以是小时、天、周、月等；对价格循环而言，循环单位可以是元或汇率等。

江恩“轮中轮”的关键是角度线，市场的顶部、底部或转折点经常会出现在一些重要的角度线上，如0°、90°、180°等。通过“轮中轮”，我们可以预知市场的价位，以便安全、有效地运用资金进行市场投资操作（图6－2）。

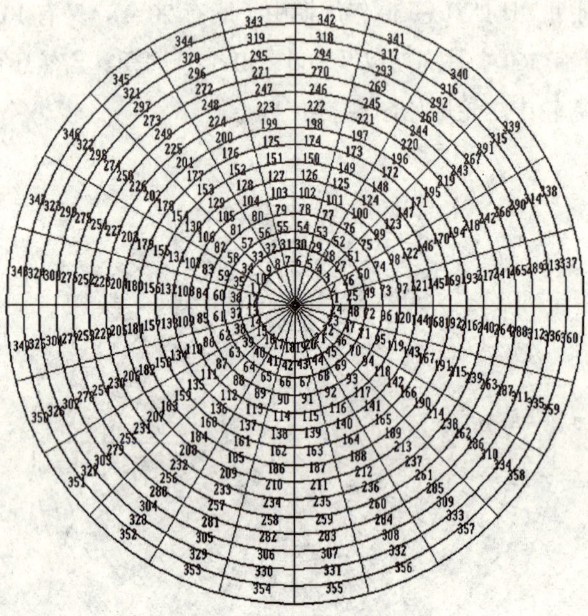

图6－2　轮中轮

2．江恩轮中轮的基本使用方法

（1）对照轮中的数字，选定在所要判断的目标股（或指数）的最低点或最高点。

①上涨时逆时针旋转，价位或点数将在45°、90°、120°处遇初级阻力，在180°处遇强阻力，在225°、270°处遇超强阻力，在315°、360°处遇特强阻力。

②下跌时顺时针旋转，价位或点数将在45°、90°、120°处遇初级支撑，在180°处遇强支撑，在225°、270°处遇超强支撑，在315°、360°处遇特强支撑。

(2) 江恩轮中轮的使用要点。

当股价或指数突破或跌破一个阻力或支撑位时，将向下一个阻力或支撑位移动。

轮中之轮的0°、90°、180°、270°，及45°、135°、225°、315°所构成的两个正四方形处为阻力或支撑。另外，由0°、120°、240°所构成的正三角形处也为阻力或支撑。

一周分为24×15°，与中国历法的二十四节气相对应。价位或指数由内向外找，大数取内优先。轮中轮用于长周期判断，一周天为360天（自然日），用于短周期判断一周天为24小时。

二、江恩轮中轮与周期循环

圆形是江恩几何中的基本图形，江恩利用圆形巧妙地建立起价格运动与时间的关系。他认为这种关系主要来自于自然法则和《圣经》的启示。如地球自转一周为360°，每4分钟旋转1°，因此最短的循环可以是4分钟。地球自转一周需要24小时，那么24也可以视为一个重要的周期。另外，地球一年围绕太阳公转一周等等都是重要的自然周期。

圆的周天度数为360°，一年有365天，同时圆代表圆满、完整并代表宇宙自然法则，代表了宇宙其大无外，其小无内的零维时空。

江恩认为：时间即是空间，空间即是时间，时间和空间是可以相互转换的。用360°圆的分割角度（360 n/8得出45、90、180、360……，n为常数，你可将其看作时间，亦可看作空间。既可看作45天、90天、180天、360天，也可看作45点、90点、180点、360点）来表达市场走势的支撑位与阻力位是江恩几何原理的另一项内容，它们代表着时空体系转换的转折点。

江恩认为市场的每一次上涨或下跌过程都是股价在时间序列上的起止

过程，每一次起止过程都是股价从起点到终点，可以看作是股价在时间上走过了一个几何圆 360°。若将这个 360°圆进行三等分、四等分、六等分、八等分后，股价往往会在这些等分点上发生较大的转折。所以，江恩理论的特点是阐述了时间与价位的关系。

一周天如按交易日，则大约为 18 个月，每交易日为 4 小时。

一周天可以是 180 天，每格（15°）为 7.5 天。

一周天也可以是 90 天，每格（15°）为 3.75 天。

一周天也可以是 45 天，每格（15°）为 1.875 天。

一周天也可以是 22.5 天，每格（15°）为 0.9375 天或 3.75 交易小时。

一周天也可以是 11.25 天，每格（15°）为 0.46875 天或 1.875 交易小时。

最短的一周天可以是 6 天，每格（15°）为 1 交易小时。

一周天的重要时间为到达上面第一条中的所述的角度位置所需的时间。当选用的长周期和短周期所指向的位置为同一位置时，该点即为市场的最重要的位置，也是一致性。如果股价或股指在重要的时间内超越了一个重要的位置，那么，它将向下一个重要的位置移动。如果股价或股指在重要的时间内没有超越一个重要的位置，那么，它将回头寻找它前一个重要的位置。

如上证走势 2000 年 3 月 16 日的低点 1596.07 点为起点，取一周天为 11.25 天（短周期判断）。股指运行 9 天后到达 1811.06 点（2000 年 3 月 30 日）。江恩轮中之轮逆时针转（上涨）315°，需 $0.468\,75 \times 315/15 = 9.843\,75$ 天，阻力位为 1 810 点（图 6－3）。

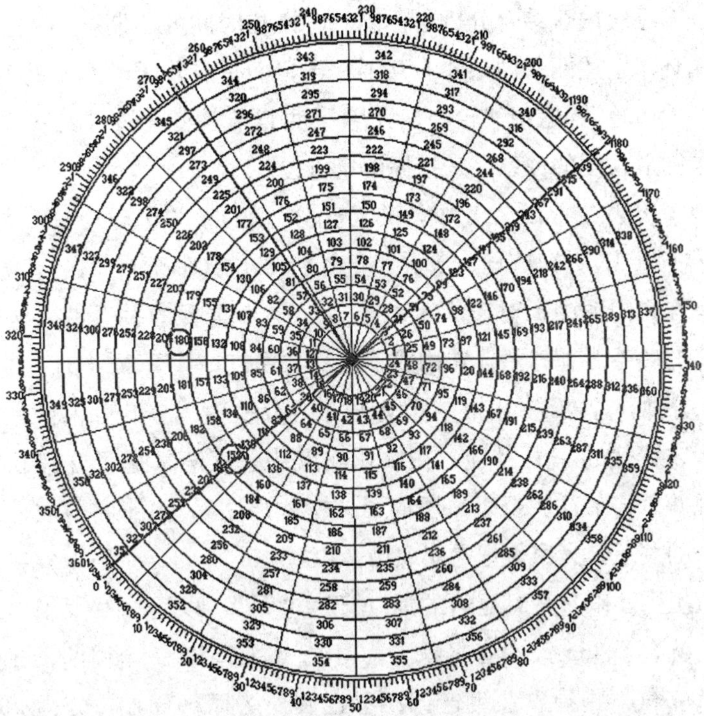

图 6-3　阻力位的测算

三、江恩圆与中国历法的二十四节气

江恩“轮中轮”的奥秘之处在于，将周天圆形划分成 24 等份，其理由是，不论 30 年周期、日周期规律，皆依此运行，这又与中国历法 24 节气不谋而合。

二十四分法是用于分析各种长短周期的交互作用及在相关分割点上出现的重要波动。具体而言，江恩认为，1 天是一个小周期，1 天可分割为 24 小时，每小时为 15°。同样，一年可分为 12 个月，每个月又一分为二，合为 24 等份，恰好与我国二十四节气完全吻合。也就是每个节气为 15°，24 节气正好合为 360°。江恩说一年的开始在 3 月 21 日（而不是 1 月 1 日），这是一很重要的周期性（季节性）的时间。

江恩“轮中轮”的理论，精妙之处就是将市场的时间和价位的循环，统一在一个系统内。结合分析这个圆轮，既指时间的周期循环，也指价位的周期循环。上述两个循环并非互不相干，而是有着千丝万缕的关系，因此称为“轮中轮”。运用“轮中轮”除了注意节气变化外，其次则看轮中的数字与圆形角度的关系，来把握市场价位。

在中国历法二十四节气中，0°（春分）、45°（立夏）、90°（夏至）、135°（立秋）、180°（秋分）、225°（立冬）、270°（冬至）、315°（立春）在八极上。在太阳系中，对于人类的活动，一个重要的关系就是地球与太阳、月亮的关系。地球的自转构成了白昼与黑夜，一天24小时，地球每转1°需要4分钟，地球对太阳的公转形成了春夏秋冬，一年又一年。

勤劳、智慧的华夏民族，在农业实践中，逐渐掌握了春播秋收的规律，发现并总结了这些规律，形成了“中国历法”，由于它与农业生产有密不可分的关系，大家也把它叫农历。

在农历中，以月亮对地球的运动记为“月”，以地球对太阳的运动记为年。这就有了365天的春夏秋冬。月亮大月15日一个周期，在中国每15天一个节气，指导农业生产。江恩把圆作为循环周期，分为360°，每15°是个变盘点。这一点正好和中国历法一年360天，每15天一个节气，一年24个节气相吻合（图6—4）。

江恩在其方法中强调，90°和120°的对称关系。因此，我们也可以观察到，春分、夏至、秋分、冬至是90°的关系；谷雨、大暑、霜降、大寒也是90°的关系；而小满、秋分、大寒是120°的关系。所以90°的关系尤为重要，这与江恩的认识是相一致的。

江恩认为万物是相通的，这些普遍规律存在于任何事物之中。一个周期也有产生、成长、成熟、消亡的过程。而人类的活动受到天体运动的巨大影响，这个影响主要表现在时间上。人类的活动主要体现在太阳系中，其中，以太阳、月亮、地球的关系最大，而中国历法主要就是太阳、月亮、地球的运动关系。所以，中国历法在指导农业生产的同时，也可以同样运用到证券市场的投资活动中。

图6—5是2001年12月到2002年3月的主要点的节气对照。

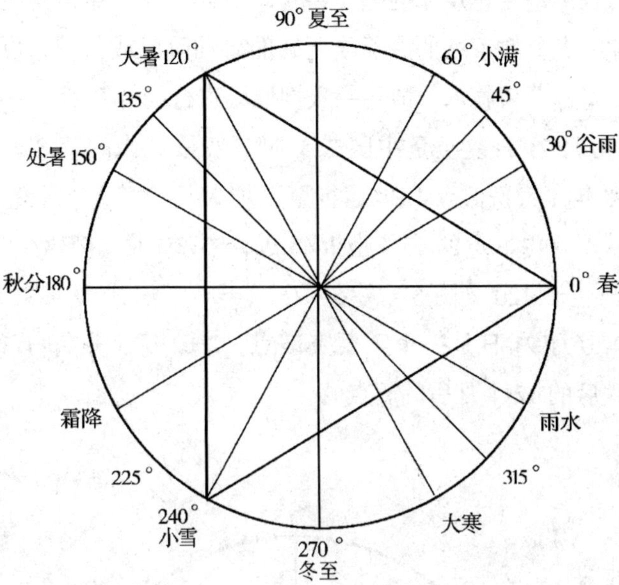

图 6－4　二十四节气与圆的关系

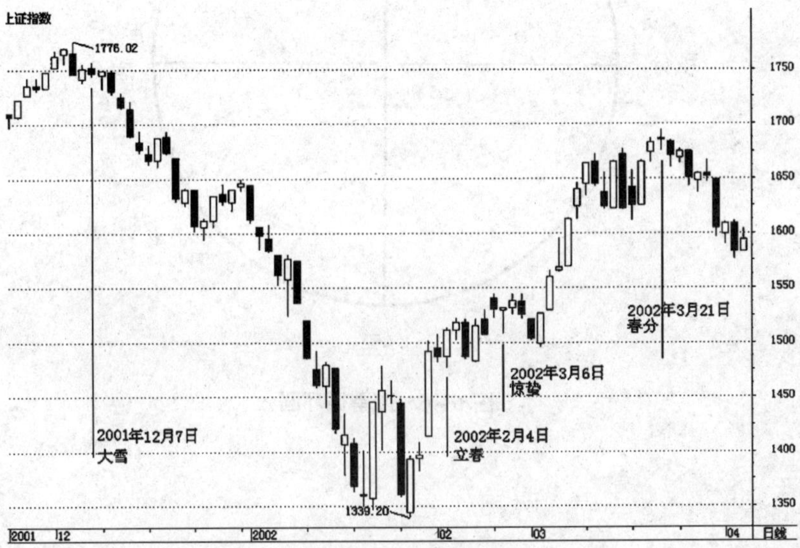

图 6－5　节气与走势的关系

中国历法的二十四节气构成了可能的重要转折日，这是宇宙的自然力量与资本市场运动变化规律的完美结合。对此，我们在市场交易中要给予应有的关注，尤其在下跌的底部或上升的启动阶段或头部，可以结合形态技术分析、指标分析技术，应用一致性原则进行综合判断。

例如，6 月 21 日夏至是中国二十四节气最重要的节之一，位于 90°。沪市从 2002 年 1 月份低点 1339 运行至 6 月 21 日为 90 个交易日，形成 90°关系。1339 点～1776 点的 25%是 1445 点，33.3%是 1480 点，1455 点位于 90°，1480 点位于 120°（图 6－6，6－7）。

2002 年 6 月 21 日是一个重要突破点，2002 年 1 月 23 日的 1339 点是 2245 点下跌后的 12 个月后的起点。

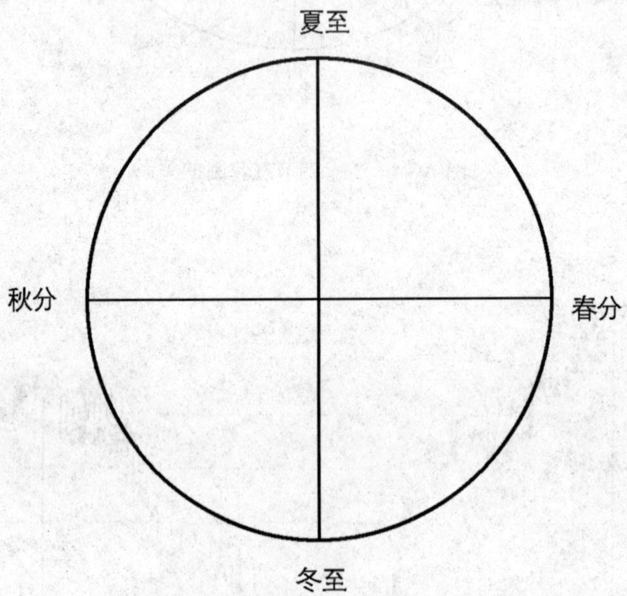

图 6－6 四季循环圆

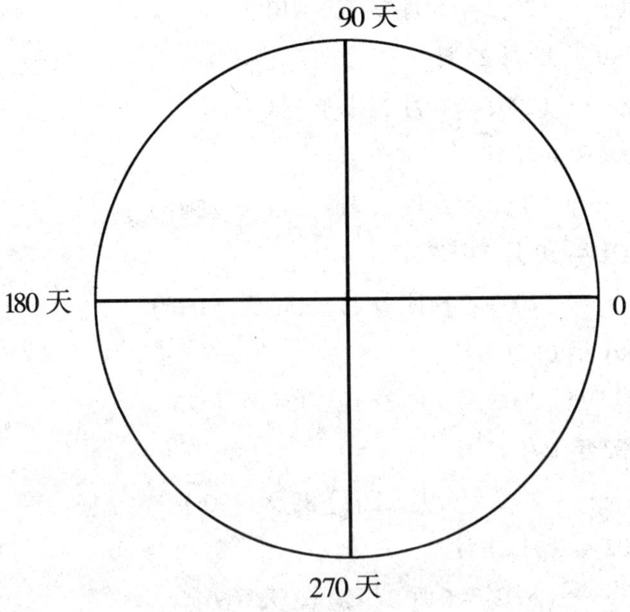

图 6－7　360°与日的关系

1047～1339 点时间周和百分比对照如下（图 6－8）：

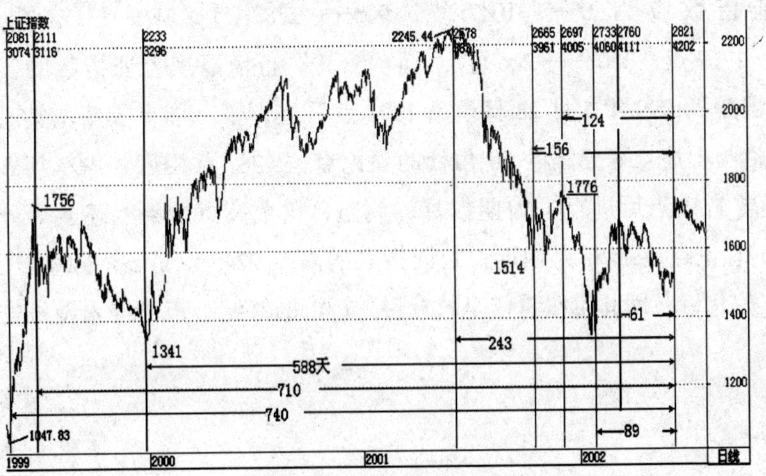

图 6－8　上证指数周期结构图

底：1999 年 5 月 19 日

1047 点——（2002 年 6 月 21 日）740 天

顶：1999 年 6 月 30 日

1756点——（2002年6月21日）710天

底：1999年12月27日

1341点——（2002年6月21日）588天

顶：2001年6月14日

2245点——（2002年6月21日）243天（240°）

底：2001年10月22日

1514点——（2002年6月21日）156天（150°）

顶：2001年12月5日

1776点——（2002年6月21日）124天（120°）

底：2002年1月27日

1339点——（2002年6月21日）89天（90°）

顶：2002年3月21日

1693点——（2002年6月21日）62天（60°）

假定1999年5月17日上证指数"5·19"行情的低点1047点为4等分圆的0°，每增加90°表示上证指数上涨了240点，那么，按照4等分圆增长的上证指数应为0°——1047点；90°——1287点；180°——1527点；270°——1767点；360°——2000点。而"5·19"行情以来上证指数的实际走势情况是：1999年5月28日摸高1294点后进行了一周小震荡调整。这一高点恰与上述4等分圆的90°角处的理论点位1287点相近。1999年6月30日摸高1756点后进行了为期数月的调整，这个高点恰与上述4等分圆270°处的理论点位1767点相近；上证指数的高点2245点是5×240的理论点2247位相近，因此可以看作是"5·19"行情的终结，市场进入漫长的调整。

四、江恩的四方形

1．江恩价格四方形的制作规则

江恩价格四方形主要用于分析价位的支持和阻力位。其制作方法比较特别，在制作四方形之前，我们必须首先确定两个参数。

(1) 历史性的高位或低位价格；

(2) 价格上升或下跌的步长。

图 6-9 的江恩四方形是以历史低点 1 开始，步长为 1，按逆时针方向一个一个地增长，逐渐形成一个连绵不断扩展开来的江恩四方形。

325	324	323	322	321	320	319	318	317	316	315	314	313	312	311	310	309	308	307
326	257	256	255	254	253	252	251	250	249	248	247	246	245	244	243	242	241	306
327	258	197	196	195	194	193	192	191	190	189	188	187	186	185	184	183	240	305
328	259	198	145	144	143	142	141	140	139	138	137	136	135	134	133	182	239	304
329	260	199	146	101	100	99	98	97	96	95	94	93	92	91	132	181	238	303
330	261	200	147	102	65	64	63	62	61	60	59	58	57	90	131	180	237	302
331	262	201	148	103	66	37	36	35	34	33	32	31	56	89	130	179	236	301
332	263	202	149	104	67	38	17	16	15	14	13	30	55	88	129	178	235	300
333	264	203	150	105	68	39	18	5	4	3	12	29	54	87	128	177	234	299
334	265	204	151	106	69	40	19	6	1	2	11	28	53	86	127	176	233	298
335	266	205	152	107	70	41	20	7	8	9	10	27	52	85	126	175	232	297
336	267	206	153	108	71	42	21	22	23	24	25	26	51	84	125	174	231	296
337	268	207	154	109	72	43	44	45	46	47	48	49	50	83	124	173	230	295
338	269	208	155	110	73	74	75	76	77	78	79	80	81	82	123	172	229	294
339	270	209	156	111	112	113	114	115	116	117	118	119	120	121	122	171	228	293
340	271	210	157	158	159	160	161	162	163	164	165	166	167	168	169	170	227	292
341	272	211	212	213	214	215	216	217	218	219	220	221	222	223	224	225	226	291
342	273	274	275	276	277	278	279	280	281	282	283	284	285	286	287	288	289	290
343	344	345	346	347	348	349	350	351	352	353	354	355	356	357	358	359	360	361

图 6-9　江恩四方形

在分析判断时，一般市场重要的支持和阻力位在以下几条线上，见图 6-10。

2285	2275	2265	2255	2245	2235	2225	2215	2205	2195	2185	2175	2165	2155	2145
2295	1765	1755	1745	1735	1725	1715	1705	1695	1685	1675	1665	1655	1645	2135
2305	1775	1325	1315	1305	1295	1285	1275	1265	1255	1245	1235	1225	1635	2125
2315	1785	1335	965	955	945	935	925	915	905	895	885	1215	1625	2115
2325	1795	1345	975	685	675	665	655	645	635	625	875	1205	1615	2105
2335	1805	1355	985	695	485	475	465	455	445	615	865	1195	1605	2095
2345	1815	1365	995	705	495	365	355	345	435	605	855	1185	1595	2085
2355	1825	1375	1005	715	505	375	325	335	425	595	845	1175	1585	2075
2365	1835	1385	1015	725	515	385	395	405	415	585	835	1165	1575	2065
2375	1845	1395	1025	735	525	535	545	555	565	575	825	1155	1565	2055
2385	1855	1405	1035	745	755	765	775	785	795	805	815	1145	1555	2045
2395	1865	1415	1045	1055	1065	1075	1085	1095	1105	1115	1125	1135	1545	2035
2405	1875	1425	1435	1445	1455	1465	1475	1485	1495	1505	1515	1525	1535	2025
2415	1885	1895	1905	1915	1925	1935	1945	1955	1965	1975	1985	1995	2005	2015
2425	2435	2445	2455	2465	2475	2485	2495	2505	2515	2525	2535	2545	2555	2565

图 6-10 以 325 点位为起点，步长 9 点的价格四方形图

（1）四方形的两条对角线上的价位。

（2）四方形的横轴上的价位。

（3）四方形的纵轴上的价位。

2．江恩四方形的含义与应用

江恩四方形的意义是一个以逆时针按固定步长无穷增长的螺旋形态。按这种计算方法，其起点（四方形的中心）是一个市场的历史性高点或低点，按固定步长延伸出来时，第一层有 8 个步长、第二层是 16 个步长、第三层是 24 个步长……第 n 层是 n×8 个步长。

所以江恩四方形所计算的支撑及阻力位，其实是以 8、16、24……为单位的数学级数。

3．江恩四方形与费波纳茨数列

江恩四方形与黄金螺旋形都是从一个中心开始，以螺旋形态向外扩展开来，不同的是江恩四方形以等差级数增长，而黄金螺旋是以对数级数进

行，其倍数单位为黄金分割率1.618倍。

江恩四方形与黄金螺旋四方形的阻力与支撑位，有一点是共通的，就是神奇数字大部分都落在江恩四方形的重要角度线上，神奇数字的1、2、3、5、8、13、21、34、55前9项都落在江恩四方形的轴线和对角线上，而89、144稍有偏差。

当江恩四方形对角线上的数字与神奇数字汇合时，常常会产生强大的阻力或支撑。

为帮助大家理解，我们简略介绍黄金长方形（黄金矩形）。黄金长方形的边，其比例为1.618∶1。为构成一个黄金长方形，先画一个2单位平方的正方形，再从正方形一边之中点画一条线，连接其对边的任一个转角即得，如图6—11、6—12所示。

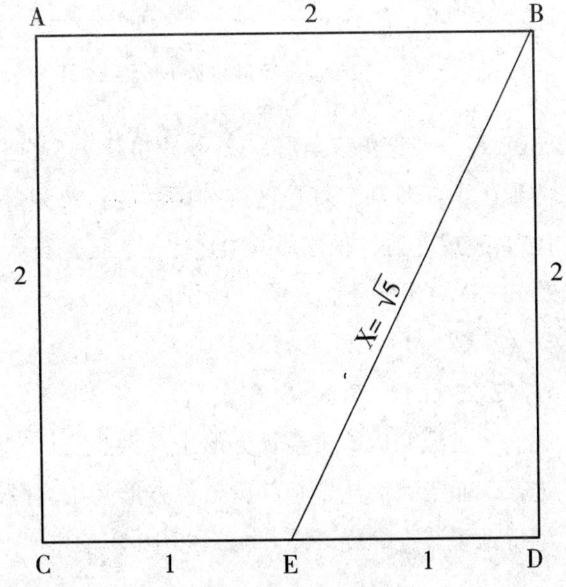

图6—11　黄金矩形的制作步骤（一）

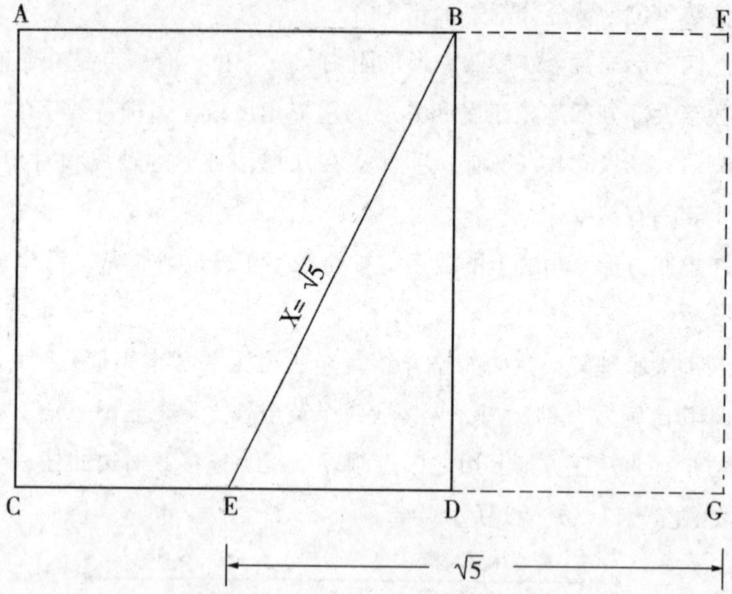

图 6－12　黄金矩形的制作步骤（二）

三角形 EDB 是一个直角三角形，EB 线段也就是 5 的平方根。图 6－12 构成黄金长方形的下一步骤，就是延长 CD 线，使 EG 线等于 5 的平方根或 2.236长度单位。完成之后，长方形的边之比例也正是黄金比率，因此，长方形 AFGC 及 BFGD 均为黄金长方形。

CG/FG＝（2.236＋1）/2＝1.618

DG/FG＝（2.236＋1）/2＝1.618

下面，我们在已经完成的黄金长方形中再做黄金长方形，而这种分割可以不断地进行。而当我们从中心的黄金长方形开始，沿边长边高由内向外扩展时，就得到了黄金螺旋（图 6－13、6－14）。

4．平方作用的判断

江恩四方形的右下对角线上的数字是 1、9、25、49、81、121、169、225……分别是 1、3、5、7、9、11、13……这些单数的平方。

江恩四方形的左上对角线上的数字减 1 是 4、16、36、64、100、144、169……分别是 2、4、6、8、10、12、14……这些双数的平方。

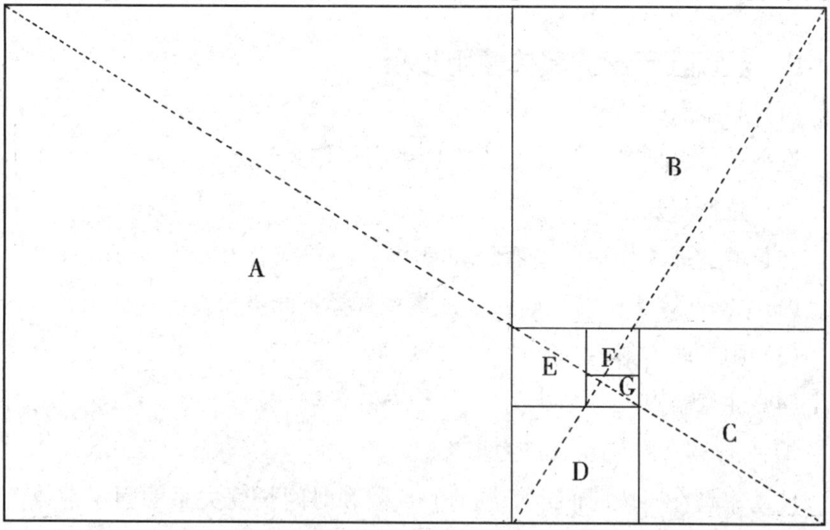

图 6-13 黄金矩形的制作步骤（三）

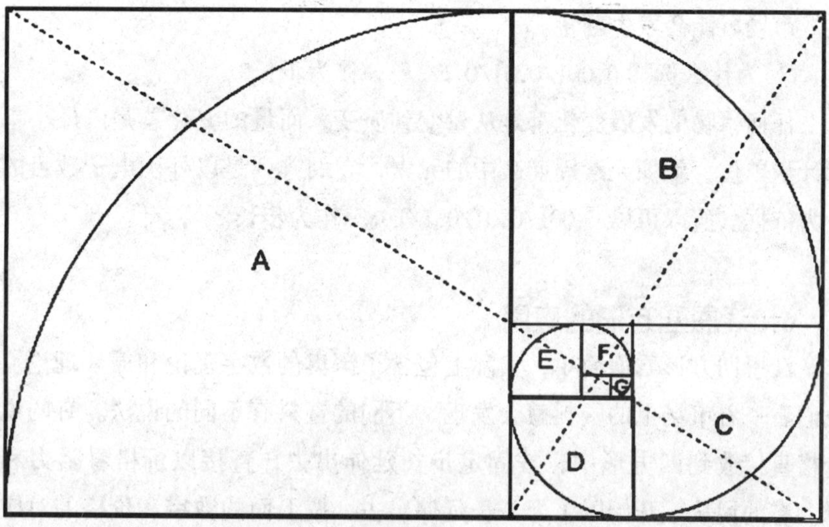

图 6-14 黄金矩形的制作步骤（四）

在市场分析判断上，若一个大的上升趋势以某价位为起点，则可能在这个价位的平方上结束。若一个大的下跌趋势以某价位为起点，则可能在这个价位的平方根上结束。

5．江恩四方形的具体使用步骤

(1) 起始点的选择：

选择K线的重要的历史低点或历史高点作为起点。

(2) 选择步长：

步长的选择原则是：选择波动率作为步长或者0.001、0.01、0.1、1、10、100、1000等，根据不同的K线类型选择不同步长。

(3) 画出四方形。

(4) 注意要点：

① 为什么选择波动率作为步长?

波动率是在一段时间市场波动的点数和时间长度关系的固定常数，选择波动率作为步长，不但考虑了价位的支撑和阻力位置，同时也考虑了时间是否到达了重要的阻力和支撑位。当时间和价位同时到达阻力和支撑位时，市场可能会发生翻转。

② 为什么选择0.001/0.01/0.1/1……作为步长?

任何事物的发展变化都是从量变到质变，而量的变化总是以最小单位为计量单位，就像元素周期表中的元素，它的排列是以外围电子数目的多少为依据。所以可以0.001/0.01/0.1/1……作为步长。

6．江恩四方形的应用

江恩四方形看似简单，实际上包含了深奥的数字理论和循环理论。当我们看一看市场上的资料就会发现，不同的资料有不同的说法。有的说将价格直接放到四方形中，按固定步长延伸出去，直接以价格看阻力和支撑。有的说从1开始以1为步长延伸出去，按上面的数字和价格的对应点作为中心画出十字线和对角线位置为阻力和支撑等等。

为什么会有这样不同的解释，就是因为江恩当时没有公开四方形的使用方法，而使用者在四方图上潜心研究，与市场反复比对，不同的人才有了不同的使用方法，其实很可能都不是江恩的使用方法。所以，不要迷信别人说什么，如何应用是要靠你自己去理解去研究。

这只是一个工具，江恩当年曾经使用过的工具。

我们以 2001 年 6 月 14 日的上证综合指数 2245 点为起点，步长为 -9，得出价格四方图。我们看到 1777（重要点 2001 年 12 月 5 日的 1776 点）、1345（2002 年 1 月 29 最低 1339 点）都起到了重要的作用（图 6-15）。

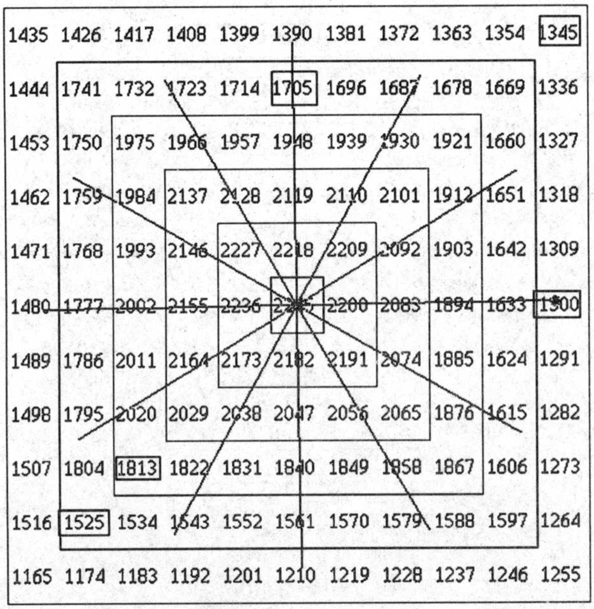

图 6-15　以 2245 为起点的重要点位正方图

五、江恩的六轮图

关于六轮形的基本道理也是相通的。六轮图是介于正方形和轮中轮之间的一种图形。江恩的六轮图是将一个 360°的圆形分成 6 等份，每一等份为 60°，用以分析市场价位的支撑位和阻力位。

江恩为什么要以 6 等份划分呢？这与周天度数有关，周天 360°，六六三百六十，每一等份 60°，周天 360°恰好分完。用在市场价位分析，不论日周期、月周期、年周期乃至三十周期皆可以六轮形模式划分。

如果循环周期定为 360 个月，则每条角度线对应的周期是 60 个月、120个月、180 个月、240 个月、300 个月、360 个月，即 5 年、10 年、15 年、20 年、25 年、30 年。若以 360 天为周期，则短线周期是 60 天、120

天、180天、240天、300天、360天。若以一天24小时为一个循环，则各周期分别是4小时、8小时、12小时、18小时、20小时和24小时。

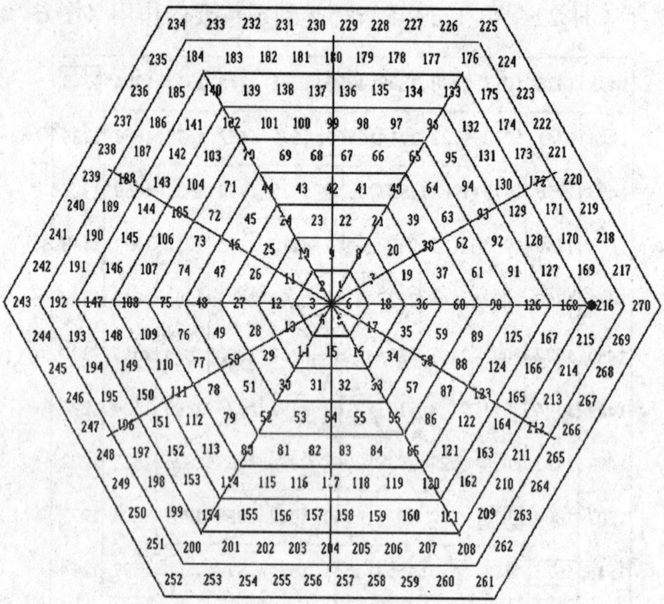

图6-16　六轮图

江恩六角形中的数字按逆时针方向螺旋展开，六角形各周循环的数字延展情况如下：

第一个循环：1~6，数字增加6；

第二个循环：7~18，数字增加12；

第三个循环：19~36，数字增加18；

第四个循环：37~60，数字增加24；

第五个循环：61~90，数字增加30；

可以观察到每次递增6个数字，江恩六角形中的数字也代表着市场的价位，当市场价位到达某一重要角度线时，市场就会出现巨大的支持力或阻力。

第七讲

江恩线和角度线

江恩线和江恩角度线是江恩理论的图表技术分析方法，它可以用来研究交易商品未来价格的支撑和压力。我们在这一讲中将讨论这些技术的基本概念及其应用，而且从中可以得到，预测交易商品未来价格的准确性的提高及价位走势潜在的未来转折点的验证。

介绍这些未来支撑和压力的概念，是价位走势潜在的未来转折点预测的非常有趣和有益的应用之一。我们在这里将阐述江恩线和角度线的完整的使用方法。

一、基本概念

(1) 江恩线是用来预测未来价格走势的支撑和压力线的。它的基本原理是市场的空间与价格之间存在着数学关系，即我们以一定比率关系将空间进行划分得出的线段。而角度线是指那些从一个确定的起始点划出的，与水平线有一定角度的射线。

为了正确理解和绘制江恩线和角度线，我们先介绍一些基本的概念。

在绘制和分析江恩线时，会遇到与传统支撑与压力概念不同的“未来支撑”与“未来压力”的概念。

①“传统型”支撑和压力：传统的支撑与压力是预期的价格水平，市场以前展现出的支撑或压力的价格水平。根据规则，当压力被“突破”，它将来成为从高水平下降的支撑。相反也成立。另外，支撑可以是建立在月、年及其他所有时间结构（等等）上的价格水平和“重要”的低点。

所有的适用于传统型的支撑和压力的这些事情对价格的未来支撑和压力也是有效的。另外，未来支撑和压力的存在和使用不是对传统支撑和压力的代替。

未来支撑和压力是对传统型的支撑和压力的一种补充和添加。

②未来支撑和压力：从先前的已知的价格线作用中来计算未来支撑和压力的价格水平。就江恩角度线而言，未来支撑和压力是从先前的重要点投射过来的。而江恩线的未来支撑/（压力）是从先前的价格空间所投射出来的。这里的区别是：

传统型的支撑和压力（TS/R）从以前建立的重要的价格水平向未来的投射；未来的支撑和压力（FS/R）投射由从前建立的价格行动水平所决定。

(2) 角度线是用时间与价位之间相互的比例关系来发现价格走势的未来转折点，其中最重要、最基本的当属 1×1 线。所谓 1×1 线，是反映一个单位的时间等同于一个单位的价位，反映市场趋势的强弱，如在图 7-1 中，1×1 线之下，则表示市场趋弱。总之，角度线越陡峭，说明市场越强，反之则弱。

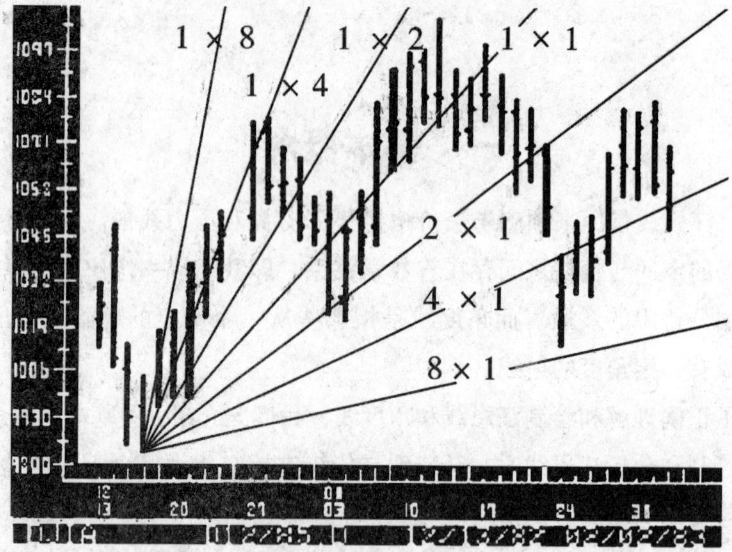

图 7－1　江恩角度线和比率

关于以角度线计算上涨或下跌平均点位，没有统一的说法，江恩所处的时代，当时华尔街股指在数百点波动，所以江恩计算 1×1 线时，以每日上升或下跌 1 点作为平均正常值。其理由是，周天 360，在 200 点至 400 点之间的指数中，即大约代表 1 天和 1 点。然而，如今的华尔街股指已在万点之上，当计算 1×1 线时，其平均每日涨升点数应在 30 点附近，而恒生指数当在 40 点附近，日经指数在 50 点附近，上海指数在 5 点附近，深圳综指在 1 点附近，深圳成指在 10 点附近。关于这个问题，我们会稍后叙述。

二、江恩线的制作

1．江恩线的制作，有四条要求

第一条：确定一个重要的高点。

第二条：确定一个重要的低点。

第三条：确定由这重要的高点和低点所定义的价格空间。

第四条：确定用适当的分割比例数字把价格空间分割开。

在这里第一和第二可以通过对价格走势的观察得到。重要的高低点，也就是在时间和价格中的特别的重要点。当市场的趋势改变了方向，这些点是能特别起作用的价格水平。如图 7－2、7－3、7－4，都显示了一个重要的低点（S1）和高点（S2）。

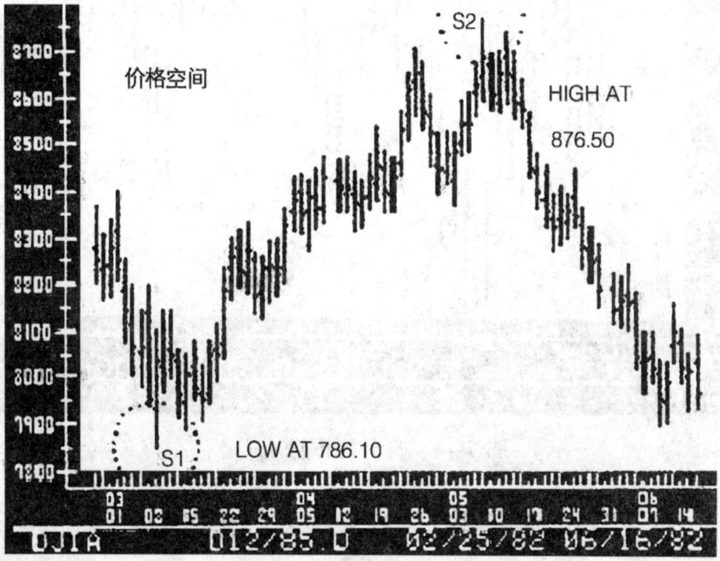

图 7－2　确定重要点（一）

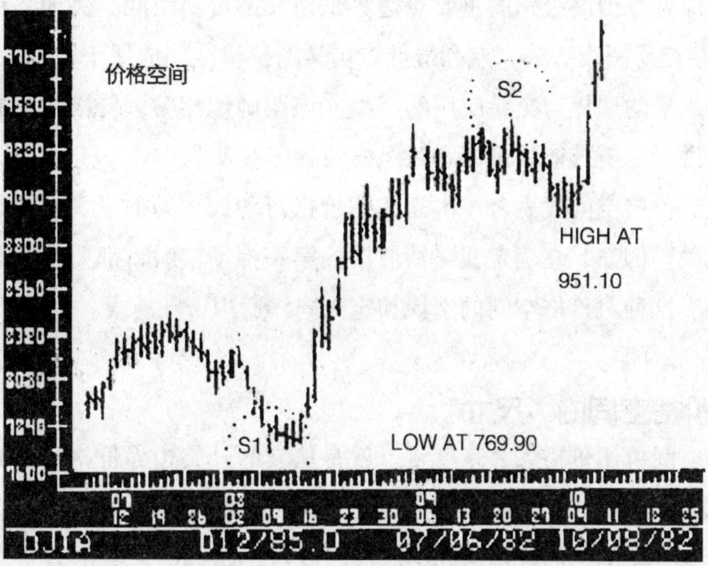

图 7－3　确定重要点（二）

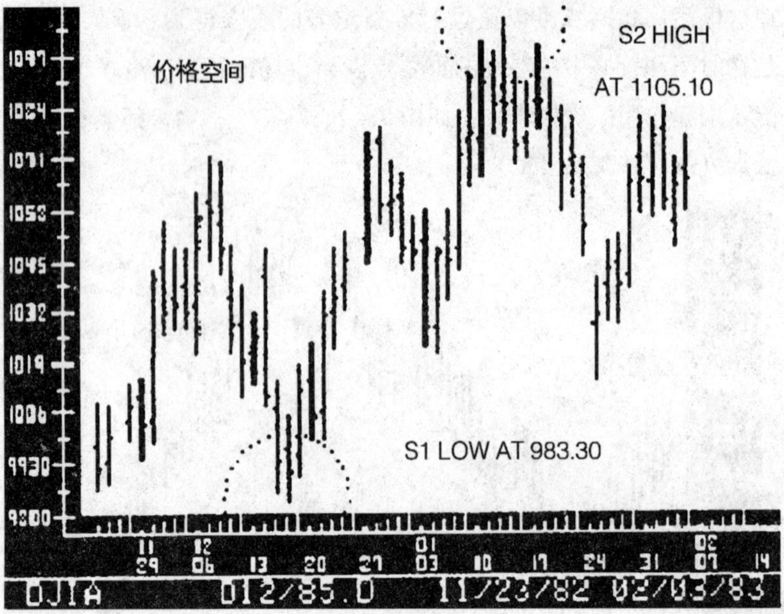

图 7-4 确定重要点（三）

2．选择适当的价格空间

如果要构造江恩线，要去选择适当的时间周期结构，应用于长期交易的操作，应选择由高级别的重要点边界来定义的价格空间。例如，在选择5年的长期交易图表，最高点和最低点定义的价格空间应适于长期的考虑。价格空间水平的选择与交易应用的类型应该明确地相关，价格空间的精确确认将有助于分析技能的提高和江恩线的利用效果。

总之，价格空间代表着一次完成的价格行动或运动的事实，同价格行动本身无关。例如，在确定艾略特波浪的第一推动浪时，都要选取适当的价格空间。这种对价格空间的选择和定义同样适用于江恩线。

3．价格空间的“尺寸”

价格空间可用价格尺寸来度量，就是从它的开始边界价格到它的结束边界的距离。

上面3个图例中的价格空间的“尺寸度量”如下：

图7-2从重要点低点S1开始的786.10和在876.50的重要点S2的结

束，高度为90.40（876.50－786.10 ＝ 90.40）点。

图7－3从重要点S1开始在的769.90并且结束在重要点S2点951.10的高度为181.20点。

图7－4从重要点S1的983.30开始，并且结束在重要点S2，1105.10高度为121.80点。

4．重要点的确认

重要点可以发生在主要的、中级的、次要到微小的转折点上。例如重要点能够发生在分时数据中、小时棒线图、日数据中，这是相对应的短期水平。在长期水平上它们是与周、月或年图表的重要高低点相符，因此在任何形形色色的图表中，都会有重要点的出现。

5．重要点的重要性

如果一个人是做短线交易的，那么短期评估重要点是非常有用的；如果一个人正在做长线交易，那么，短期重要点的评估将会限制他的投资操作。因此，要在一个适合于交易者本身的主要交易策略上来评估其重要点。

换句话说，就是长线投资者应该集中于较长水平（时间结构）的重要点上。而短线投资者应该集中于较短水平（时间结构）的重要点上。投资者在交易操作时，应该忽略与投资策略不相关的重要点。当正确理解和运用重要点的概念之后，那么各种各样的重要点，就能够相互补充使用。

在这里，第三条关于价格空间，我们可以计算得到。所谓价格空间就是在相等的时间期间中，高点和低点界定的价格活动范围。

峰和谷点是开始和结束一个价格空间的重要点，是空间的边界或边界点。价格空间的高低水平取决于边界重要点的水平。由中级水平重要点限定的价格空间是一个中级的价格空间。

因此，在我们熟悉的艾略特波浪和道氏理论中，都认可在价格空间这个概念之中的波浪和价格的摆动，这里与它们有相似的地方。艾略特的波浪或价格摆动，相当于一个价格空间。但要注意，在江恩理论中，所有的价格空间并不相当于一个艾略特的波浪或一个道氏理论的价格摆动，这一点很重要。因为在江恩理论中的价格空间更具有一般化的意义，价格空间的概念更加广泛了，如图 7-5，第一步确定价格空间。

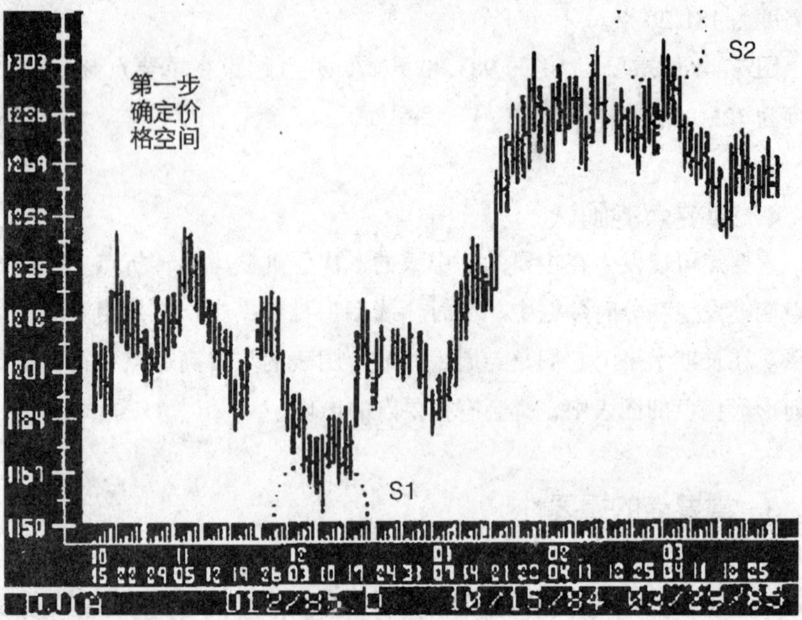

图 7-5 确定价格空间

6. 重要点和价格空间之间的关系

价格空间的边界是由一个重要的低点和一个重要的高点来决定和描述的。一个价格空间是分析的最小“单位”单元，例如江恩线的分析。重要点是作为分析的基本要素，例如江恩角度线的分析。仔细考察上面这些例子，将会直观地帮助我们更加理解“重要点”和“价格空间”概念。

第四条，可以用经验来确定，对于价格空间的分割通常使用 8 或 10 的等分是较好的分割比例。

一旦江恩线的制作已经知道，剩下的事就比较容易了。价格空间的高度被分割成需要的间隔（图 7-6)。图 7-7 是考察“江恩线与价格水平”的例子。

下面我们以一个具体的实例，来讲述江恩线的具体制作方法：

第一步：以 S1、S2 点为重要的高低点，确定价格空间。

第二步：在 S1、S2 之间的价格空间中，使用一定的比率将空间进行等分，这样就建立了江恩线。

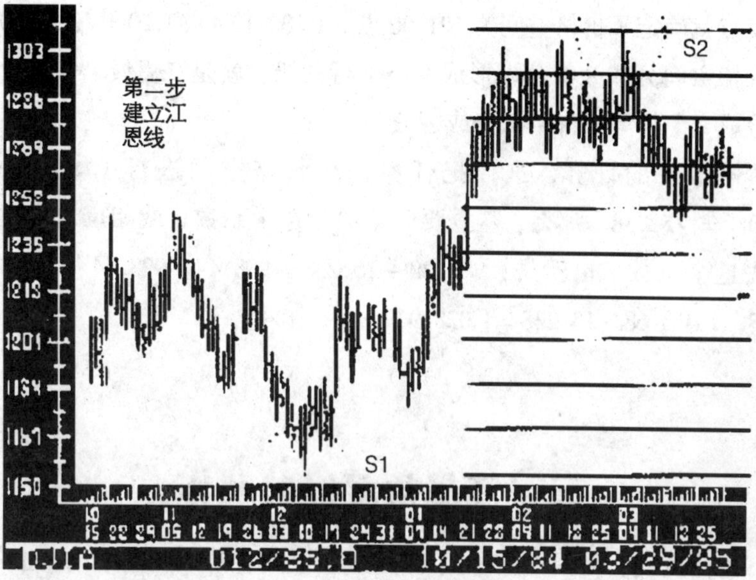

图 7－6　对空间进行分割

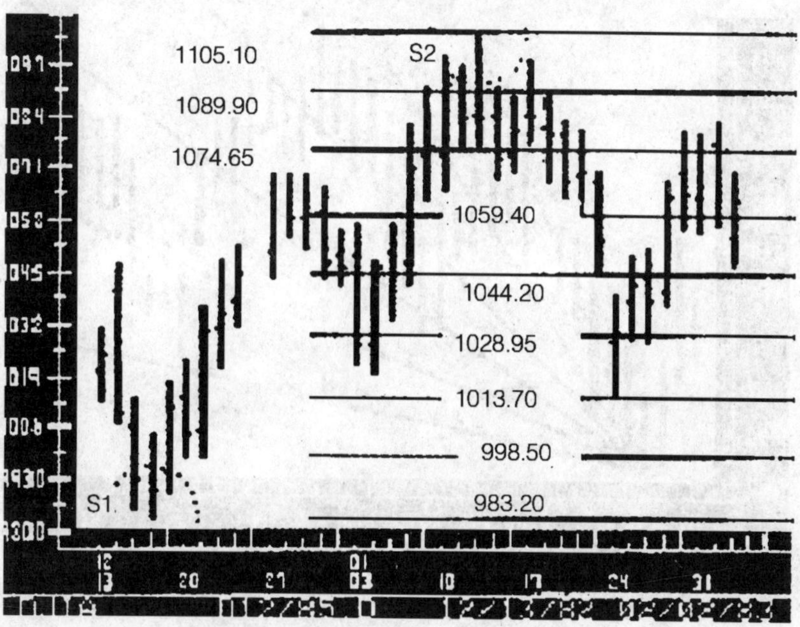

图 7－7　江恩线和价格水平

图7－6，重要的低点S1在983.20，重要的高点S2在1 105.10。这两个重要点就确定了价格空间为121.90点（1 105.10－983.20 ＝ 121.90)。把这个价格空间分成8等分，形成9条平行的线，就是江恩线。它把价格空间划分成8个相等的价格部分或区域。

价格水平的计算，这样把任何一个价格空间进行了8分法，即121.90/8＝ 15.238。那么，从重要低点加上这个系数；或相反，从重要高点减去这个系数，也就是：983.20＋15.238＝998.44，998.44＋15.238＝1 013.68，1 013.68＋15.238＝1 028.92……

三、江恩角度线的制作

江恩角度线，如图7－8所示。是从左上向右下或从左下向右上的线，也就是从重要高点或低点用特定的角度画出的线段，它们都与水平线形成一定的夹角。

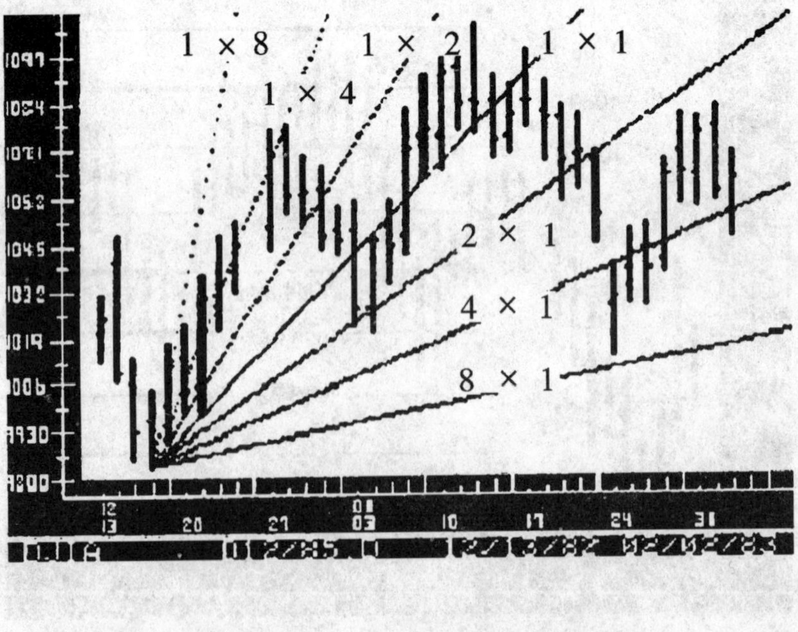

图7－8　江恩角度线和比率

江恩角度线作为一个“与众不同”的分析工具，江恩也把它作为预测价格变化的速度来观察。江恩角度线由于其射线的不断延伸性，可以用来判断未来正在降低或提高的支撑和压力水平。

江恩角度线能够有效地适用于市场的神秘之处在于，它能够使价格与时间的均衡关系与市场的趋势保持一定的相关性，这也正是江恩所珍爱的市场信仰。这个信仰产生于经验，并得到了市场的证实。因此，我们也必须确保自己在这一点上的认同，并不断在实践中去验证它。

构造江恩角度线，像江恩线一样，非常简单。

江恩角度线是“投射未来”的射线，它开始于关键的重要的高点或低点。江恩角度线是采用不同的时间与价格比率关系来绘制的。一簇江恩线，代表了许多更快或更慢的价格变化比率的线，并且它们都通过一个时间区间。

1×1 比率的江恩线，代表了时间的一个单位所对应的一个单位价格的变化。作为价格和时间的度量单位，在坐标纸上都是一个实际的“格子”。换句话说，这是按 1× 1 比率进展的一条 45 度角的江恩角度线。江恩建议，一般所使用的时间与价格的比率是：1:8、1:4、1:2、1:1、2:1、4:1和 8:1。江恩著名的 45 度角度线就是比率为 1:1 的 1×1 线。

在图 7－8 所示中的江恩角度线与比率的例子里，从 983.30 点形成的重要的低点上，投射了 7 条江恩角度线。这些角度线分别为：1×8 线、1×4线、1×2 线、1×1 线、2×1 线、4×1 线和 8×1 线。

优化的江恩角度线（也就是 1×1 线表示为一个时间方格对应于一个价格方格）与角度的关系：

1×1 线 = 45°

1×2 线 = 63°26′

1×3 线 = 71°34′

1×4 线 = 76°

2×1 线 = 26°34′

3×1 线 = 18°26′

4×1 线 = 14°。

但是当时间与价格的单位的比被改变时，角度也就改变了。这里就存在了一个以固定的尺度来标示，还是以变动的尺度来标示的坐标的刻度问题。这个问题在本讲最后论述。

四、一致性原则的讨论

一致性的原则，这个原则是职业交易者遵循的一般性原则。它并不是江恩理论独有的，但是应用江恩理论时所必需的。深刻领会一致性原则，就能在应用江恩理论中，得到意想不到的收获。这个原则不仅要理性地去认识，而且需要去感悟。

一致性原则：就用在分析市场时，要选不同类型的技术指标去分析市场价格的运动，当不同类型的技术指标同时发出相同或趋同的信号和判断时，才做出交易决策的原则。

一致性原则的规定：

(1) 在其使用的技术指标中，任何不同的技术指标、模式识别信号、交易系统和未来的支撑和压力系统等都能够拿来使用。

(2) 使用这些技术指标在判断市场运动时，其作用方式应是相容的。

(3) 使用这些技术指标在判断市场运动时，要将其指标进行一定的优化和历史交易的测试。

(4) 在所有被采用的指标中，应在历史交易的测试中相互衔接、相互证明，并能形成一个赢利的决策模型。

在市场中，投资机会的出现是随机的，如果任何人在交易操作过程中使用一致性的原则，并且，严格地将一致性原则贯彻于决策中，那将会使你的交易变得威力无穷，逐步走向成功。

在我们交易过程中，在使用一致性原则时，必须考虑下列问题：如果一种指标或技术方法证明是可靠的，例如，其可靠性为60%。然后选择三种不同的，并且具有独立统计意义的指标联合用在一个综合的模型中。那么，用这个模型来判断市场，将具有令人瞩目的可靠性，能达到80%。

这个不可思议可靠性的事实应是建立在一致性原则的基础之上的。其独特的指标、信号和方式方法的不同选取，取决于每个人的选择。这里包含有个人的经验、收益、交易、模型设计的特征和市场因素等。

在这里选择的指标和方法的要点是：

(1) 这些被采用的指标，要互相独立；

(2) 这些被采用的指标，应事先分别地进行优化；

(3) 这些被采用的指标，应共同地在一起进行优化；

(4) 综合这些被采用的指标并且在一个有效的决策模型中，应区别各个指标的权重，并且加权使用它们。

图 7－9，7－10 举例说明了江恩线的完整使用及江恩线和江恩角度线在一起使用的效果。图 7－11 又在其上增加了相对强弱指标。这些也都是使用一致性原则的一个简单应用。

作为全面的和一般的技术方法，一致性原则实质上是多样的交叉验证。换句话说，如果一条支撑线在起作用，那么第二条也是起作用的，第三条也还是起作用的。

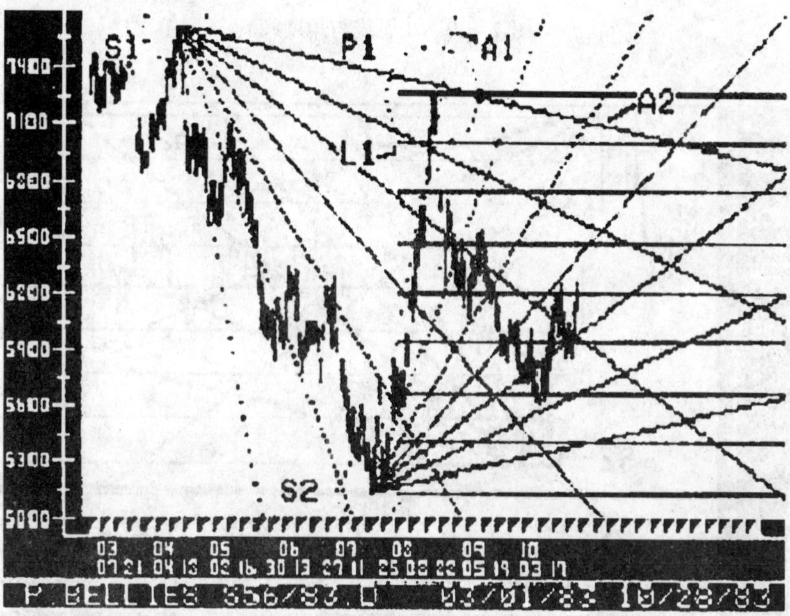

图 7－9 江恩线与角度线的交汇

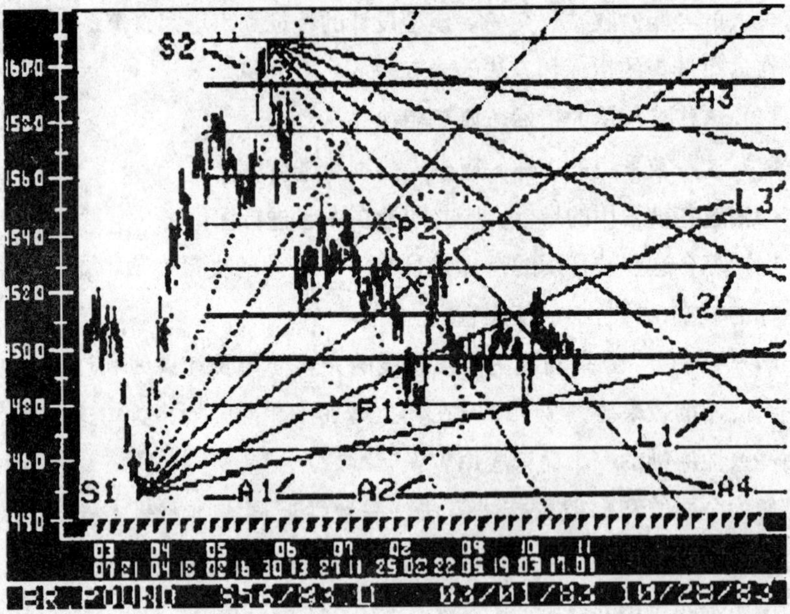

图 7－10 江恩线与角度线

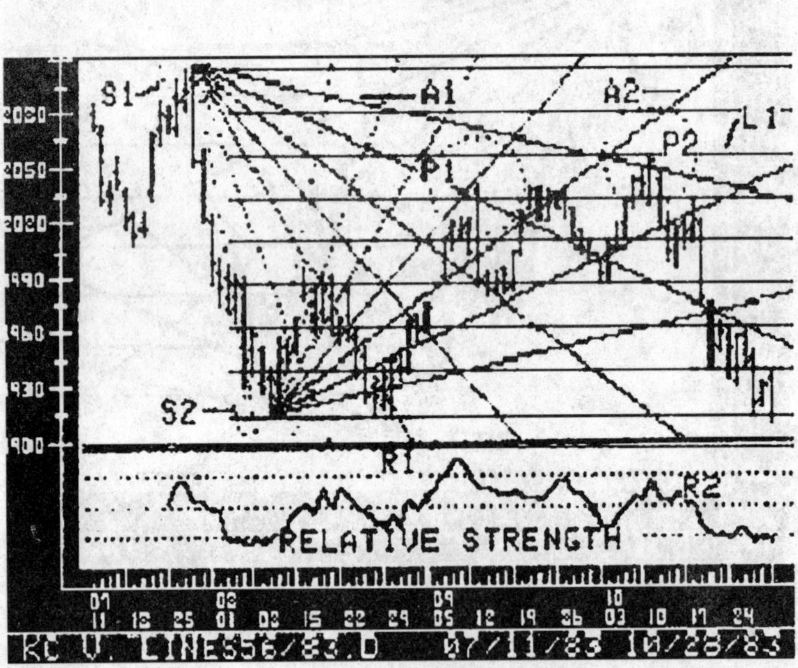

图 7－11 江恩线与角度线及 RSI 指标图

在一个具有高度准确性的判断模型中，必须要选择多个技术指标在一起运用，并且符合一致性的规则。在这里，综合的技术指标选择，需要指标间能有效进行配合，并且指标类型应尽可能地相互不同。这些都是由统计学的独立性要求所决定的。

例如，选择随机指标，相对强弱指标和移动平均指标要好于使用两个不同周期数的移动平均线和一个振荡性指标。第一个选择对于第二个选择来说，展示出了更大的统计学上的独立性。因此，当要进行预测分析支撑和压力线时，需要选择技术分析方法时，应尽可能地使用不同的技术分析方法。

五、江恩线、角度线的一般讨论和研究

1．江恩线的讨论

因为市场存在有不同的趋势折返，所以江恩线有实际的数字比例相对于某个先前的价格运动。例如，50%和61.8%价格折返比率的普遍使用。江恩线比使用折返概念更深入了一步。

江恩线把全部价格空间划分成相等的价格部分揭示未来的支撑和压力水平。江恩强调50%回调水平的重要性。这个价格水平是最重要的、频繁的市场修正，一般恰好结束在这50%回调附近的水平。经验的观察，某些品种已经显示出过于信赖50%或61.8%回调的水平可能是危险的。例如英磅等研究显示回调超过在这些水平达到80%。过度信赖一个回调水平，对验证和行动使一个交易者看不见呈现的市场行动的自然真实的天性。这可能导致错误和不合时宜的市场行动。所以这是由于市场的特殊性决定的，外汇期市股市的特性是不同的，对不同的市场使用不同的分割率。

对江恩线的研究表明，分割一个完整的价格空间使用相等的分区，表示未来支撑和压力水平的全部价格空间，为分析市场和进行市场交易行动提供一个主要的详细的决策构架。

当价格走近预测的未来的支撑和压力位时，慎重的交易者对价格趋势

可能的变化引起警惕。

2. 江恩角度线的讨论

江恩角度线的使用同江恩线类似，即提示未来的支持和压力。当价格走近最近江恩角度线的水平时，可以预期一些支撑或压力的类型。趋势变化的可能性被考虑到了。如果没有遇到角度线，那么现行价格趋势的力量和方向被认为是完整无缺并且再次予以确认。江恩角度线的作用证明是有作用的，并且要应用更高的一致性原则。在考察江恩角度线时：一是要看角度线的角度；二是看角度线之间及角度线与江恩线之间的交叉关系。

在角度线中，角度的大小代表了价格的运动速度的大小。角度越大，价格运动的速度也越快。因此，江恩认为 1×1 线是个标准的速度。一个大角度的价格运动不会持续太久，因为它很快就会面临调整。常常一个大角度的价格运动，一般发生在价格反转的初期或价格运动的高潮（拉升）阶段。

而角度线之间与角度线和江恩线的交叉点，代表了一个价格信号的共振点。它是一致性原则的充分体现。

(1) 角度线之间的交叉。

江恩非常重视两个不同方向角度线的交叉，他认为这个点具有重要的意义。两个不同方向的角度线，如果我们画在 1:1 的比率的坐标纸上，那么两条 1×1 线将交汇成 90°。江恩非常重视 90°的关系。如果从两个相反并相同的重要点出发，画出的角度线呈 90°交叉。那么这个交叉点，就是市场趋势变化重要的参考点。

例如，考察点 P1 在图 7－9 的图表上。市场在 1983 年 8 月 18 日达到了最高点 7250 点。江恩线 L1 在 7260 点。角度线 A1 和 A2 形成 90°的交叉是在变盘点 7280 点上，这意味对所有角度线交汇的考察都是重要的。

因此，交叉点对于价格运动趋势的可能改变是主要的参考点。而且非 90°角度线交叉也是重要的。然而，作为一种一般的方法，这些技术的使用，需要不断地进行实践从而能达到灵巧的程度。而且当市场运动的支撑和压力接近于角度线时，要留心趋势可能发生的变化。

(2) 角度线与江恩线的交叉。

江恩角度线与江恩线的交叉也具有同样的意义。角度线表示的是变化的价格的支撑与压力水平，而江恩线则用空间分割的方法来表示价格支撑与压力的变化。这两种不同的画线方式所确定的交叉点。就表明了在一个确定的时间上，价格在支撑与压力点上发生了共振，也就是价格趋势变化的重要参考点。

例如，在图 7－12 中我们取沪市 2001 年 6 月 14 日的高点 2245 点和 2002 年的 1 月 29 日的低点 1139 点为两个相反的重要点，组成了一个价格空间，并对其进行八等份分割。在两个重要点各置一个角度线。我们看到图中右侧的长方形格子标记的区域。在这个区域中，分别有上升和下降的两根角度线与江恩线相交。这个区域就是一个变盘的时空区域。

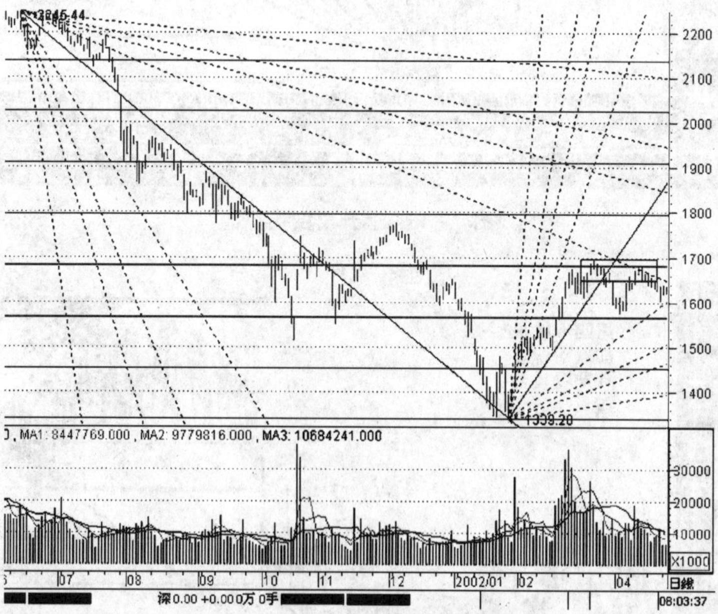

图 7－12　沪市江恩线与上下角度线交汇

一条上升的角度线与下降的角度线的相交过程和角度线与江恩线的相交过程，表示价格的运动随时间而被压力与支撑挤压的过程，那么，交汇点就是这个对价格挤压的临界点，在此，价格将作出突破折返的动作。

(3) 应用江恩线和角度线的步骤。

第一步：确定价格空间，如图 7－5 所示。首先，标出相同水平的重要高低点，这就决定了价格空间的边界。S1 是重要的低点在 1154.70 点，S2 是重要的高点在 1282.60 点。则价格空间就是 127.90 点。

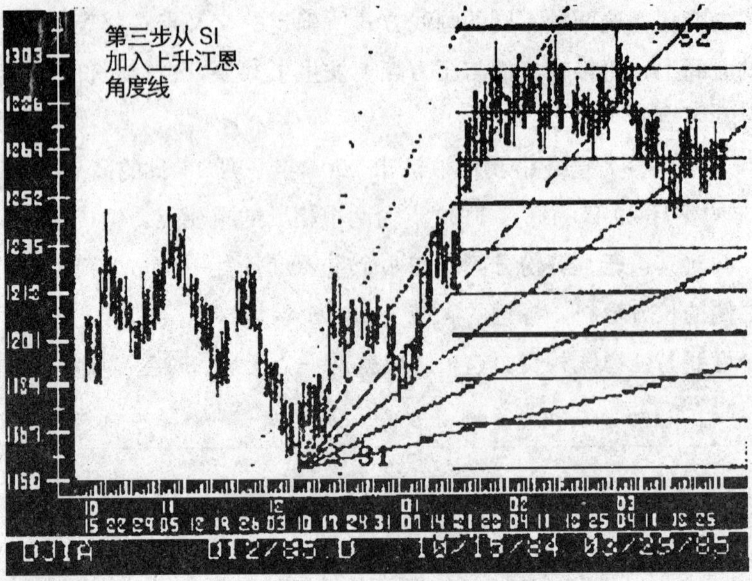

图 7－13　上升角度线构造

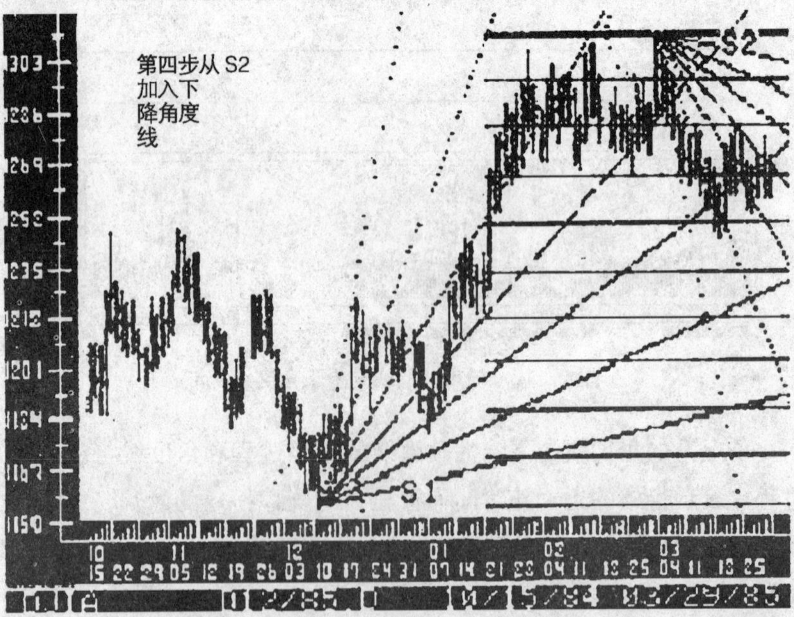

图 7－14　下降角度线构造

第二步：构造江恩线，如图 7 – 6 所示。在 127.90 点的价格空间中被八等份分割。

第三步：在重要低点 S1 点画出向上江恩角度线，如图 7 – 13 所示。

第四步：在重要高点 S2 点，画出下降角度线，如图 7 – 14 所示。

六、江恩时间价位计算器的制作和应用

江恩时间价位计算器也叫自然平反计算器，是在角度线的基础上延伸出的分析工具，也是角度线的一种应用。从抽象分析市场两度空间的发展，包括时间及价位，都存在着循环的运动，其循环按江恩的 36、52、90、144 等时间及价位单位完成运行。若按江恩八分法和三分法，则时间及价位的循环可以分为 8 份及 3 份。一个完整的市场循环更可分为 64 个及 9 个时间价位单位，或亦可说是 64 个与 9 个市场形态。

在这个时间价位正方形之上，画出江恩角度线，则在这个循环之中，时间价位的支撑、压力位将无所循形，对于这个分析法，江恩称之为“时间价位计算器”。

江恩指出，当市场到达某个时间及价位时，市场便会出现重要的支撑及压力。

价位与时间可以互相转化。对于时间与价位的等同与转化关系，江恩指出：“分析者若不谨记这个原则，则应用江恩角度线时便只知其然而不知其所以然。”

如图 7 – 15，时间价位计算器（八分法）的制作如下：

(1) 在 8×8 的 64 个时间价位正方形之上，可画两条对角线，也就是上升 1×1 线和下降 1×1 线，两条 1×1 线相汇点为正方形的中心。这个中心是时间和价位的 50%幅度，支撑及压力最大。在分析中具有重要的位置。

(2) 在时间价位的正方形上，画出上升 2×1 线及下跌 2×1 线，它们与纵横线相交的焦点，也是重要的支撑及压力位。

(3) 在时间价位的正方形上，画出上升 1×2 线及下跌 1×2 线，它们与纵横线相交的焦点，也是重要的支撑及压力位。

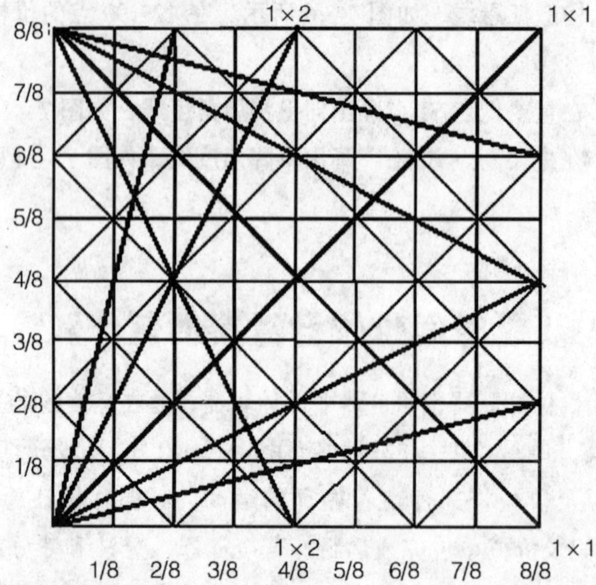

图 7-15 时间价位计算器（八分法）

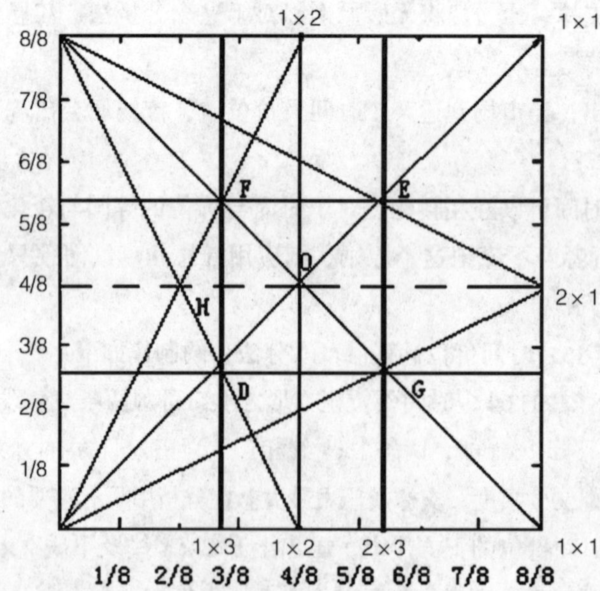

图 7-16 时间价位计算器（三分法）

在使用时间价格计算器时，有几个重要时间及价位的必须留意：

(1) 沿 1×1 线向上，重要的支撑及压力在时间及价位运行至四方形的 1/3、1/2、及 2/3。

(2) 沿 1×1 线向下，重要的支撑及压力在四方形的：时间 1/3，价位 2/3；时间 1/2，价位 1/2；时间 2/3，价位 1/3。

(3) 沿向上及向下的 1×2 线，重要支撑及压力位四方形的：时间1/4，价位 1/2。

(4) 沿向上及向下的 2×1 线，重要支撑及压力位在时间 8/8 及价位 1/2水平。

使用时间价位计算器，交易者便可以预测当市场到达某个时间及价位时，市场将会出现支撑及压力。

七、如何确定波动率（1×1 线）

波动率是在一个时间结构中，时间与价格的运动规律，是波动法则的具体体现。这确定了一个价格运动的走势，在角度线中波动率的计算和确定方面可谓是层出不穷，没有定论。在这里我们将介绍符合实战交易的波动率确定方法。

其实波动率是多少并不是最重要的（当然不能随意定），关键还是要看时间。如果它运动到它的两个最重要的位置时。此时的重要价格点位在大多数情况下，总会落在这些主要的压力和支撑区。

但是，我们还是要对波动率有一个正确的概念。波动率就是在一定时期内，一个时间单位，价格的运动频率。在理论上，只有确定了波动率，才能确定角度线。

计算公式是：

波动率 = ［有重要意义的第二高（低）点 – 有重要意义的第一高（低点）］/两高（低）点间的时间。

这个公式的意义是：

(1) 预测是根据历史的数据。进一步讲，新股只有经过一段时间的运动观察后，才可以进行预测。

(2) 重要的低点是判断的关键，点选错了，就不具有计算的意义。

(3) 高低重要（支）点的选择要注意与时间同期结构相符合，月线、周线的高低点不一定符合日线、小时线的要求。要在特定的时间坐标内观察有意义的重要（支）点。

波动率分上升趋势的波动率计算方法和下降趋势的波动率计算方法。上升趋势的波动率计算取在上升趋势中，底部与底部的距离，然后除以底部与底部的相隔时间。下降趋势的波动率计算取在下降趋势中，顶部与顶部的距离，然后除以顶部与顶部的相隔时间。并用这个当作坐标的刻度在纸上绘制 1×1 图形。

1×1 是分水岭，这是单个角度线中的结论，是没有错的。但在实战中则是多个角度线从上从下从左射来，构成了一个复杂的网络，则此时 1×1 的作用就可能会有些变化。如果在不可能全面掌握和领会江恩工具用法时，应在了解江恩理论本质的基础上，画出自己风格的角度线。取出自己的波动率来，在实践中不断完善，这样就离成功不远了。

在一段时期里的一个趋势中的平均波动作为下一个趋势的波动率的基数，我们把 1×1 线定位基本的波动率，把它定义为 45°。如果把一个 90° 角，分 8 条线可以得到为 0°，15°1×4 线)，30°（1×2 线），45°（1×1 线)，60°（2×1 线)，75°（4×1 线)，90°。当然可依按 1×1、1×2、1×3、1×4、2×1、2×1、3×1、4×1 进行分割。

1×1 线波动率的确定：

选择一段趋势，并计算这段时间的波动率。以沪市指数为例（图 7—17)，在 K 线图上选取 1994 年 7 月 29 日的 325.85 点和 1996 年 1 月 19 日的 512.83 点，相距 367 个交易日。上升波动率是 0.509。这是一个长期的波动率。它表达的含义是时间，画 1 个方格，价格 0.509 个方格。当然，如果使用坐标纸，你可以把一个价格方格等于 0.509，而在时间上 1 个方格代表 1 天。那么就可以绘制出原汁原味的江恩角度线了。在电脑时代的今天，我们主要领会江恩的思想本质。工具的选择将有所不同。

沪指在 1999 年 5 月 17 日为 1047 点，1999 年 12 月 27 日为 1341 点，相距 155 个交易日，上升波动率为 1.897，这是一个中期的波动水平（图 7—18)。

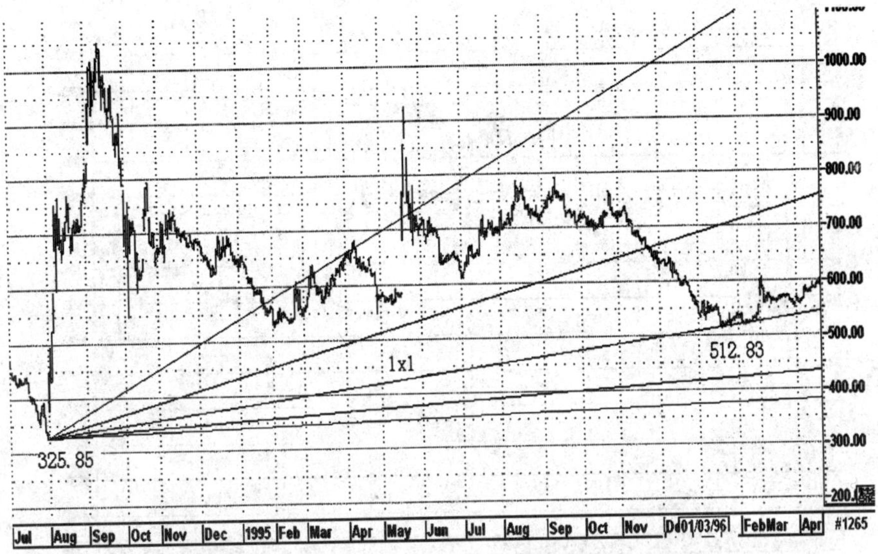

图 7－17　以 325 点和 512 点为重要点确定的角度线

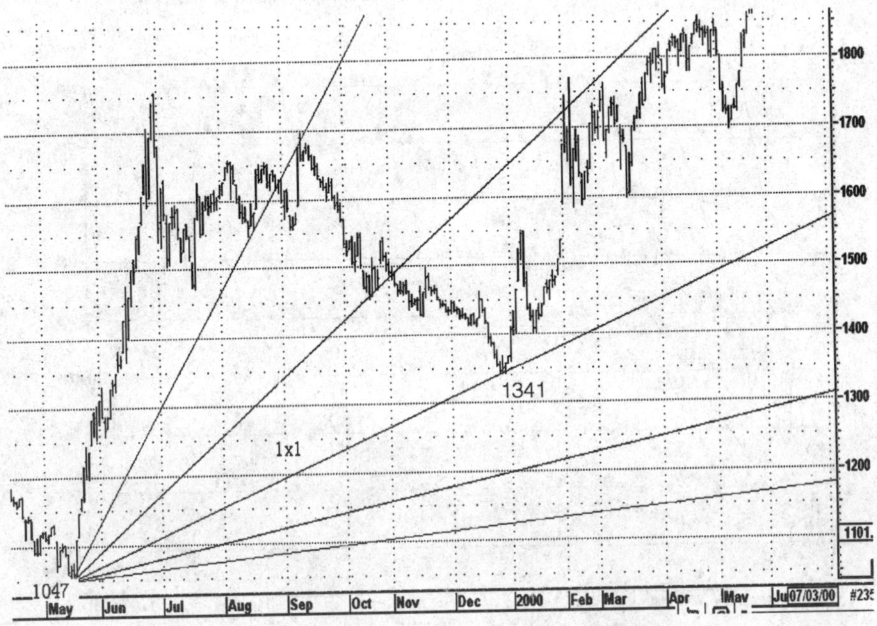

图 7－18　以 1047 点和 1341 点为重要点确定的角度线（一）

我们看到缩小的图形（图 7－19）中，2002 年的行情明显受到江恩角度线的制约。

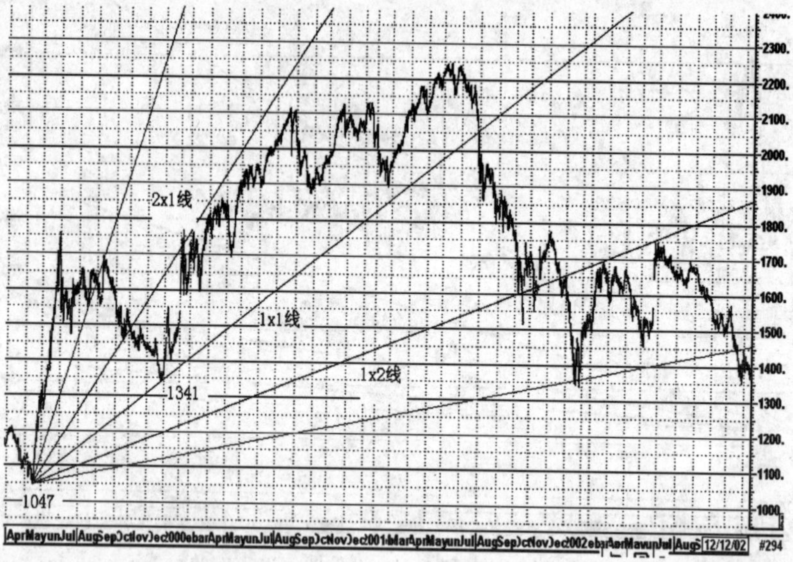

图 7－19　以 1047 点和 1341 点为重要点确定的角度线（二）

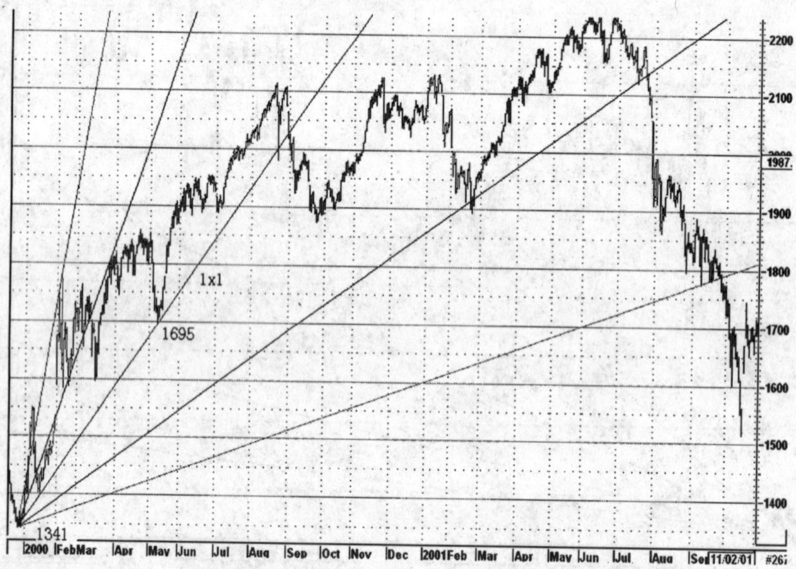

图 7－20　以 1341 点和 1695 点为重要点确定的角度线（三）

1999 年 12 月 27 日为 1341 点，2000 年 5 月 15 日为 1695 点，相距 83 个交易日，上升波动率 4.265（图 7－20）。

1997 年 5 月 12 日高点 1510.18 点，1999 年 6 月 30 日的高点是 1756.18

点，522个交易日，速率是0.4704（图7－21）。

我们以一个波动率画出下降上升角度线，明显看到了角度线的支撑力。

我们再计算几个下降的速率。1993年2月16日，高点1558.95，1993年4月29日，高点1392.62。相隔51个交易日。下降速率3.261。

月线图（512.83－325.89）/18＝10.385。这是月线图（图7－22），刻度为1∶10.385。我们看到沪市已经跌破1×1线，是否有先跌破，仍要观察。

我们看到较长周期的波动率较低，这个波动率应该是原始的时钟频率，中期、短线的频率同它存在着倍率、百分比率、黄金分割比率的关系。

在这里需要再强调的是，一定要认真计算选取波动率，这样对以后的分析起到至关重要的作用。要掌握设置波动率的方法必须下点苦功。

上面介绍了设置波动率的方法，其实要正确使用江恩角度线有两个要注意的地方：

（1）正确的波动率。

（2）正确的开始位置。

那么下面研究一下，如何选择正确的开始位置。有了江恩角度线，但要在什么地方开始绘制这个角度线呢？大家知道，上升江恩线是从市场底部向右上方向延伸的直线。下降江恩线是从市场顶部向右下方向延伸的直线。虽然这个描述很简单，可这个是看似简单却让人最难做出选择的问题：哪里才是市场的顶部，哪里又是市场的底部呢？在众多的顶部底部应该选择哪一个作为江恩角度线的起源点呢？这里又涉及长周期、中周期和短周期的顶底部了。在计算波动率时选择的那一段时间的长度，在绘制后的角度线适合运用的时间一般与它存在着数学上的关系。还有一个方法可以配合使用，就是使用辅助指标帮助寻找。

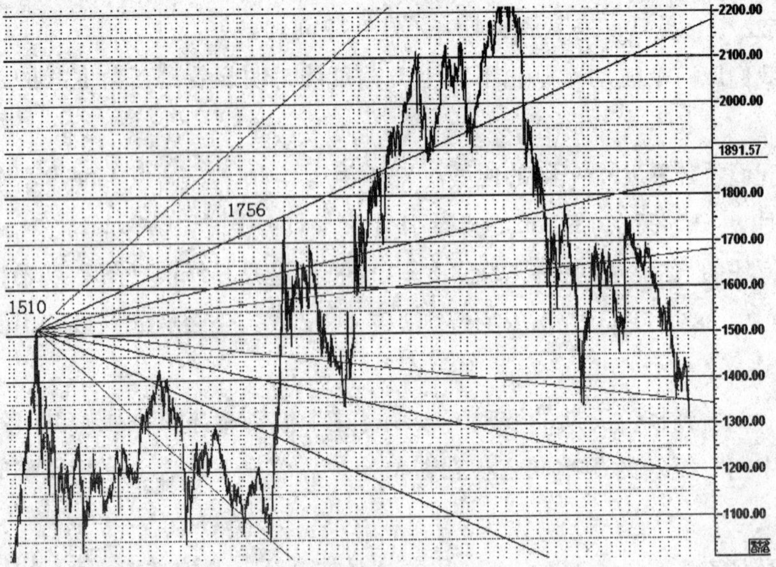

图 7-21 以 1510 点向上向下确定的角度线

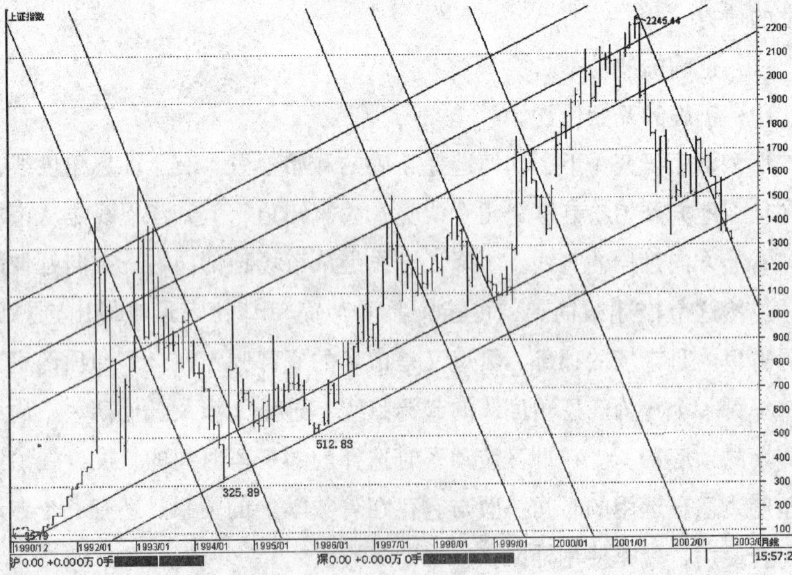

图 7-22 上证指数月线走势图

八、角度线波动率的调整

为什么要调整波动率？因为使用波动率是江恩分析方法的一个重点。但存在一个问题，就是股票运行空间的问题。过大的波动率，限制了股票上升或者反弹的空间。而过小的波动率又限制了股票下跌。有人问，那么软件设计者设置的波动率不就是错的了？不是的。大家可以留意 1×1 线的使用。那又为什么要修改波动率？这是为了寻找合适的操盘周期。正如上面计算的也是一个变动的度那样，采用不同的时间周期结构，波动率是变化的，就是不同的价格空间有不同的波动率。

我们认为，波动率在一定时期是变动的。而这个变动也应该是有规律的。不同的时期、不同的股票，应该存在着不同的波动率。单个品种的波动有一个原始的波动率，这个波动率是其他各个周期波动率的基础，它们存在内在的关联。要找出各周期的共振点。这是波动率的核心。不同的波动率存在着数学上的关系。而让波动率改变的应该是时间。而改变了的波动率又制约了下一个时间关系。时间确定股票，乃至市场的运行规律。因此，有的江恩分析软件直接取名叫时间交易者。

第八讲

江恩角度线的实战应用

角度线是由江恩创立的一套独特的测市方法，在他的所有的方法中占有重要的位置，区别于其他方法，但同其他方法有着内在的联系。江恩认为，预测未来的市场走势重点在于形态、价格、时间，而角度线就是他用形态将百分比原理和几何角度原理精确配合，成功地运用在交易上的一种方法。

在江恩理论中，把形态作为市场摆动来研究，当价格摆动突破头部或底部，可以决定趋势的反转。交易者也可从摆动途中了解市场走势的幅度与时间。江恩认为时间是行情的最主要影响因素，因为只要时间一到，趋势就会发生变化。江恩利用摆动图、周、月、年的循环与价格的直角化来衡量时间。而价格分析包括摆动图价格目标、角度线与百分比率折返点。

图 8-1 是江恩手工绘制的角度线图表。从中你是否得到一些启示呢?

现在我们介绍角度线的具体实战应用方法。

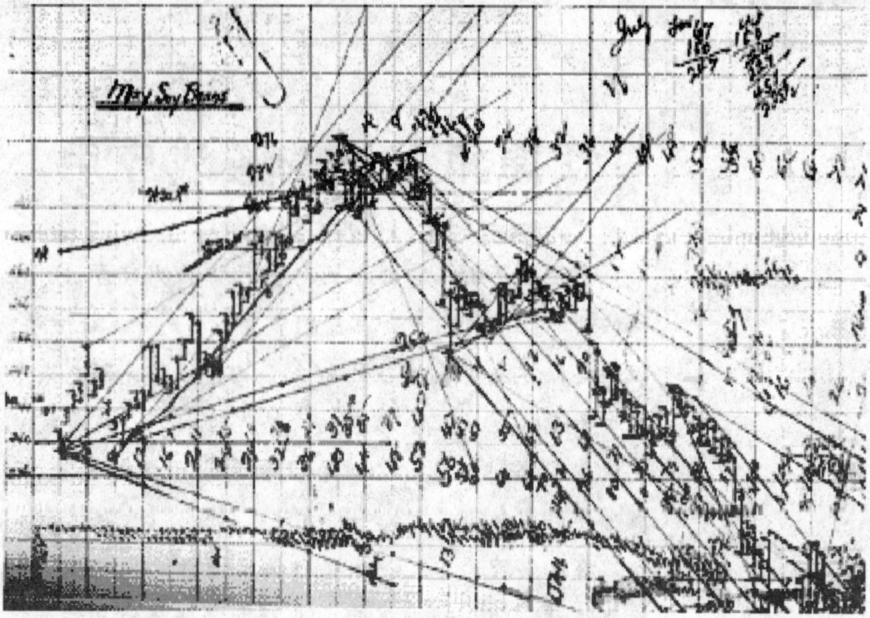

图 8－1　江恩手工绘制的角度线图表

一、1×1 线的重要地位

在多头市场中价格多数在 1×1 线上方，在空头市场中价格多数在 1×1 线下方。如价格突破或跌破 1×1 线，表示主要趋势即将反转，因此 1×1 线是时间及价格的平衡线。

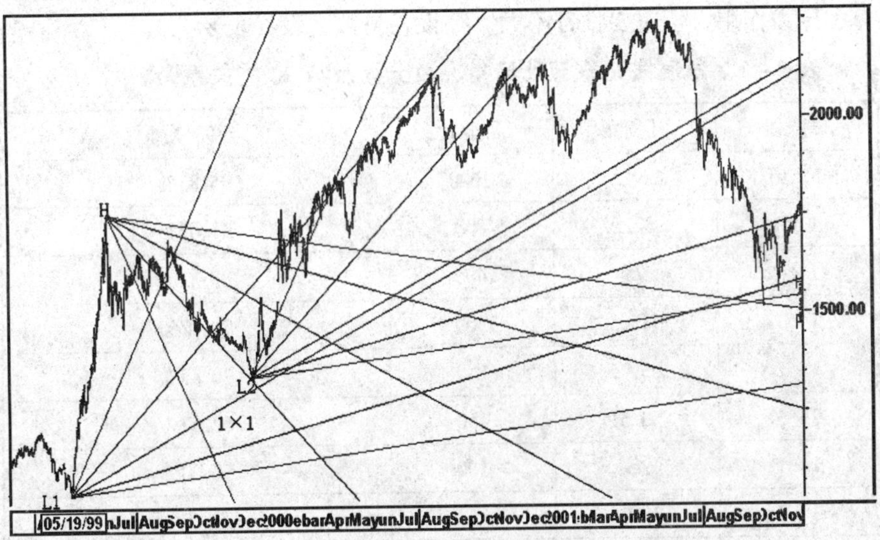

图 8－2　沪市不同重要点相同角度线的作用

图 8－2 是上证指数 1999 年 5 月到 2001 年末的行情图表，在这个图中，我们采用优化的 1.73 的波动率来表示 1 个价格单位。我们清楚地看到，在上升过程中，价格从 1999 年 5 月 19 日开始上升，这个点成为一个重要点（L1）。价格基本运行在 1×1 线之上。而当股价跌破 1×1 线，趋势进入了一个下跌的过程之中。所以，1×1 线在使用中起到了一个判断重要趋势的作用。

图 8－2 中，在 H 点的下跌中，用同样的比率做角度线，但角度线的下降趋势 1×1 被打破时，指数的调整也结束了。它代表了用相同的速率来度量不同的价格空间。

二、1×1、2×3、3×2 角度线的重要支撑和压力功能

1×1、2×3、3×2 这 3 条角度线与 90°的比率分别对应百分比线中的 50%、62.5%和 37.4%。其余的角度线虽然在价位的波动中也能起一些支撑和压力作用，但重要性都不大，都很容易被突破（表 8－1）。

表 8－1　角度线比率与几何角、百分比及与 90°的关系

角度线	几何角	百分比	与 90°关系
1×16	86.25	1600	95.83%
1×8	82.5	800	91.67%
1×4	75	400	83.33%
1×3	71.25	300	79.17%
1×2	63.75	200	70.83%
2×3	56.31	150	62.57%
1×1	45	100	50.00%
3×2	33.66	66.7	37.40%
2×1	26.25	50	29.17%
3×1	18.25	33.3	20.28%
4×1	15	25	16.67%
8×1	7.5	12.5	8.33%
16×1	3.75	6.25	4.17%

我们知道百分比中 50%的比率是最重要的比率，它是对价格空间进行八分法的主要分割率。八分法以二分法为基础，所以，使用角度线 1×1 是个重要的压力和支撑线。2×3 的几何角度 56.31，与 90°的关系是 62.75%，接近 61.8%的费波纳茨的主要比率数（也就是黄金分割率）。3×2 的百分比率的几何角度 33.66 接近三分法的 33.33%的比率数，与 90°的关系是 37.40%，接近 38.2 的 61.8%的费波纳茨的主要比率数。

我们现在做一个对比。在珠江控股（000505）2001 年 12 月到 2002 年 3 月的图形中，1 个价格单位等于 0.07 元。第一组角度线为 1×1，1×2，2×1，1×3，3×1。为了便于对照，我们把 H 点与 L 点组成的价格空间，做一个费波纳茨回调分割。回调比率为 1，0.618，0.5，0.25，0。

我们看第一组角度线的情况。在图 8－3 中，在下降过程中，1×1 线对价格构成压力，1×2 角度线是下降的支撑，也就是下轨，价格在跌穿 1×2 线后，迅速走出反转行情。2×1 成为上升调整的支撑线，3×1 线成为调整的压力线。我们看到这几条线在不同时间均发挥了一定的作用。

图 8－3　第一组角度线

我们再观察第二组（图 8－4）角度线 1×1，2×3，3×2，1×2，2×1。1×1，1×2，2×1 的作用与第一组相同，主要考察 3×2 与 2×3 线，3×2 构成下降初期的支撑和快速下跌后的压力线。并且与 25%回调线相交构成反转初期的主要压力。突破 25%的回调压力和 3×2 线后确立了一个向上的摆动。所以，3×2 在这里的作用很明显，那就是与费波纳茨 25%的折返比率共同确立了一个上升摆动的趋势。2×3 线与 50%折返比率共同构成一个压力，价格在 50%位置，稍加调整，就猛烈上升，一举达到 61.8%的折返比率之上。

我们看到价格图突破 3×2 线构成一个上升摆动，价格突破 1×1 表示一个较大的反弹或这个反弹一般能够看到61.8%位置，甚至100%的折返。所以，要同时使用1×1、2×3、3×2、1×2、2×1、1×4、4×1角度线。对于下降的角度线的支撑与压力要先考虑小角度，然后是大角度。对上升的角度线的支撑与压力要先考虑大角度，然后是小角度。

图8－4　第二组角度线

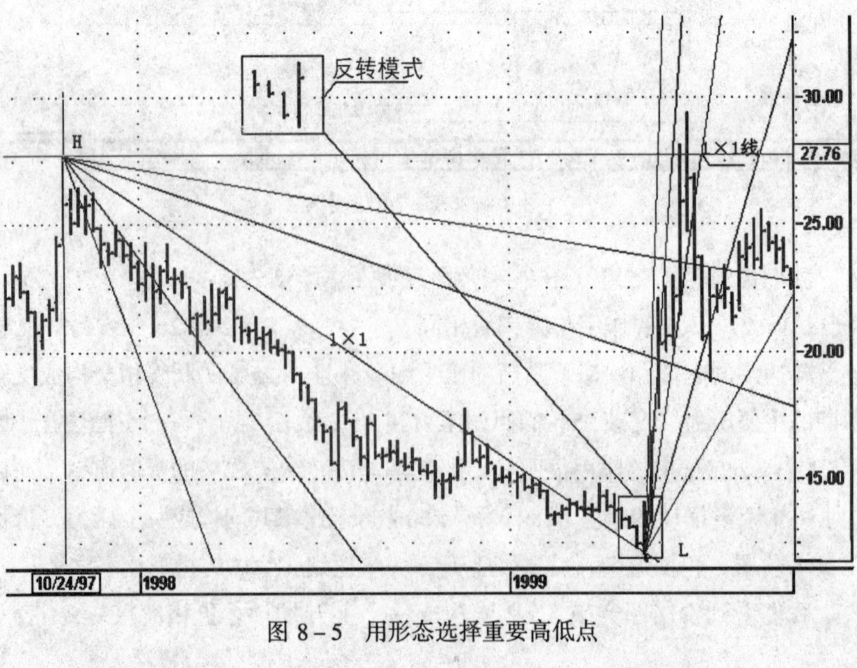

图8－5　用形态选择重要高低点

三、重要点的选择

使用形态来选择的重要点，一定要是显著的高点和低点，与分析的摆动级别、周期相对应。如果被选到的点是高点，则画下降角度线。这些角度线将在未来的时间内起支撑和压力作用。如果被选到的点是低点，则画上升角度线。这些角度线将在未来起支撑和压力作用。

图 8－5 是深发展（000001）在 1987 年 9 月初到 1999 年 9 月末的周线图形。波动率为 2 元。H，L 点是重要点，L 点是个确定摆动反转形态的重要点。

四、绘制角度线要注意刻度的不同

绘制角度线时应注意，如果刻度用的不同，同样一些数字在不同刻度取法的图表中，表现出来的图形模样就不同。所以时间和价位的刻度必须保持 1:1，这个 1:1 的关系是指一个时间单位比一个价格波动率单位，时间单位可以是日、月、周、年等任意的单位，波动率同时间的级别相适应。

可以比较图 8－5 与图 8－2，从中我们看到不同周期的选择对分析对象的分析重点不同。较长的时间结构用来确立较大的转折和压力支撑。

五、角度线与其他指标的搭配使用

角度线一般不弧立地应用，它往往结合走势形态及百分比线一起使用，也可搭配其他指标一起使用。

1. 角度线与角度线、角度线和江恩线的联合应用

当角度线与角度线、角度线和江恩线相交汇时，会产生共振现象。那个点的附近区域就成为一个重要的压力与支撑，如果这个点是两个或多个时间结构或多个价格空间的折返比率的重合点，那么，这种支撑与压力会增强，那个重合的焦点就有可能是个变盘的区域。

在珠江控股（000505）1999 年 1 月到 2001 年 2 月的图形，（图 8－6）中，H 点 L1 点组成的价格空间的 50 的折返率（M 线）与 H 点与 L2 点组成的价格空间的 0.382 的折返比率在 9.10～9.34 元组成了一条压力支撑带。在 9 元附近有 M1、M2、M3、M4、M5 几个重要点。这说明，在这个区域，具有较大的支撑。从 L2 点向上的 8×3 线在 2001 年 2 月 20 日到 2 月 23 日与 M 线交汇。这个迹象表明了，价格在 L3 点的区域（9.10～9.34 元）是个可能的重要点。如价格能突破 H 点下来的 1×1 线，就有可能形成一个对 L1 到 H 点的修正。而这个修正的高点如果不能高于 H 点，就说明从 H 点开始，将形成新的下跌，而 L2 点也会被跌破。

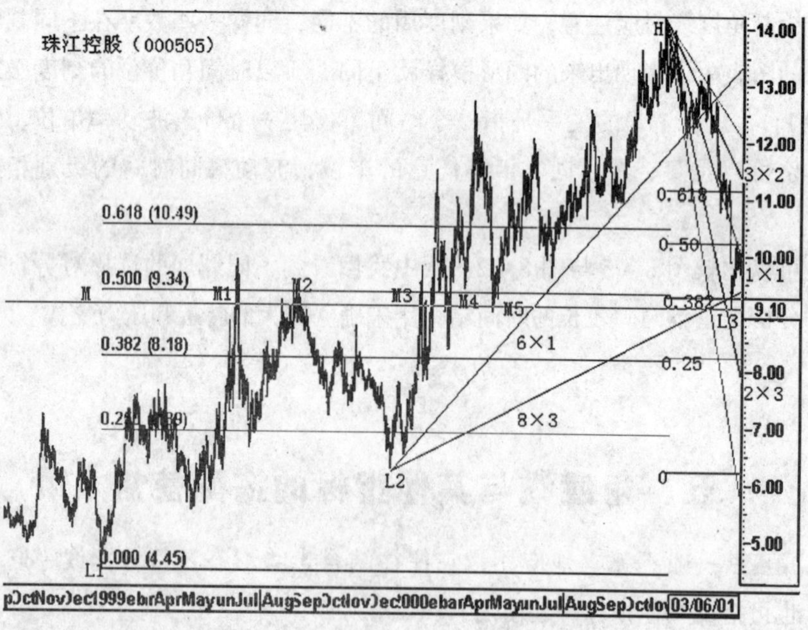

图 8－6　角度线与角度线、角度线与江恩线

2. 空间的循环与角度线的联合使用

角度线的本质就是表现特定的时间对应特定的空间。那么，重要点也表示了一个空间的循环。图 8-7 中（珠江控股（000505）周线图，波动率 0.07），K1—K0 的空间是 3.64（1999 年 7 月 9 日的 9.89，1999 年 12 月 31 日的 6.25），K3—K2 的空间是 3.69（2000 年 3 月 3 日的 11.49，2000 年 2 月 18 日的 7.80），这就表现出一个价格的循环，在这里 3.64 元表示一个价格的循环（3.64 元在这里就是一个圆的循环）。图中的 P 点是个较高级别的主要点，J 表示次级的重要点。从 PT 点起的一个价格循环，组成空间到 K5—K4，PT 点是 9.12 元（2001 年 2 月 23 日），9.12 + 3.65 = 12.76，而 2001 年 7 月 20 日价格达到 12.98 元。并且受到了 1×1 线的压制。这种迹象表明，在很大程度上决定了 J、T 点是重要点。

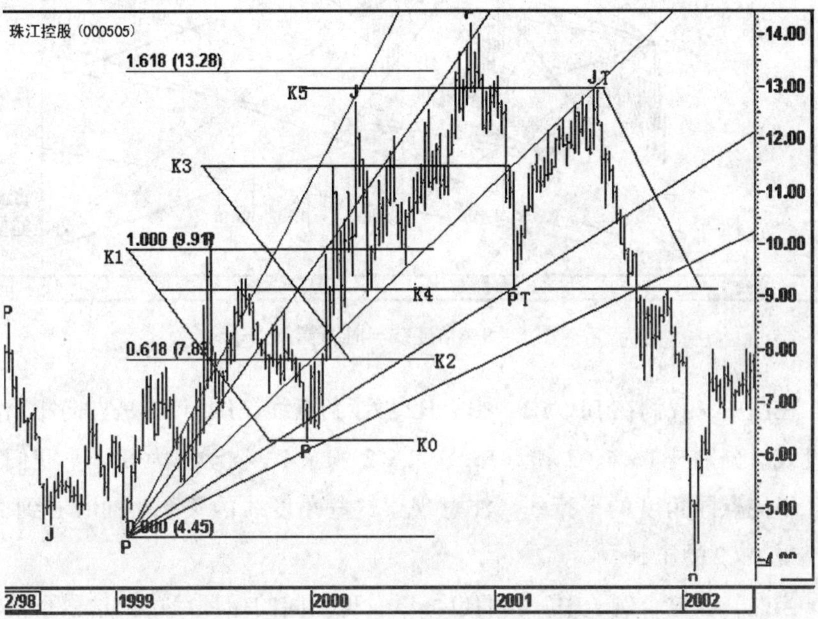

图 8-7 角度线与空间的循环

3. 角度线与时间周期的联合使用

角度线与时间周期的联合使用主要是指时间窗口与角度线的交汇。当时间窗口打开，价格受到角度线的压力或支撑往往会引发一个重要点的出现。

图 8-8 是龙腾科技（600058）在 1999 年到 2001 年的周线行情。H1、H2 点构成一个小周期，如果这个周期是一个大周期的 0.618，那么，L2 点就是一个大周期的 0.382，由此推定，周期 1 的位置在 2000 年 7 月 7 日，也就是 49 周后。这是个时间之窗。而 L2 点 49 周后是 H3。H2 对应的是 L4。我们看到，在时间窗口要关注股价和与角度线的关系。在关键的时间窗口，转折如期发生了。

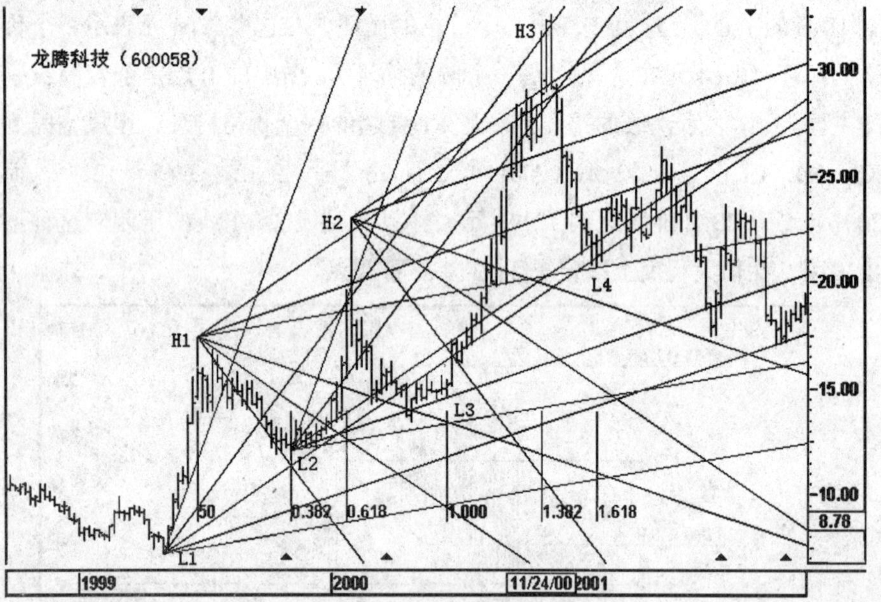

图 8-8 角度线与时间窗口

在图中，我们在 L1、L2、H1、H2 做了角度线，H1、H2 是方向相反的角度线。分别是 1×4、2×1、1×1、1×2、1×4，波动率为 0.16。我们看到了不同点同角度的平行线。注意观察这些角度线的关系。同时看到 H3 点已受 1×2 的压制。

当然，在这个例子中，我们也可以发现空间的循环踪迹。这里不再叙述。方法是用空间的循环或比例关系。

六、角度线与圆形周期的综合应用

在应用江恩角度线时，我们也要使用圆的概念，市场经常在 45°、90°、135°、180°、225°、270°、360°和 120°、240°的水平产生作用。因此，在江恩角度线上，并非所有水平都是同等重要的，最需要特别留意的是市场的时间及价位都达 90°、180°、270° 及 360° 的时候。如图 8－9，福田汽车（600166），90 天与 1×4 线，135 天与 1×2 线，都体现了周期与空间的共振关系。

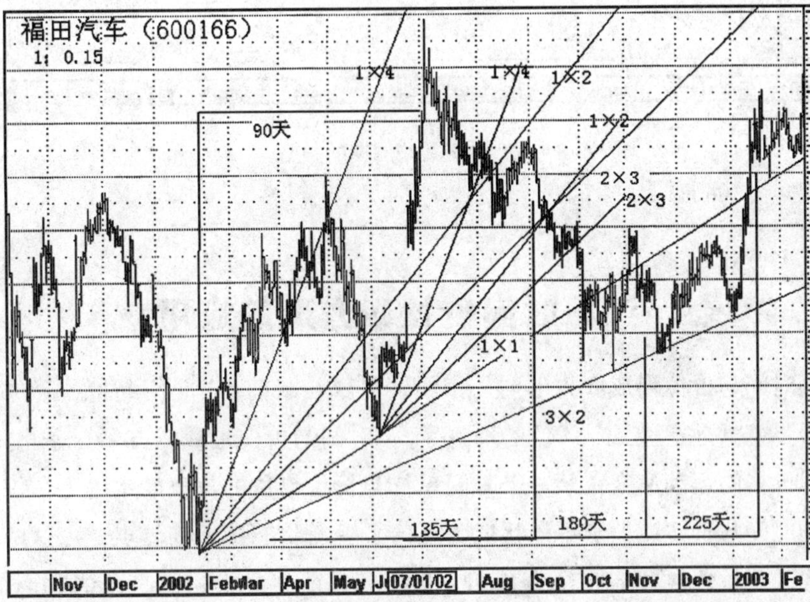

图 8－9　角度线与时间周期

图 8－10 表示青岛啤酒（600600）在 2002 年 1 月 22 日开始的 180°的价格循环。价格的速率为 0.015 元。180×0.015＝2.7 元。我们在低点的重要点上建立一条竖轴，2002 年 1 月 22 日在 9.03 元（6.33＋2.70），也就是 180°循环的高点，建立一个下降的角度线。我们可以看到压力与支撑的关系。

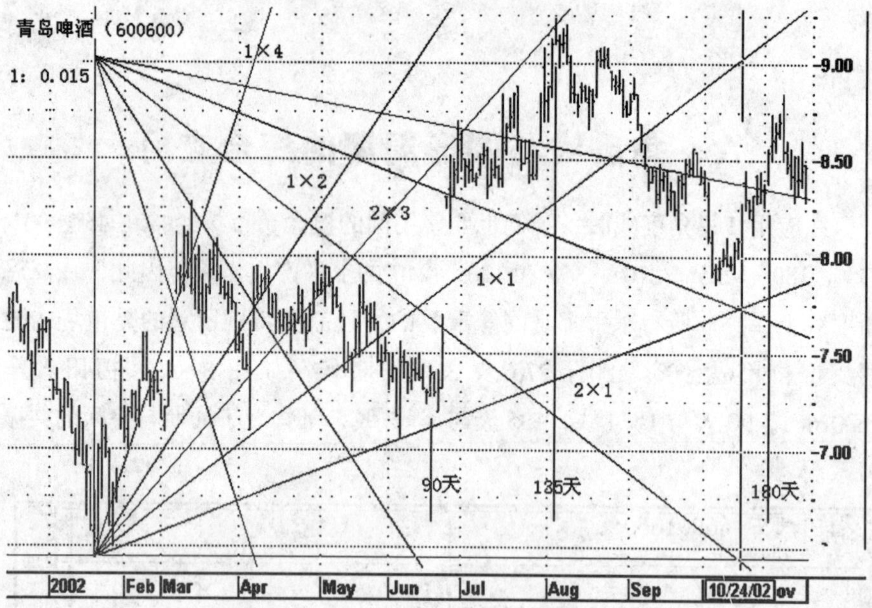

图 8－10　角度线与周期的共振

七、江恩时间价位四方形的应用

当时间与价位形成四方形时，市场转势就在眼前。“时间与价位形成四方形”究竟是指什么？我们的理解是，“时间与价位形成四方形”是指，当市场价格的运动速度在某一个时间单位与价位单位的比率的水平上，该市场的时间与价位就处于平衡状况，当这个平衡状态接近临界点，由这两点的连线为对角线建立一个直角四方形，且只能建立惟一的直角四方形，这个四方形就是时间价位四方形。而这条对角线就是江恩角度线。

在图 8－10 中，当时间 135 天与角度线 2×3 相汇，价格完成 180°。趋势发生转折，以 2×3 为对角线的四方形就是图中青岛啤酒的转折点。

实际上时间与角度线的关系就是运动速度问题。江恩认为市场的波动是有迹可寻的，大致分趋势运动与无趋势摆动，趋势分 3～4 个阶段完成。江恩特别指出，大致上可利用市场的动量来界定。换言之，市价上升或下跌的速度，成为界定不同的市势的准则，见图 8－11。

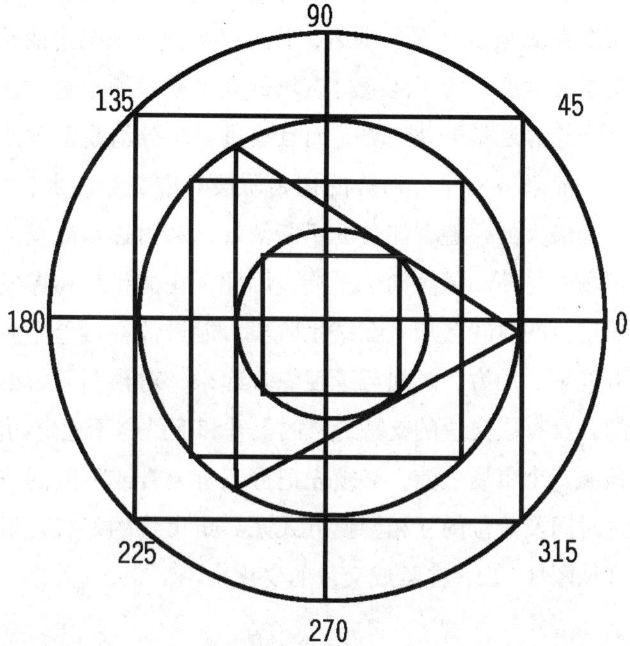

图 8－11　循环的主要角度

我们现在用动量公式 P＝MV＝Ft，MV 是量化动量，而 Ft 是表示动量的变化量。在量化动量时，当一个物体的质量不变时，速度越大，动量就越大，而速度 v＝s/t，s 表示距离，t 表示时间。在这里，s 表示的距离就是指市场上升、下跌的价格空间，t 当然就是指市场运行的时间，速度公式中，速度 v 与距离 s 成正比，与时间 t 成反比。假定可保持速度不变，即市场处于平衡状况，那么距离 s 与时间 t 成正比，时间越长，上升或下跌的空间越大。

在预测市场走势时，一方面可以先预测可能会见到的顶、底点的位置，然后通过可能呈现的速度来测算价格运行的时间；另一方面，可以预测出市场在何时见顶或底，然后再预测能见到的价位。但无论是先预测价位，还是先预测时间，都不是江恩认为的最佳方式。只有把时间与价位同时考虑，才能达到最佳的预测效果，“时间与价位形成四方形”就是特指这层含义。把时间与价位同时纳进要预测的范围，就可大致确定市场上升或下跌的速度，实际上也即市场的波动率。

在不同的运动波段中，市场的动力有强有弱，而时间也长短不一。我们可以把成交量看成是M质量。那么，就可以看到一个确定的动量了。价格动量=成交量×速度。为了能通过市场的动力来预测走势，首先须界定市场是处于上升趋势还是下跌趋势，而且要进一步分清是上升或下跌趋势的哪个阶段。一般来讲，一个趋势的初始阶段，成交量较大，速度较快，所以市场动力是最大的，随着能量的不断消耗，动力逐步减弱。在预测时间时，由于市场的总体动量倾向于平衡，因此，在能量最初爆发阶段，由于动力大，而运行的时间会短，在结尾阶段，能量消耗得差不多了，所维持的时间也可能短。动力、时间与速度综合起来，对预测判断市场的趋势是十分重要的，没有成交量的支持价格的上升和下跌是不稳定的。

在分析预测一个市场之前，必须先把握市价上升或下跌的速度和成交量，然后通过时间及价位的互相转换方式来界定市势的好淡，最后预测出市场转折点（见图8－12，注意成交量的变化）。

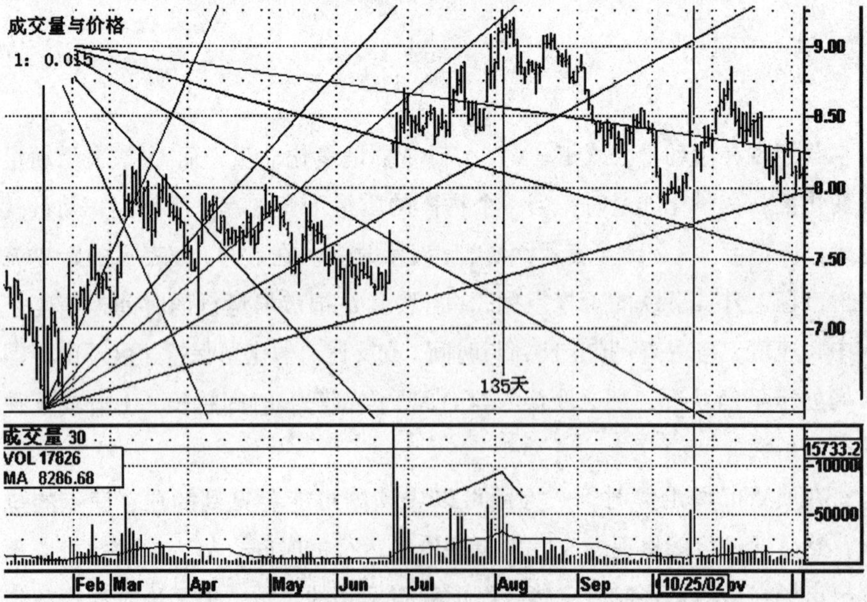

图8－12 角度线与周期及成交量的关系

八、制作角度线通道

江恩认为："市场的趋势并非无迹可寻，细心研究一下，市场其实是根据某个时间价位比例运行的。"在江恩角度线理论中，市场按时间价位的通道运行，最重要的乃是1×1通道、1×2通道和2×1通道。这个应用我们在前面已经使用过，那就是做角度线的平行线。我们现在通过一个角度线等方向相反的网格，说明通道的存在和主要的价格运动速率。在网格图中(图8-13)看到网格对价格的支撑与压力。这些网格的平行线也组成通道。

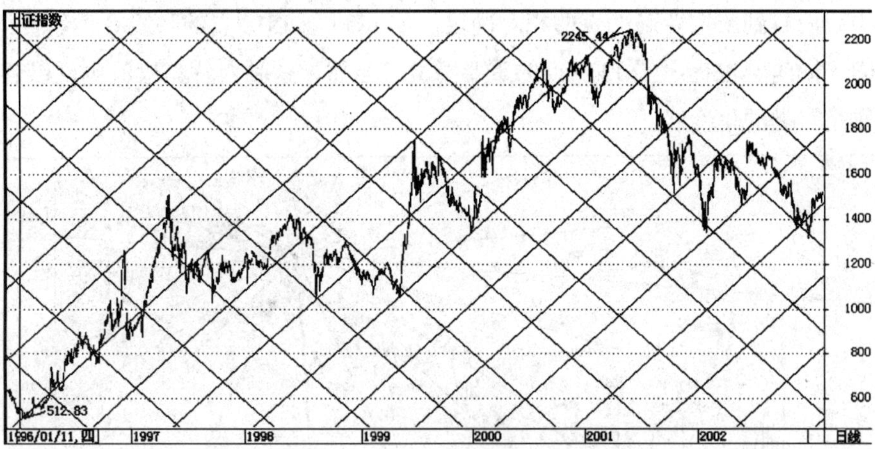

图8-13　角度线的通道

九、重要点的确定问题

重要点的确定，对确定价格空间和角度线具有深刻的意义，它关系到预测分析的准确性。现在，我们通过画角度线的角度，再来讨论角度线与重要点确定的问题。

我们的观点是：未来的重要点由历史的重要点决定，同时历史的、现在正在出现的也是由未来决定，这个决定是指价格运动中重要点的相互定位。时间的流向也可以是相反的，这个问题在此不讨论了。这里有两个观点，一是所有的重要点，在某个品种被人们确定时，它的命运就已经确定了，这个道理你可以用理解基因对生命的作用来理解。其次，所有的重要点的相对位置的确定是动态的。就像遗传基因可能出现变异，生命受到生存环境的影响。价格的运动也是同样，它的轨迹是动态确定的，并受到市场其他品种价格的影响。

如图 8－14，以上证指数 1999 年 6 月 30 日的 1756 点为中心，用线段连接重要的高低点，并同时做出相反方向的同角度线。如 1756 点与 1043 点的联线标记为 A，那么，反方向的同角度的线标记为 A1，以此类推。从中我们看到了重要高低点的相对确定。如 1756 与 1510 点的联线 C，确定了 C1，同时，也提示了 1339 点的重要意义。当然，这种对称角度线也可以看作是另类的角度线。

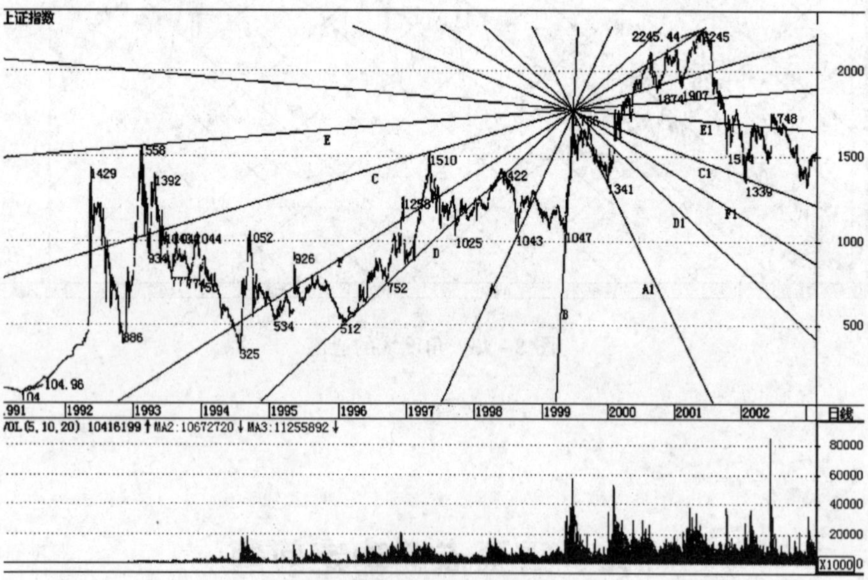

图 8－14　角度线与重要点的关系

如果我们把费波纳茨数列加进来，1510，2245 都是具有相当意义的重要点。在这个图中你还可以做得更多（见图 8－15），以上的思考将对我们灵活应用角度线起到关键的作用。

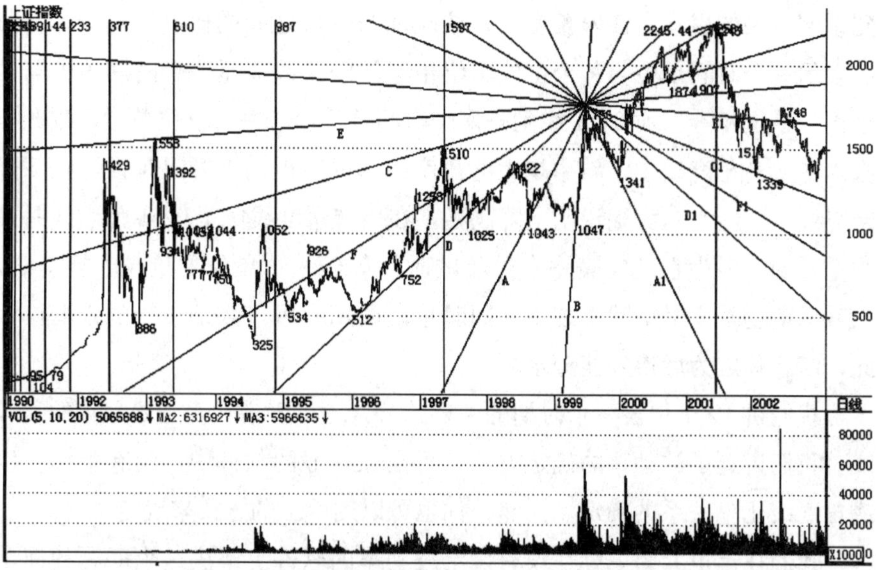

图 8－15　角度线与重要点及时间周期的关系

十、角度线在一般软件坐标系中的解决方法

1. 在一般软件中如何确定江恩 1×1 角度线

如何完好地、和谐地把时间价位两者相结合，是化解技术分析方法矛盾的最大课题。而在江恩理论体系中，最直观、明了地反映“时间与价位”相互关系的，是众所周知的江恩角度线。尽管江恩角度线已被广泛应用，许多软件中有“甘氏线”，但其背后的理念却已被分析者遗忘，更有不知甘氏为何人。

江恩的名言是：“当时间与价位形成四方形，市场转势便迫在眉睫”。也就是说，江恩的理论是时间等于价位，价位等于时间，时间与价位可以相互转换。市场分析人士若不紧紧牢记这个原则，则在应用江恩角度线时，便只知其然而不知其所以然。

为什么在同一个电脑软件系统中，大家画出来的江恩角度线会有所偏差，究竟如何选定“时间与价位”的比例呢？这是用江恩角度线时能否达到预期效果的根本。江恩角度线是按时间与价位之间的比例计算的。1×1线表示一个时间单位与一个价位单位相等。1×2 线表示一个时间单位与两个价位单位相等，而 2×1 线则是两个时间单位等于一个价位单位，以此类推。在上升角度线中，斜率越大的角度线，说明市场上升得越强，在下降趋势线中，斜率越大则说明下降越猛。在所有角度线中，1×1 角度线是最为重要的，因为它是代表一个单位的时间等于一个单位的价位，换言之，它表示市场处于平衡状态之中，同时也说明用它可以判别市场的强弱，因此，江恩称之为后市好淡分水岭。

我们讲 1×1 代表一个时期的主要趋势，为了确定代表主要趋势的1×1线，我们讲到了波动率的确定方法，可是在一般的软件中，没有坐标比例或角度线比率关系的确定。当然，你也可以用手工的方式来确定。

我们在这里介绍一种在没有设定波动率的软件上解决这个问题的简单方法。

由于 1×1 代表了主要的趋势，我们可以用确定趋势的方式来确定1×1线。

（1）首先确定重要点的两个高点或低点。

（2）把起源点定在低点（上升行情）或高点（下降行情）。

（3）使角度线的 1×1 角度线连接两个低点或高点。

这样我们就可以得到相对准确的角度线，尽管在画面上的显示不是45°的线，但它确确实实地表达了 1×1 的作用（图 8—16）。

我们在波动法则这一讲中研究了角度线的波动率。1×1 线表达的是一个时间单位对应一个波动率单位。这也就是说，1×1 线不一定是 45°线。只有当波动率等于 1 时，1×1 线的角度才是 45°。或把价格的一个波动率的坐标格子与时间的一个坐标格子等长，换句话就是将价格除以波动率，得到一个波动率折合价格，这时，1×1 线在屏幕上就是 45°。

2. 怎样制作江恩箱

江恩箱是使用江恩分析中常用的工具之一。在许多分析软件中都有。我们现在简单地介绍其使用方法。

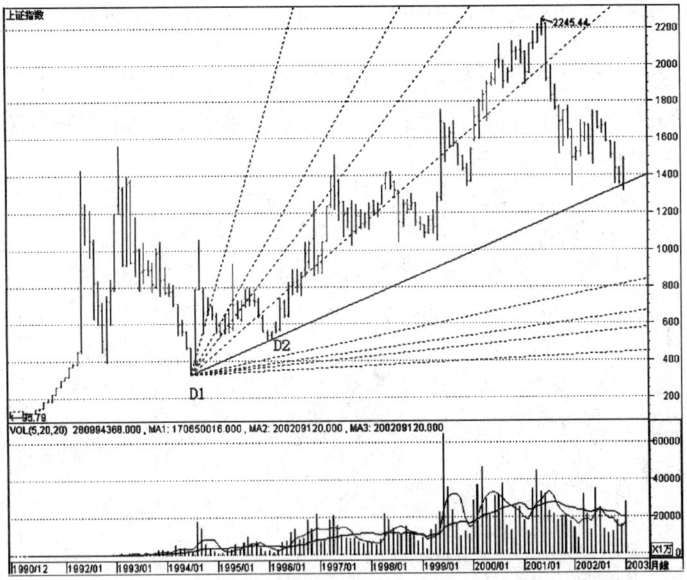

图 8－16 以 D1 和 D2 为重要点的角度线

（1）确定重要点的一个高点或低点。

（2）确定波动率。

（3）用波动率乘角度 45、90、135、120 等得出一个循环高点。这个循环要对历史行情图表的研究后确定（将一个坐标系以原点和横坐标轴为起点，进行八等分和三等分。用逆时针的角度通过 4 个象限，得到 45°、90°、120°、135°、180°、235°、240°、270°、360°的角度线。这些角度线代表了江恩时空的转换。当然，在学习周期以后，你会得到更深的认识。）确定一个循环周期，可以是对历史行情图表研究后得出的结论，也可以是对关键的支点作百分比预测计算得出。

（4）确定时间周期，可以是一个坐标系中的主要角度。

（5）以源点、预测的高点、周期进行连接，形成矩形。

（6）使角度线的 1×1 线连接矩形的低点和高点。

（7）对角度线的交点作垂直线，这些点可能是重要的转折点或时间窗口。

图 8－17 是我们取最低的收盘价 1358 点为低点，向上作 360 点，向右

作 90 个交易日的江恩图。制作江恩角度线的目的是用来准确地预测未来的压力与支撑。制作预测的江恩箱，需要在软件中运用画面平移的功能支持。所以如果不解决坐标的问题就根本谈不上依靠它去指导实际交易。

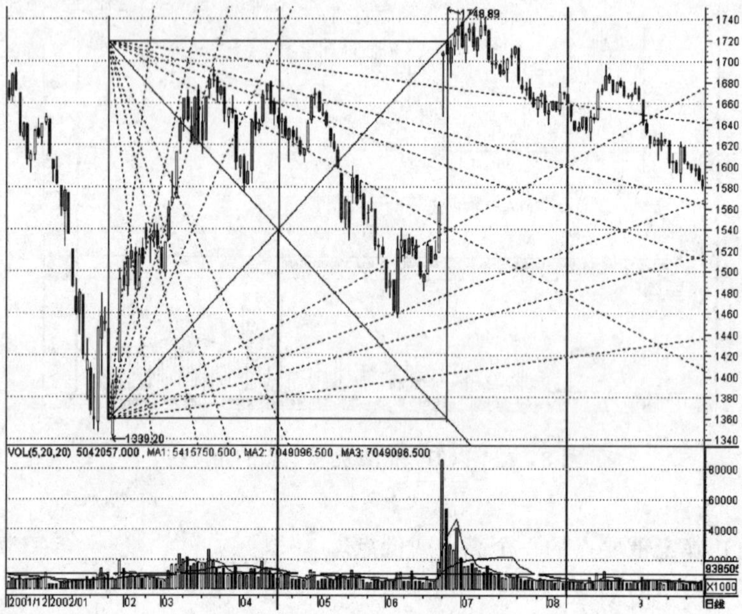

图 8—17　江恩箱

第九讲

江恩与费波纳茨数列

在自然界、天文学和交易市场中普通存在着的一个比率，或许我们都听说过。但是从未确实知道它是什么？我们知道它们神秘地在某种程度上影响着市场，然而，我们的大多数人试图抵抗它们所起的作用。

为了更好地理解市场，并且克服自己的偏见，应用费波纳茨数列技术到市场分析中也是一个有效的方法。费波纳茨数字系列(1、2、3、5、8、13、21……)、费波纳茨比率的结果(0.146、0.382、0.5、0.618、1.0、1.382、1.5、1.618、2.618)是费波纳茨数列分析的核心。

我们经常使用的费波纳茨数列分析技术主要有0.618、1.0和1.6183三个比率，它们只是市场中一系列比率形式中的一种，是波动法则的主要表现形式之一。

我们都曾为了买股票，想去推测它的底部，看它是否还会继续下跌，当买入了股票后，又都想为防止意外的发生，而设定一个买入止损。但是你又是怎么去设定一个股票的底部和设置一个买入止损位呢？那么，我们就在这里将应用费波纳茨数列的比率判断和确认一个趋势来解决这些问题。它将会是如此简单，而又是如此神奇，简直令人惊讶。

江恩也把费波纳茨数列引入到技术分析方法之中，不仅给人以耳目一新的感觉，而且又使江恩理论本身走向了更难、更深、更神秘的层面。

一、费波纳茨数列

13 世纪，托马斯·阿奎那描述了美学中一条基本的规则——人类的感觉本能地喜欢有正确比例的事物。他指出了美与数学之间（并且在自然中确实可见到、可测量）的直接联系，费波纳茨发现的原理与托马斯·阿奎那规则如出一辙。

费波纳茨的伟大功绩之一就是引进了阿拉伯数字以代替罗马数字。另外，他还发现了费波纳茨数列：1、1、2、3、5、8、13、21、34、55、89、144……

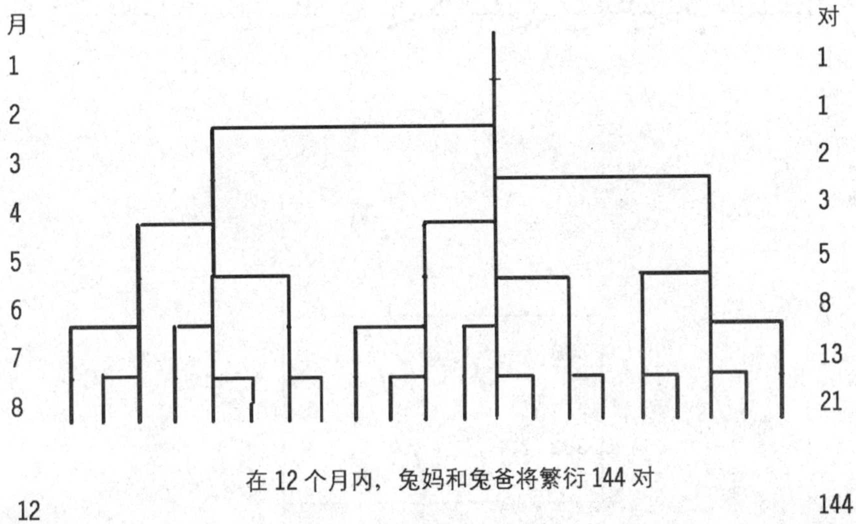

图 9－1　兔子家族树

费波纳茨为了解决一个兔子的繁殖问题：“如果一对兔子从第二个月开始，每月可产一对兔子，一年后这个特定的区域里共有多少对兔子?”费波纳茨的答案是：共有 144 对（图 9－1)。他的计算方法是：1、1、2、3、5、8、13、21、34、55、89、144 这就是费波纳茨数列的原版。根据这种计算方法，可以把这个数列无限量地扩大下去……55、89、144、233、377、610……这就是费波纳茨数列的“增订本”。

在费波纳茨比例中，标准的比率是38.2%、61.8%和100%。所有这些源于费波纳茨数列，如13/34 = 0.382，21/34 = 0.618，只要以两个数字开始，将两者相加，然后一直将最后面的数字与总和相加，当你计算最后一对数字的比率时，你可以得到0.618黄金比率。如果计算相反的比率，得出的结果是1.618，如果开平方根，得出的结果就分别是0.786和1.27（图9－2）。

数列（横向）；分母（纵向）；接近完美的比率

分母 \ 数列	1	2	3	5	8	13	21	34	55	89	144
1	1.00	2.00	3.00	5.00	8.00	13.00	21.00	34.00	55.00	89.00	144.00
2	.50	1.00	1.50	2.50	4.00	6.50	10.50	17.00	27.50	44.50	72.00
3	.333	.667	1.00	1.667	2.667	4.33	7.00	11.33	18.33	29.67	48.00
5	.20	.40	.60	1.00	1.60	2.60	4.20	6.80	11.00	17.80	28.80
8	.125	.25	.375	.625	1.00	1.625	2.625	4.25	6.875	11.125	18.00
13	.077	.154	.231	.385	.615	1.00	1.615	2.615	4.23	6.846	11.077
21	.0476	.0952	.1429	.238	.381	.619	1.00	1.619	2.619	4.238	6.857
34	.0294	.0588	.0882	.147	.235	.3824	.6176	1.00	1.618	2.618	4.235
55	.01818	.03636	.0545	.0909	.1455	.236	.3818	.618	1.00	1.618	2.618
89	.011236	.02247	.0337	.05618	.08989	.146	.236	.382	.618	1.00	1.618
144	.006944	.013889	.0208	.0347	.05556	.0903	.1458	.236	.382	.618	1.00

图9－2 费波纳茨比率表

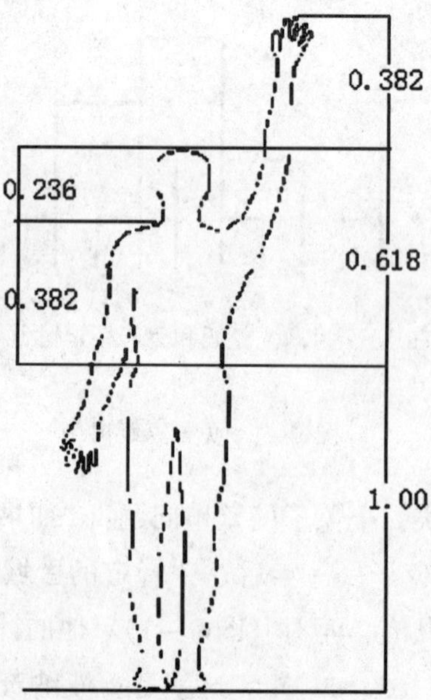

图9－3 人体的黄金比率

由费波纳茨数列导出的黄金分割比率在我们这个世界中，可以说无处不在，就拿我们的身体来讲，也存在黄金比率的关系（图 9 - 3）。

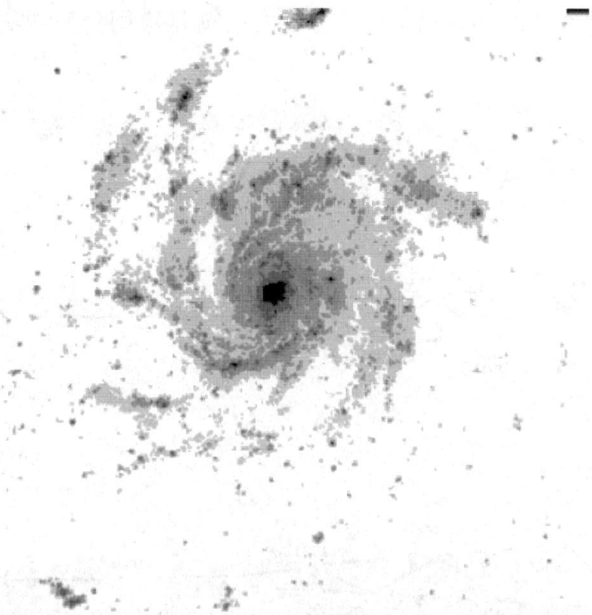

图 9 - 4　星体图

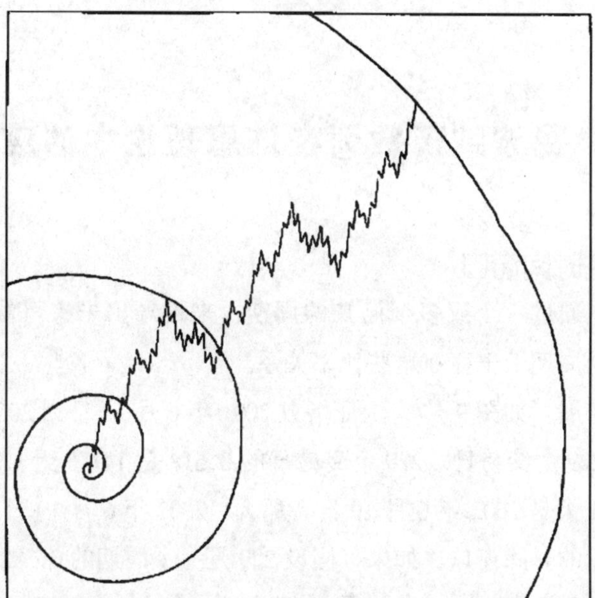

图 9 - 5　黄金螺旋结构

费波纳茨比率存在于许多事物之中，包括天体运动（图 9-4、图 9-5），当然也就存在于金融市场之中。

在江恩理论中最为普通的应用方式之一就是应用费波纳茨数列的比率（图 9-6）。

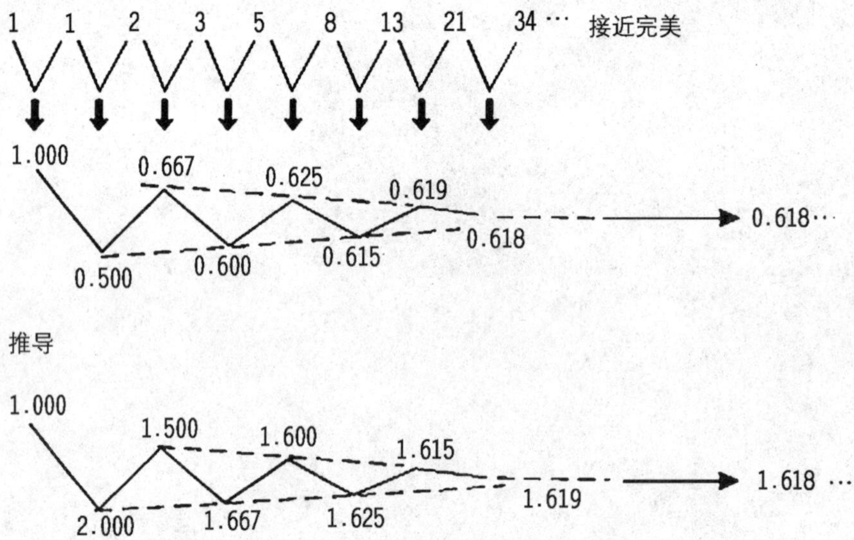

图 9-6 费波纳茨的比率推导

二、费波纳茨数列在江恩理论中的应用

1. 确定时间窗口

这主要是通过一个或多个已知的周期，来推导出未来可能的变盘点。而实际上时间周期上也存在这些比率关系。

周期的扩展。如图 9-7，上证指数 2001 年 6 月 14 日到 2002 年 1 月 29 日，经过了 229 个交易日。229 个交易日的 0.618 是 141.5 天，2002 年 1 月 29 日后的 141 天是 2002 年 6 月 19 日。那么，2002 年 6 月 19 日前后就是可能的市场变盘的时间窗口。如果，假设 229 是一个周期的 0.382，那么，这个周期的 0.618 位就在 2002 年 6 月 13 日。这也是个时间窗口。

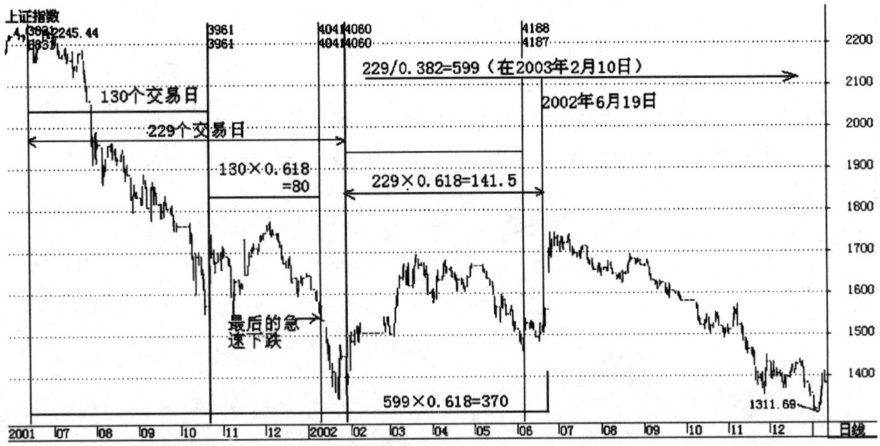

图 9－7　费波纳茨数列在周期中的应用

我们再来看一下沪市综合指数自然日的费波纳茨数列时间窗口例子（图 9－8）。用费波纳茨数列 1、1、2、3、5、8、13、21、34、55、89、144…测量，取 1999 年 5 月的重要点 1047 点为起始点，可以得到费波纳茨数列时间窗口如下。在图表中你会发现许多“意外的巧合”，这正是费波纳茨数列的魅力新在。

2．在价格空间中建立费波纳茨比率的江恩线和空间循环的扩展

我们看到以费波纳茨所作的江恩线对重要的折返比率的作用。下面，我们将用实际的例子来讲述费波纳茨在江恩理论中的作用和具体的应用。

在沪市，中长期价格的费波纳茨焦点空间也表现的比较明确。我们从 1994 年 7 月的重要点 325 点为起始点，观察到 325 到 1510 是一个价格循环的周期，所以把 1185 点（1510－325）作为 1，1185 的 0.618 是 732。2002 年的行情在 2245 点也就是 1185 点的 1.618% 位置（2242 点）结束了（图 9－9、图 9－10）。

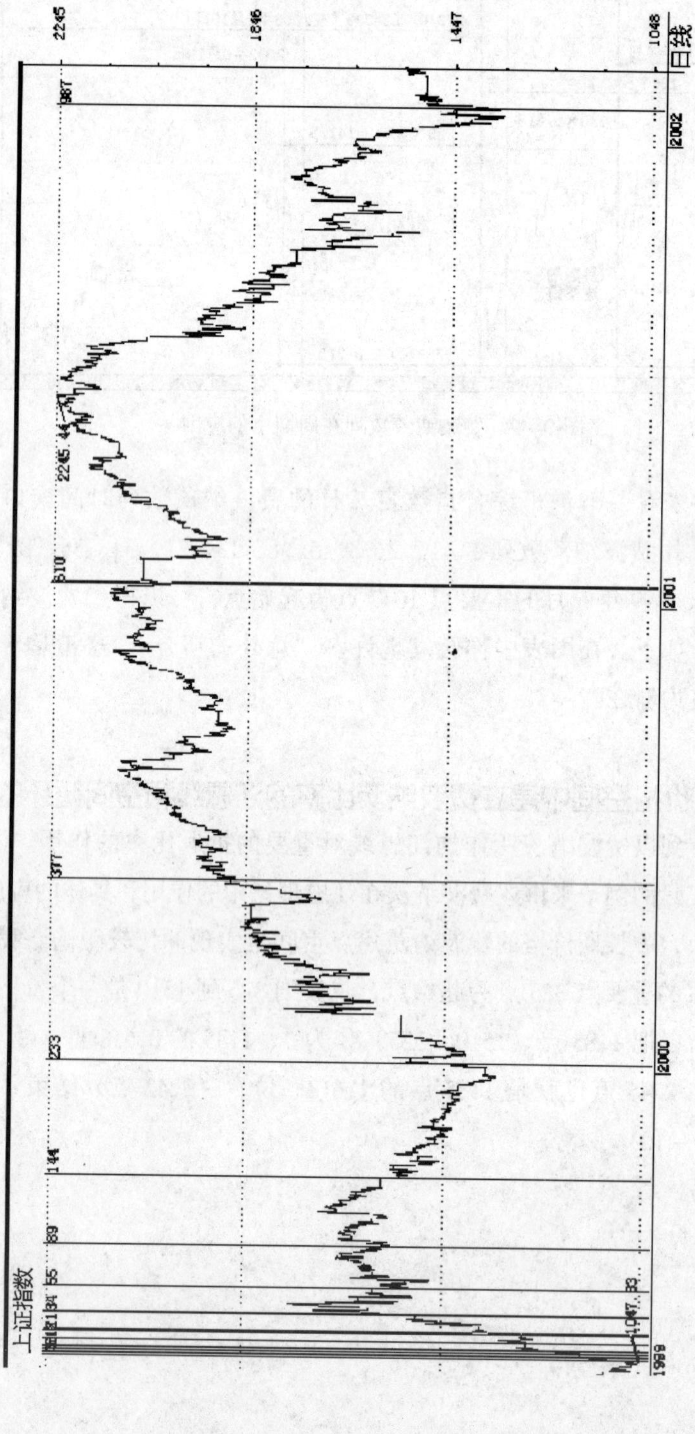

图 9-8 序列中的费波纳茨时间周期

图 9-9　空间循环中的费波纳茨比率

图 9-10　上证指数空间比例关系

3．费波纳茨在趋势交易中的应用

如果当前市场趋势是下降的，并且你希望开立多头头寸，你就需要推测出价格的低部位置，当它满足条件时，给方向已经反转的趋势向上的股票一些判断，测定出它未来的目标价格。我们在这里定义如果价格返回到相当于前一个趋势波动范围的38.2%时，那么它必将返回到至少61.8%的位置，甚至超出上次波动范围的100%。那些位置是你应该放置止损位的水平。

在下面这个例子中，我们介绍费波纳茨比率在判断趋势中的作用，你可以看到费波纳茨比率与角度线、费波纳茨比率的江恩线在趋势中的作用。

图9-11是一个非常好的例子。我们观察到AOL（时代华纳）最终的下降趋势到达4月4日的低点。无论如何，对多头而言像是一个底部和一个买入的好地方。然而，在价格继续下降到4月4日低点之前，没什么一个折返在38.2%的折返比率。在这个下降趋势中，AOL从＄58.8下降到＄33.4后反转了。用38.2%移动距离（25个点）给出一个买入止损（＄43）。的确，它高于以反转点买入的价格，但是它是你想要避免风险和保证股价不再继续走低的一种代价，是一个职业交易者趋势交易的买入价格。在再次下跌前AOL爬到了＄58.5——相当于前一个波动范围97%的折返率。

图9-11 AOL（时代华纳）下降范围和38.2%折返的买入

同样，我们以上证指数为例，从2001年9月末的1756点下跌到2002年1月29日的1339点，下跌了338点，0.382位折返在1505点水平上。这一点，是趋势交易再入场的位置，它将确定这个反弹可能会到1608点（0.618位）或更高（图9-12）。

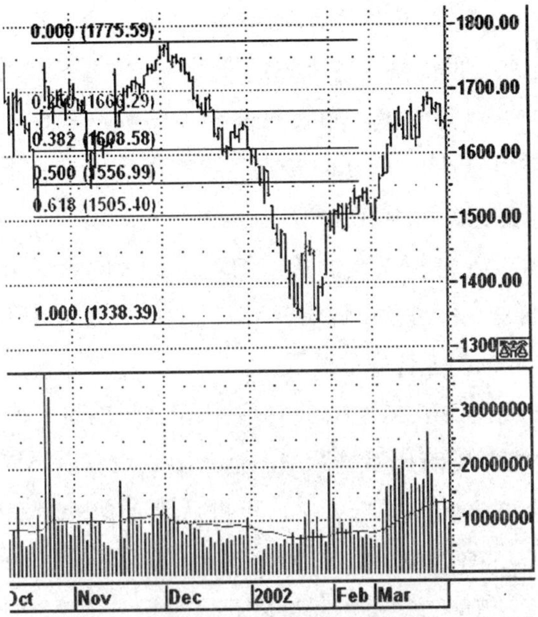

图 9－12　上证指数与费波纳茨比率分割

在图 9－13 中加入了角度线。趋势线建立在高点和低点之间，价格空间就是＄25.4。从高点构造角度线。在图 9－13 中，仅 38.2%和 61.8%角度线被显示出来。在大多数江恩证券分析软件中，角度线的数字——费波纳茨折返——是由用户选择的。

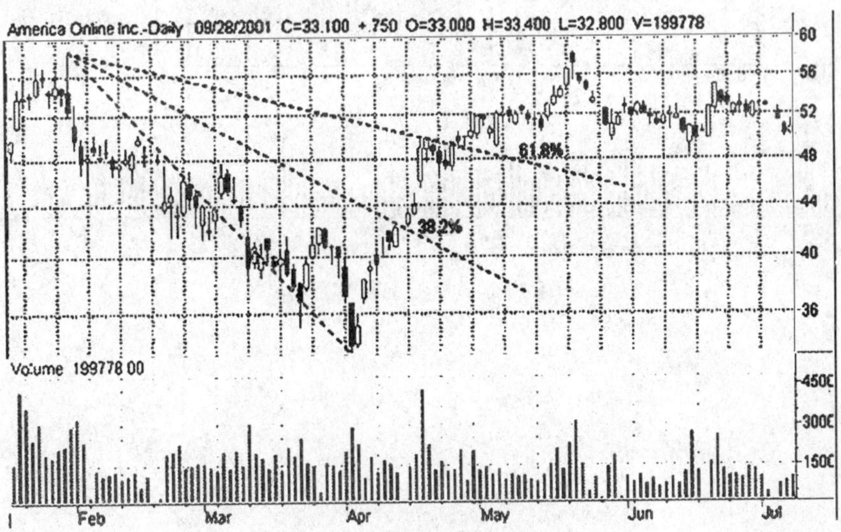

图 9－13　费波纳茨角度显示

角度线和价格线的交汇点是大概的价格折返比率。这些区域也被认为是支撑和压力线。如果价格通过38%的价格线，那么62%的价格线成为一个压力区域而38%成为支撑。如果通过62%的价格线，价格就会有一个100%的折返比率甚至更多，而62%成为新的支撑价格。不同的折返比率水平可以被视为是支撑和压力水平。

图9－14、9－15是用弧线的费波纳茨图。从低点线画出的趋势和弧线，仅仅显示38.2%和61.8%弧线。实际上，我们还应用不同的方式来确定事实上38和36的折返比率的位置。

可以看到弧线仅仅是描写不同的折返比率水平的另一种方法。

图9－16为费波纳茨比率显示图。这张图表是有点不同，作为折返比率研究通常包含更多其他的选择。这可以认为是前一个趋势波动范围的23.6%、32.8%、50%、61.8%、100%、161.8%和261.8%的比率。

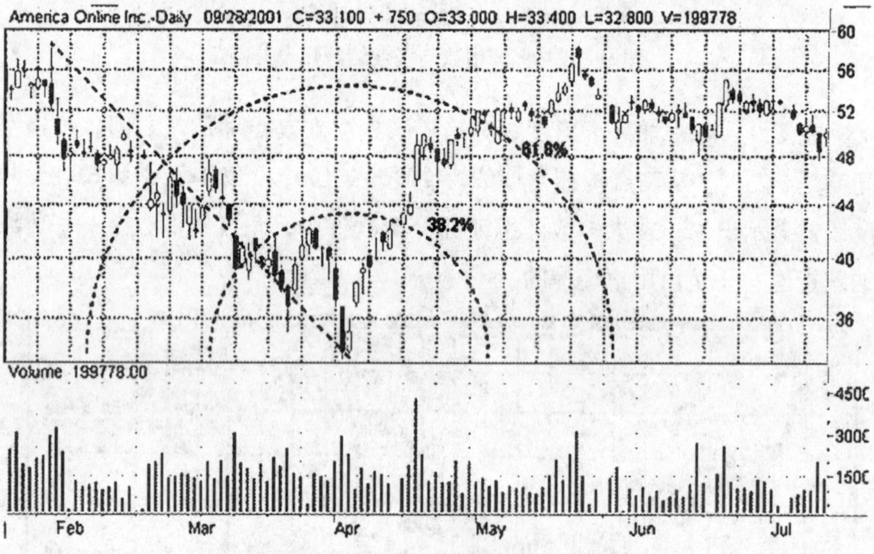

图9－14 费波纳茨弧显示

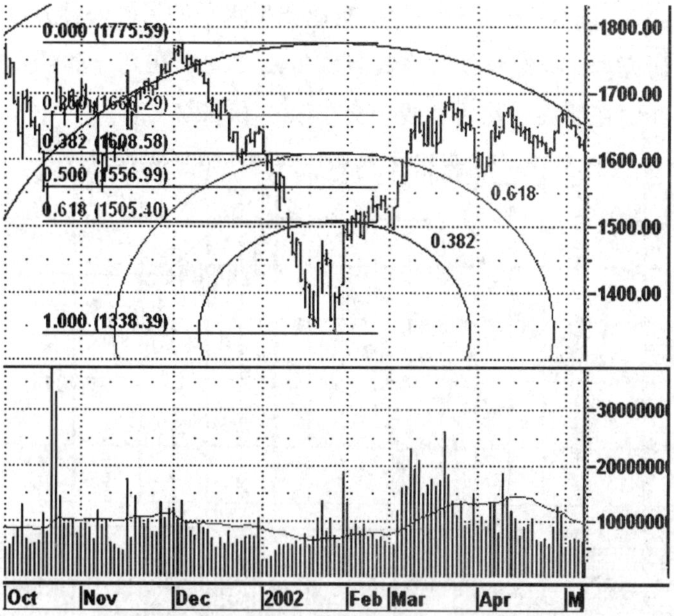

图 9－15　上证费波纳茨弧线显示与折返比例

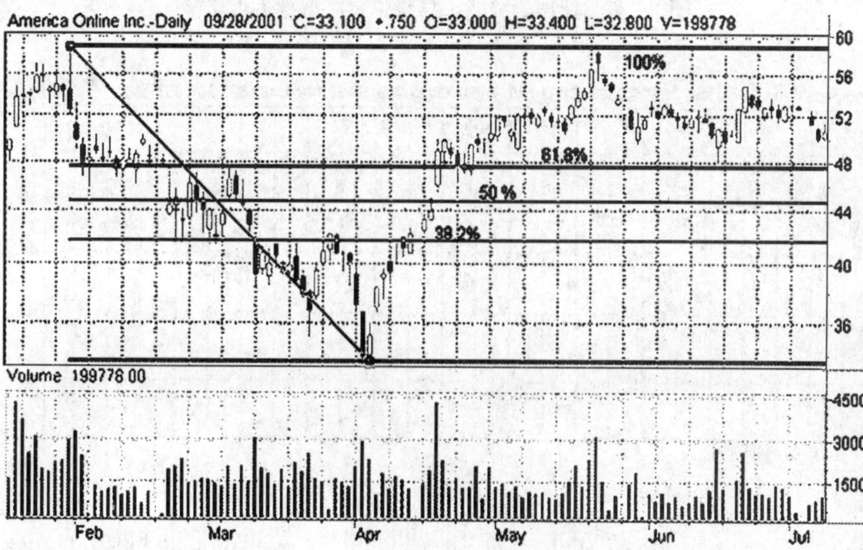

图 9－16　费波纳茨折返比率显示

图9-17、图9-18是构造这些折返比率水平的另外一种方法和近似的角度分析研究。一条趋势线画在高点和低点之间，在高点和低点的价格之间直立的线画在后面。然后射线相交在38%和62%点。

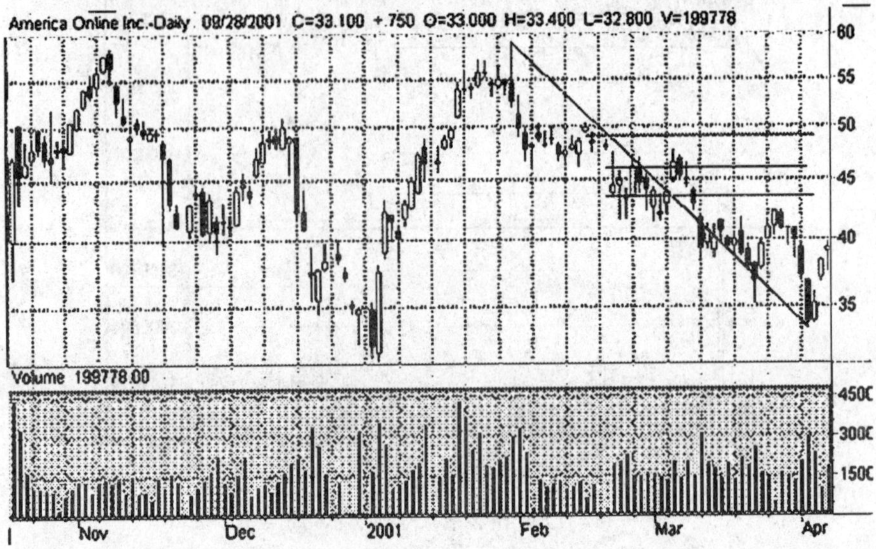

图9-17 使用趋势线工具模拟费波纳茨折返比率

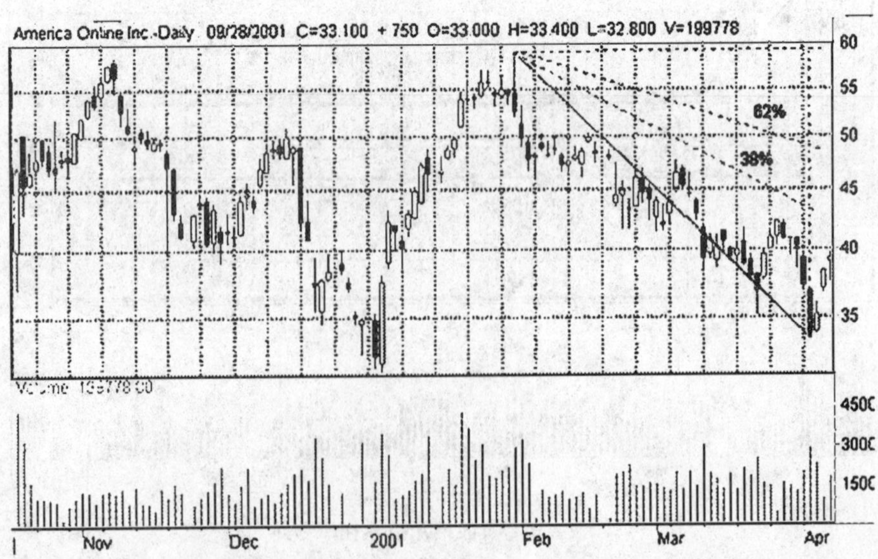

图9-18 费波纳茨角度线

费波纳茨比率是帮助你避免处于假的反转的有用工具。它们能够被用来鉴别确认反转的水平，因此，也是你做交易确定止损订单的点位。

三、费波纳茨数列在江恩理论中的典型案例分析

江恩除了使用江恩线外，他也使用费波纳茨数列发现折返的水平。如图 9－19，其走势的特征是一个中级高点跟随一个下降的跳空缺口，然后，趋势向下运动，到达一个低点。随后出现一个上升和一个下降的走势，再接着是一个向上跳空的缺口。U1 对 U2 和 D1 对 D2 是 2 对有点平行的线段。

图 9－19 没有江恩角度线和费波纳茨注解。图 9－20 有江恩角度线和费波纳茨注解。在图 9－20 中，在高点和低点已加上 3 条江恩角度线，角度线有相等的纵横坐标。图中选择的是 32×32。

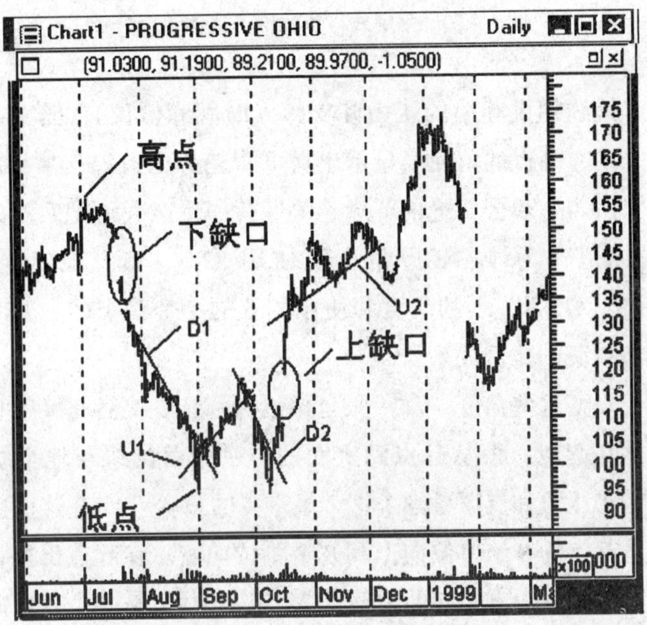

图 9－19　进步公司价格图形

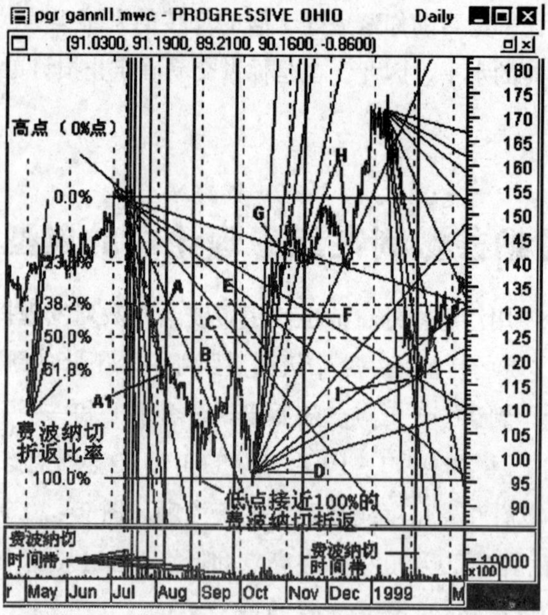

图 9-20　角度线与费波纳茨比例综合分析

江恩角度线提供趋势的压力和支撑（时间和价位），图 9-20 中 1999 年 7 月（JUL），高点的角度线显示出对下降趋势压力和支撑，在江恩角度线的其中之一与进步公司价格下降趋势保持一致。我们把匹配的下降趋势和角度线标记作为 A。江恩角度线使用 82.5、75、71.25、63.75、45、26.25、18.75、15 和 7.5 的角度和使用相等的一个格子的上升和向右。这是一个费波纳茨的比例关系。

为便于观察这些角度，拿一张坐标纸，标记长高各是 8 个单位。让较低的左角落在起点，使从起点到上面的右手角落的线与地平线成 45°角。江恩认为趋势压力和支撑考虑了这个最重要的角度。45°在这里也就是 1×1 线，符合从起点的 8 个单位向上和 8 个单位向右。在起点出发，2×1 是 8 个方格到右边和 4 个方格向上，就是 26.25°，1×2 是 8 个方格向上和 4 个方格到右边，就是 63.75°。依此类推，得到 3×1，和 1×3，用 1/3 的向上或 1/3 向右的方法。

1. 在价格空间上使用费波纳茨数列比例关系

注意观察下降趋势的尾段残留和当它反转时出现的一个向上跳空缺口。用一致性原则（一致性原则是指多个系统发生相同的信号），江恩角度线标记的下降趋势压力被突破。把那个事件称为 B。价格运动在它邻近右边的角度线楔形中，这是一个宽广的楔形。从能够上升的角度看，空间已不大了，U1 线段趋势（图 6－20）结束在 C 点。

从图中看，在 1999 年 9 月（SEP）中，价格创出了一个低点。如果把费波纳茨折返线放在 1999 年 7 月的高点上，低点在 1999 年 9 月中旬。结果可以显示出以 0％开始的折返水平的一系列费波纳茨折返线水平线。费波纳茨折返的重要点的水平是 23.6％，38.2％，50％，61.8％和 100％。现在请注意在 61.8％上，费波纳茨折返水平线与江恩角度线相重合的点，作为事件标记为 A1。

2. 在时间周期上使用费波纳茨数列

如果我们用费波纳茨数列对时间进行分区，则可对应得到 1、2、3、5、8、13 等交易时间天数。在图 9－19 中，从 1999 年 7 月价格高点开始，在 9 月有符合的匹配费波纳茨折返 61.8％中级峰点出现。我们把这个事件称为 C。价格返回到 100％费波纳茨折返线。我们把这个事件称为 D。

当趋势反转时，价格形成了一个双底形态。当价格从 1999 年 10 月（OCT）的低点升起，它带来一个巨大的上升缺口，并且靠近在费波纳茨 61.8％水平和江恩角度线的交叉点上，作为事件 E 标记。在双底的第二个低点做一个江恩角度线，使用 1∶1 时间价格关系，江恩角度线充当压力，记作事件 F。随后，价格运动接近角度线并且连续向上，所有这一段事件可记为 G。这样可以看出在 23.6％的费波纳茨折返线当为价格走势的支撑，我们把它称为事件 H。

最后，我们观察到 5 个事件与之相符：费波纳茨时间区域线，费波纳茨 61.8％折返线水平，一条从 1999 年 7 月高点做的角度线，一条从 1999 年 10 月底点做的角度线和在价格的拐点 I 事件。

那么，事件 A、A1、B、C、D、E、F、G、H 和 I 仅仅是偶然的巧合吗？我们把角度线起点纳入在一个价格空间的主要高点或低点，就非常清楚地看到，角度线能“意外地”作为价格趋势的一个压力或支撑线。或者是“意外地”被价格趋势所跟随。如果每一条线和交叉点作为支撑和压力线，则正是江恩角度线在起着作用。在这里费波纳茨数列比率从时空的分析中得到完美的体现。

第十讲

江恩基本交易计划系统

江恩实战交易体系是一个非常清晰、操作具体的系统，它是当今最伟大的实战交易体系之一。由于它不像江恩预测理论那样难以理解和引起争议，从而更能被投资者接受但许多关于江恩理论的书籍，却忽略了其重要性，只讲江恩的预测技术。这些都是对江恩理论的最大误解。

其实，江恩理论中的交易系统威力无比，是每个职业投资家所必修的课程。在这里我们将介绍其实战交易体系，进一步解释江恩交易的技术方法，如江恩摆动（回调）交易等。

其中，基本交易计划是实战交易体系中的主要内容，它涵盖了重要的交易细节。例如进入和退出市场、仓位管理、止损技术等。

在20世纪50年代，听江恩的课程，收取的费用是5 000美元。在那个时候，这个数目的钱相当在美国购买一幢3居室房子的平均价格，比今天的50 000美元还要多。然而，这个价格还是很值得，尽管那时的5 000美金比现在的50 000美金还值钱。

江恩出过许多书，但是在其理论中，关于技术方法的论述最具有神秘性。在表面化的解释后面，却隐藏着真实的含意（其实，这种神秘是由于市场的自然属性所决定的）。但是由于江恩对许多概念没有明确的定义，以致你会发现，他的许多教导会令人费解。例如，他曾经常使用一个词：square，用来测量时间和价格。如：9的平方（square of nine）、24的平方（square of 24）、直角（on the square）。但这个词在他那里，理解起来却很费解。

幸运的是当他的书是晦涩的时候，他的实际交易的课程却直接了当、一针见血，非常明确。这体现在江恩的原始材料，特别是他的讲授课程资料中。乔·罗尼德是江恩教导的最后一位交易者，他把授课资料转给了罗伯特·克罗茨。

罗伯特·克罗茨以1美元的价格从乔·罗尼德那里获得了江恩的原始资料。乔·罗尼德的动机是清楚的，他说：一个真正的交易者知道它们的真实价值并且使用它们。他希望罗伯特·克罗茨能成为江恩的传人。

在这些授课资料中，有称为"为交换谷物的机械的方法和趋势指标"的资料。这就是我们在这里要讲述的基本交易计划系统的主要内容。

一、基本交易计划

1. 技术分析与交易计划

技术分析是任何以技术进行交易的基础，事实上，技术分析和交易计划是两个不同性质的概念。技术分析是判断趋势是否已经改变方向或市场已经到达支撑区或阻力区，而交易计划是你在操作时所要采取的详细步骤和规则。

技术分析能告诉你什么时候并且如何采取步骤，而交易计划告诉你怎样采取行动。技术分析与交易计划的完美配合是成为一个成功交易者的关键步骤。

分析是进行交易的基础，是从属于交易的，没有交易就不存在技术分析。如果你的技术分析的信号表示趋势已经改变方向，那么这个信号就应该是你在市场上采取适当交易步骤的原因。

一个有效的交易计划必须包含一些最小的组成部分。

在最简单的交易计划中，必须要说出：

(1) 趋势的方向（市场的一般的方向；例如，全面的趋势）。

(2) 可交易的趋势（交易方向）。

(3) 支撑和压力点。

(4) 买入要点（进入与退出规则）。

(5) 资金管理的技术要求。

资金管理至少应包括：

(1) 为你的交易计划而要求的一定数量的资本。

(2) 止损或反转的规则。

(3) 利益保护的规则。

(4) 投资资本交易的百分比例。

要充分理解交易计划的重要性，没有计划的交易是盲目的。如果你没有一套固定的规则，那你就不能做出一个交易的历史测试。现在利用计算机，你可以通过许多软件来进行历史评测和交易训练。

在一个计划交易系统还没有进行历史测试时，你怎么知道你的计划是否可行？就算是计划交易系统在过去产生过良好的结果，但并不表明这个计划交易系统将来一定能保证成功。但是可以肯定，如果一个计划交易系统在历史测试期间没产生良好的、积极的结果，那么它也永远不能成功地运用到将来的实战交易中去。

没有计划的交易将走向混乱。那么怎样才能构成一个好的交易计划呢？

2. 三日高低线（HiLo）

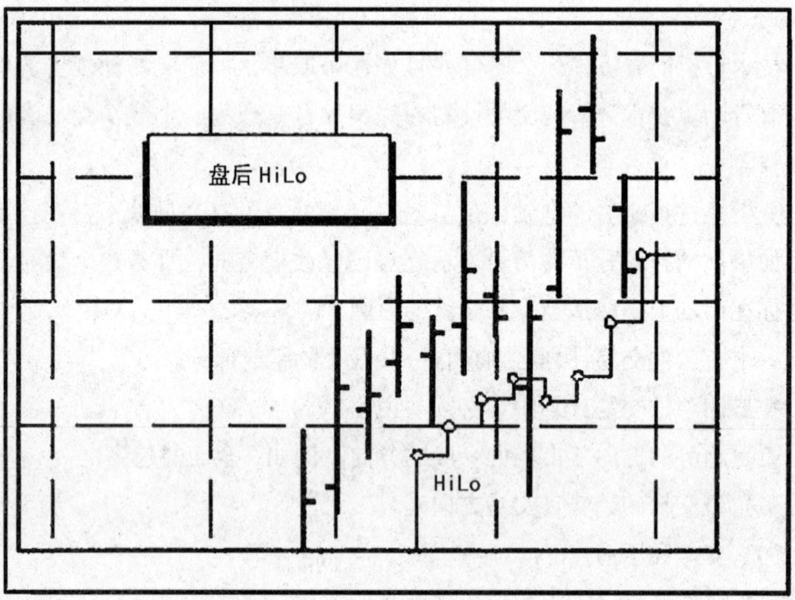

图 10－1 盘后 HiLo 线（一）

分析 3 天的意思是，将市场的波动以 3 天的活动为记录的基础。也就是把 3 天作为 1 天来看待。主要是过滤了价格的波动杂波，参见图 10－1。

3 日高低线（HiLo）是一个以 3 天高点或低点的简单移动平均线，但它是一种独特的方式。制作方法是：我们以最后 3 天高点或低点加总后除以 3。这样，就会画出一根向后的一根平行线。这根平行的价格点位，就是明天交易行动的参考（图 10－2）。

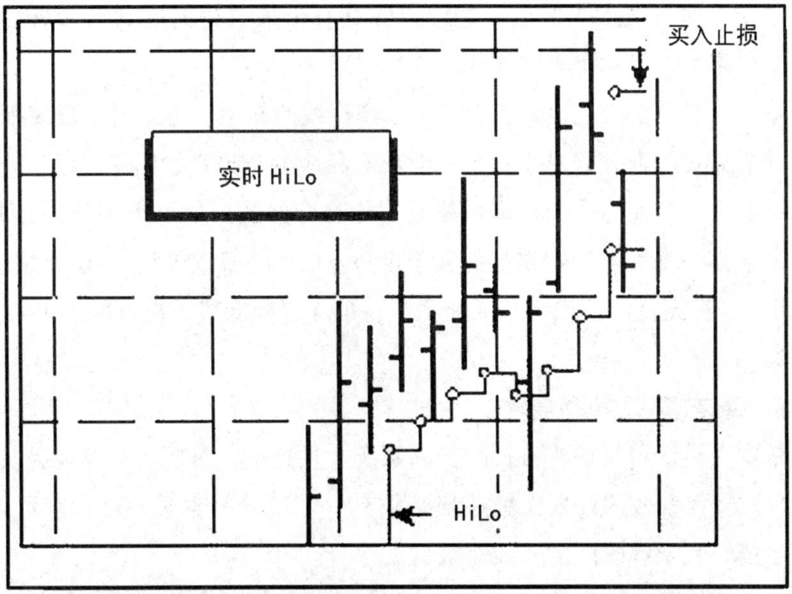

图 10-2　盘后 HiLo 线（二）

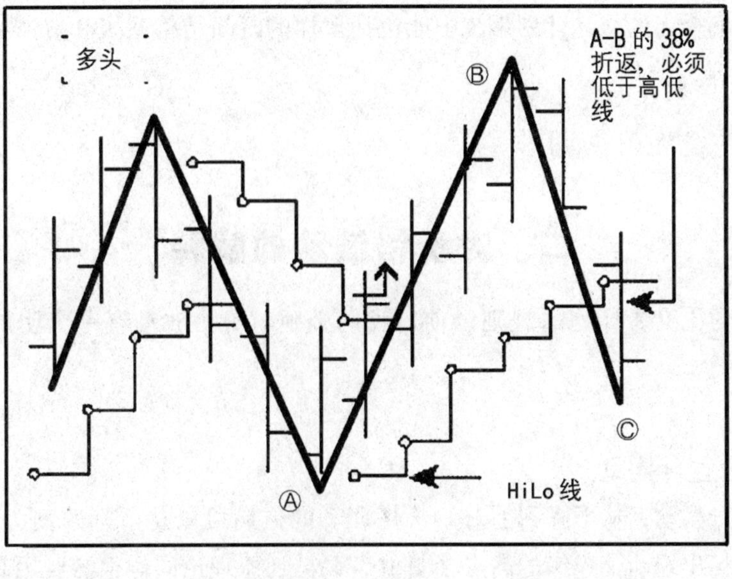

图 10-3　实时 HiLo 线（三）

对于实时分析来说，主要是为了在日内进行及时的交易。在计算中我们使用当天动态高点或低点（这个点数具有未来数据的因素），以便我们有一个价格水平显示出来（图 10－3）。

图 10－3 中，清楚地显示出了 3 日高低线的作用。可以说 3 日高低线，作为一个买卖触发装置对于买入、卖出和相应的止损都做出了提示。

一旦你习惯应用了 3 日高低线，那你将会熟悉，如果市场趋势是向上的，那么你一直等待看到收盘价低于走势下面的 3 日高低线（Lo），发出卖出指示，3 日高低线便出现买入止损。一般 3 日高低线，也可以手工绘制。

3．基本交易的概念

基本交易计划是切实可行的交易系统。在这里，有 3 点必须被提及：

（1）任何有效的计划交易系统必须有一个简单的哲学基础。它可以是几何学的、数学或时间的，或是彼此的综合。

（2）曲线图表拟合或过度优化是任何交易计划系统的大忌。

（3）交易计划系统一定是动态的，足以应对市场的变化。

关于交易的概念和技术分析方法都应在交易计划之中。因此，我们就要使我们个人的交易计划系统中能包括多样的时间结构系统和费波纳茨数列概念等。

二、对价格波动的解释

在讨论交易计划的规则以前，我们必须对价格波动有一个明确的定义。

1．上升摆动

上升摆动，从下降到上升。价格摆动的方向可以从下降改变为向上，因为市场出现两个连续的高点（图 10－4）。江恩理论同样也需要用高低点来确定一个价格的摆动方向，这一点和传统的趋势理论是一致的。

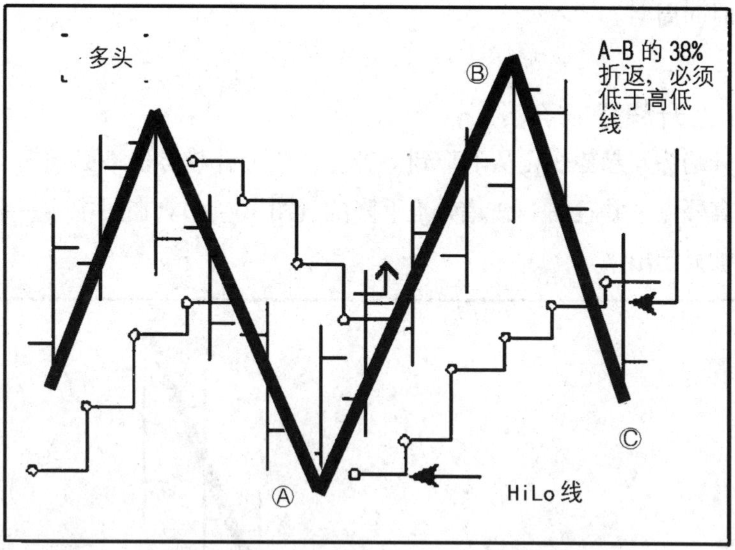

图 10—4 上升摆动：从下降到上升

2. 下降摆动

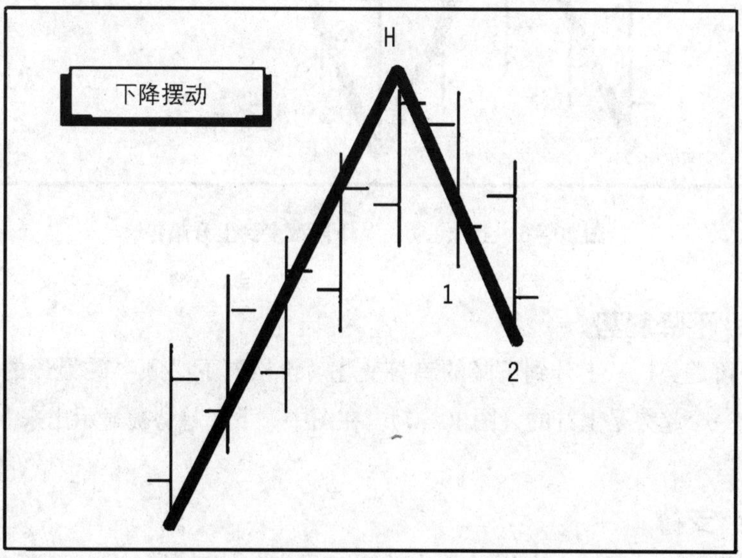

图 10—5 下降摆动：从上升到下降

下降摆动，从上升到下降。价格摆动的方向能够从上升改变为下降，因为市场出现两个连续的一根比一根低的棒线（图 10—5）。价格摆动适用于任何时间周期。

3．上升趋势

上升趋势，趋势变化从下降到上升。一个上升趋势价格必须向上突破最近的高峰点，并且前一个趋势是下降的（图 10－6）。在图中，一个向上的趋势被显示出来。

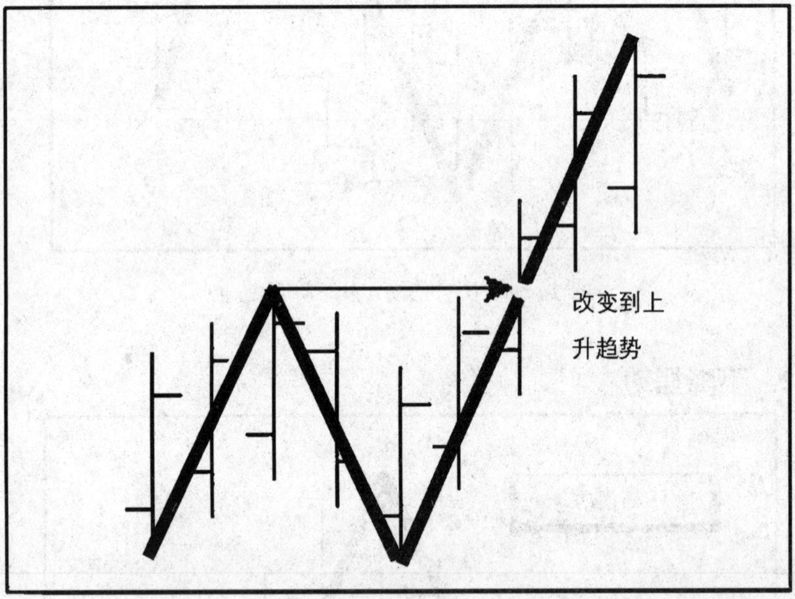

图 10－6　上升趋势：从下降改变到上升趋势

4．下降趋势

下降趋势，从上升到下降的趋势变化。价格向下必须突破最近的谷底，并且前一个趋势是上升的（图 10－7）。在图中，下降趋势被显示出来。

5．支撑

如图 10－8 所示，支撑是在先前明确界定的摆动的谷底。只要在谷底下面价格没有渗透，支撑就是有效的。谷底是前一个摆动的低点。如果在谷底被价格渗透了，那么支撑可能正在失败，支撑也就无效了。

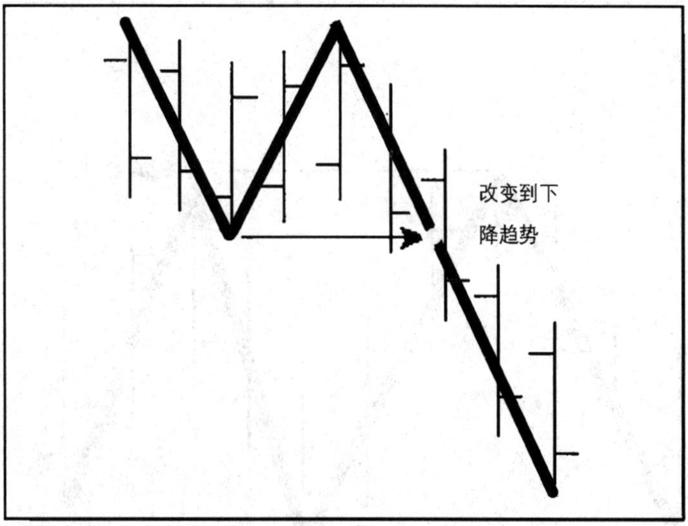

图 10－7　下降趋势

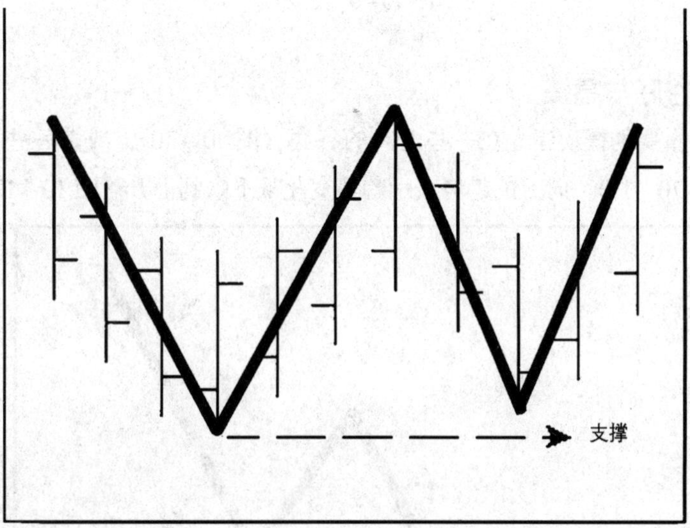

图 10－8　支撑

6．压力

如图 10－9，压力是先前明确地界定的摆动的顶点。只要价格不突破高峰点的水平指向，那么压力正在保持。如果价格摆脱压力区域，那么压力也就失效了。

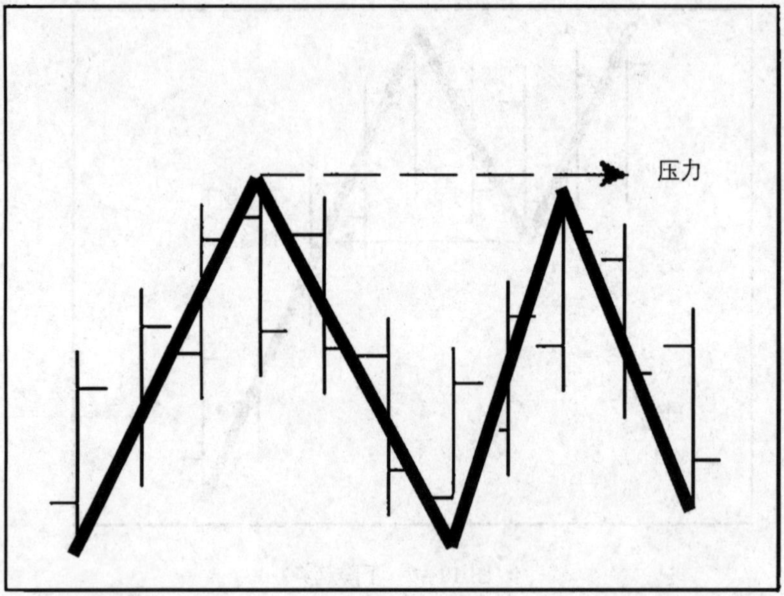

图 10－9　压力

7. 谷底与高峰

一个重要的摆动建立在一些上升的谷底（图 10－10），或是一些下降的峰顶（图 10－11）。向上的趋势表示趋势变化从下跌到上升（图 10－12）。

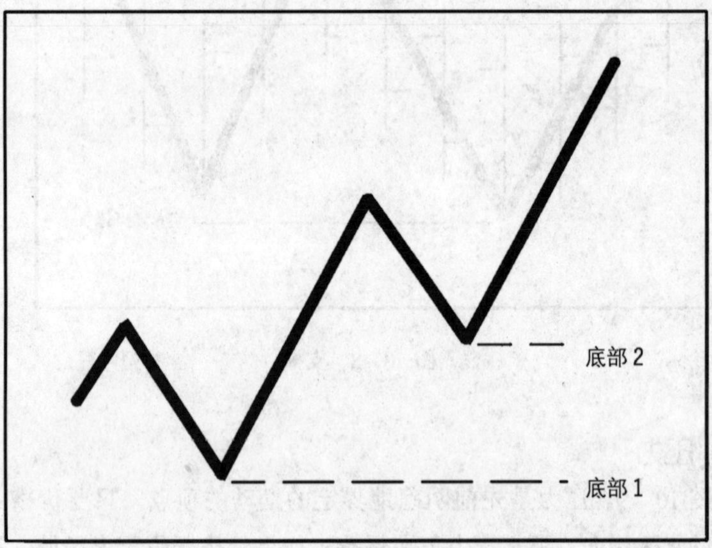

图 10－10　上升的谷底

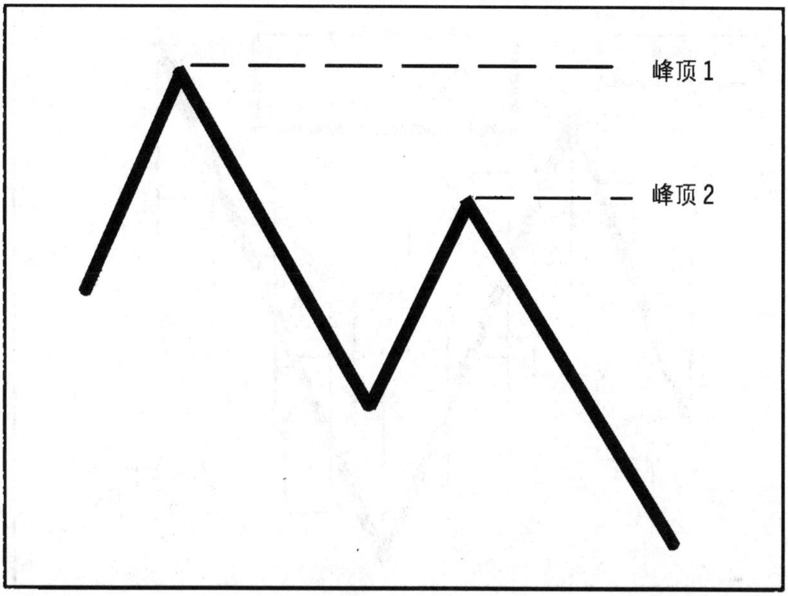

图 10－11 下降的峰顶

三、江恩基本交易计划规则

基本交易规则：

1. 多头进入（买）

限定（设置）：

（1）江恩摆动必须在一个上升趋势中。

（2）棒线必须收在 3 日高低线 HiLo 之上。买入止损是在 3 日高低线 HiLo 之上的 2 个单位（一般在图上表示 2 根棒线）。

入场规则（交易作战要点，使用其中一个适用的规则）：

规则 1：当棒线收在 3 日高低线 HiLo 之上时，买入。买入止损在 3 日高低线 HiLo 之上的 2 个单位（图 10－12）。

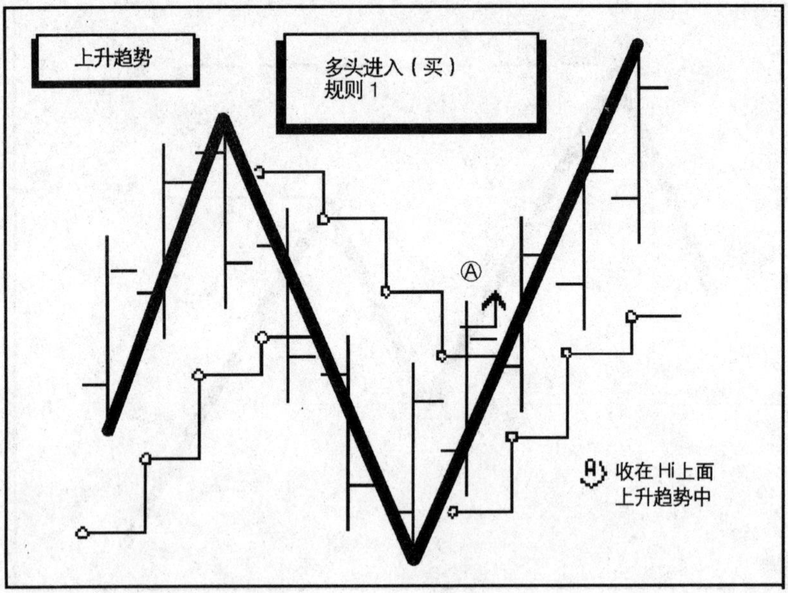

图 10-12　多头规则 1

规则 2：当上升趋势形成，从一个下降趋势到一个上升趋势时，买入。3 日高低线 HiLo 卖出止损线必须在棒线之下（图 10-13）。

规则 3：当最近的高峰点被 2 根棒线突破时买入。另外，你必须在棒线下有 3 日高低线 HiLo 卖出止损（图 10-14）。

2. 空头入场（卖出）

限定（设置）：

(1) 江恩摆动必须是下降趋势。

(2) 棒线必须收在 3 日高低线 HiLo 之下，卖出止损是在 3 日高低线 HiLo 下的 2 个单位。

入场规则（交易作战要点，使用其中一个适用的）：

规则 1：当棒线收在 3 日高低线 HiLo 之下时，卖出。卖出止损是在 3 日高低线 HiLo 下的两个（单位）（图 10-15）。

规则 2：当江恩摆动趋势改变从一个上升趋势变成一个下降趋势时，卖出。3 日高低线 HiLo 买入止损必须在棒线以上（图 10-16）。

规则 3：当最近的低谷点被两根棒线线突破时，卖出。另外，你必须在棒线上有 3 日高低线 HiLo 作为买入止损线（图 10-17）。

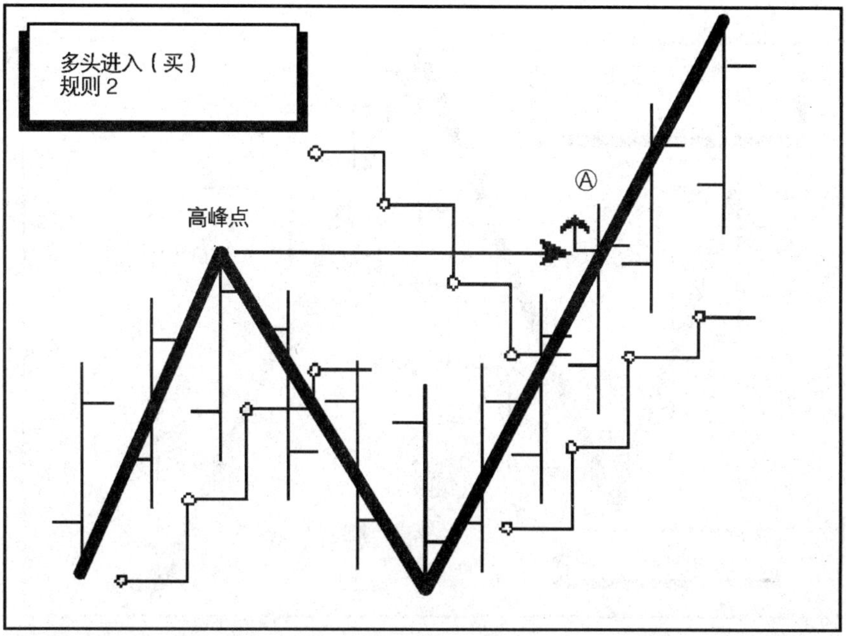

图 10 – 13　多头规则 2

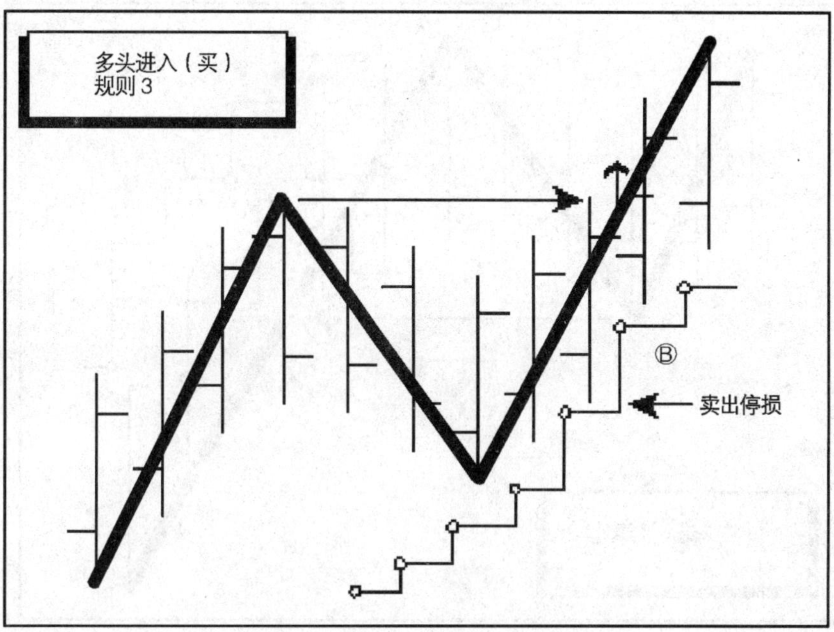

图 10 – 14　多头规则 3

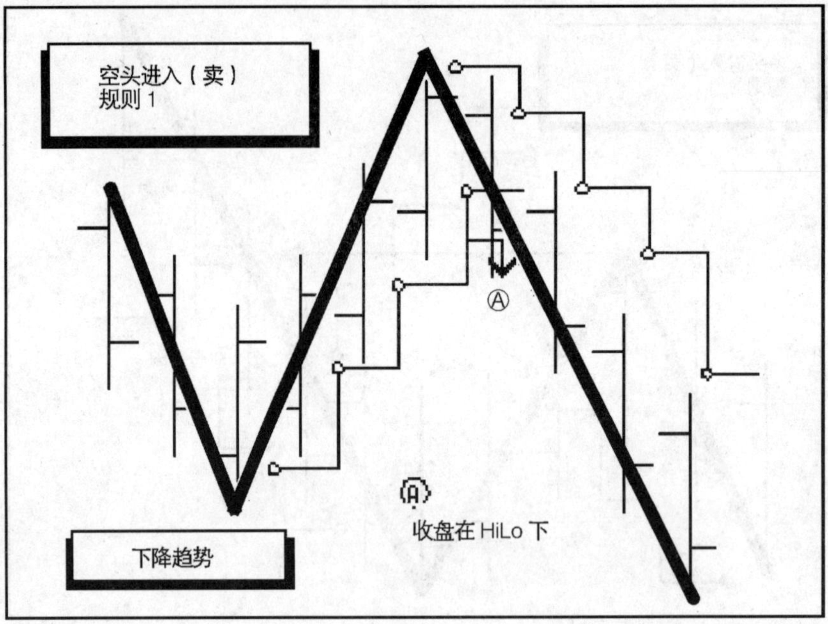

图 10-15 空头规则 1

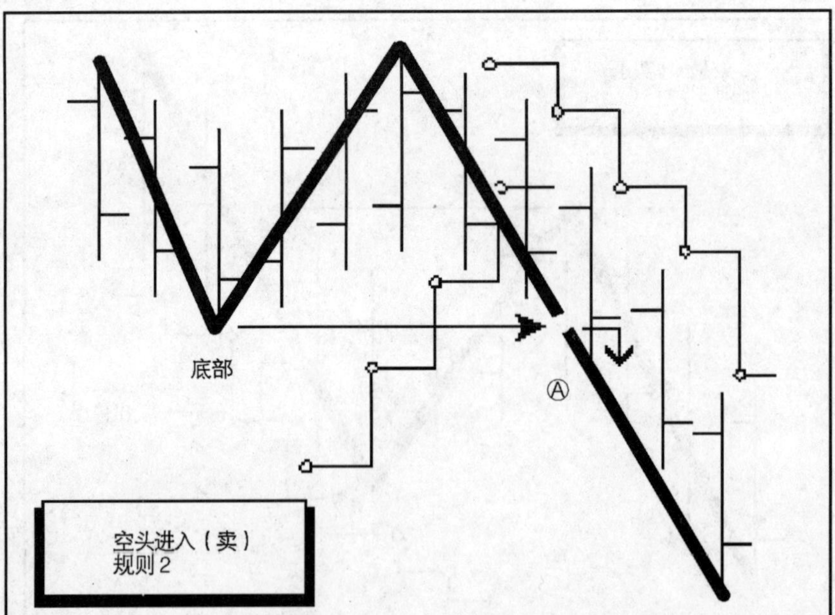

图 10-16 空头规则 2

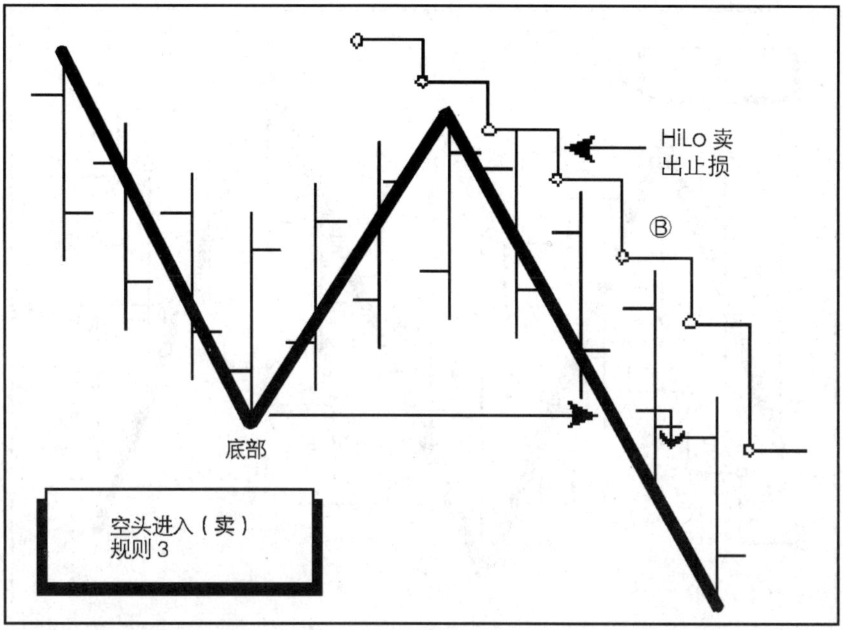

图 10—17　空头规则 3

3. 利润保护规则（多空）

(1) 如果收在 3 日高低线 HiLo 之上/下，保护已经取得的利润，落袋为安（图 10—18，10—19）。

(2) 38%折返规则。在任何江恩摆动调整到 38%的位置，收获利润。不要等到收盘。在使用 38%折返规则前，市场必须通过 3 日高低线 HiLo（图 10—20，10—21）。

深刻领会、牢记基本交易计划系统的全部内容，将对你的投资交易产生深远的影响。一个不懂得交易计划系统的人，不可能成为成功的、优秀的投资家。

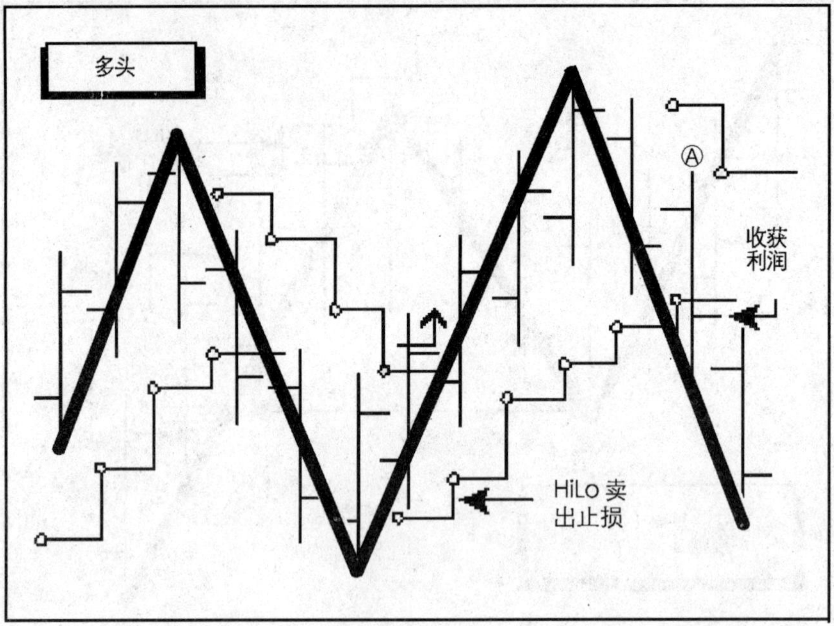

图 10－18　多头保护规则

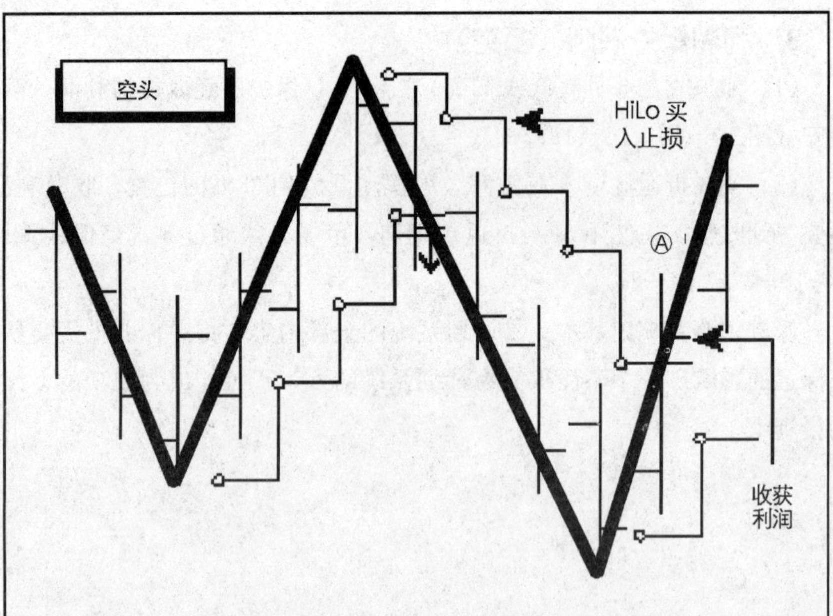

图 10－19　空头保护规则

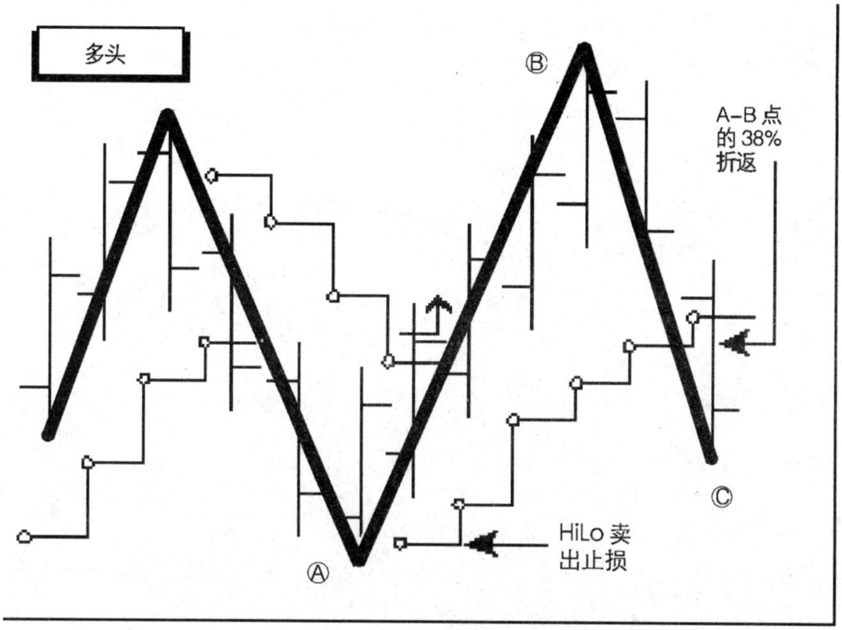

图 10－20　保护规则

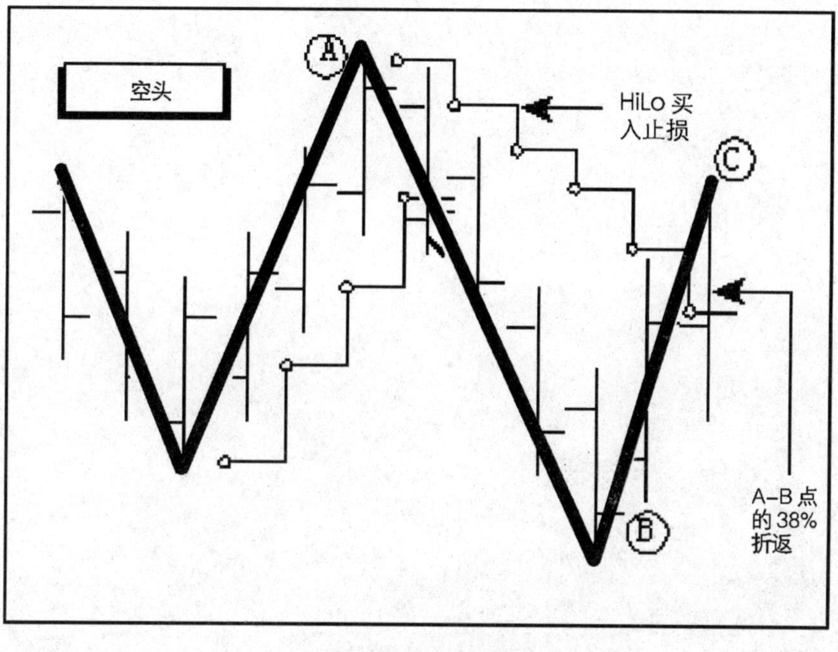

图 10－21　保护规则

第十一讲

江恩交易12法则

在第十讲中，我们介绍了江恩的交易计划方法。在这一讲中，我们将研究江恩交易的法则和规则。这是江恩交易计划思想的进一步展开。

学习江恩理论的主要目的是为了指导人们去实战交易。但人们却更多的是关注江恩理论中的波动法则和周期理论，而对他的交易法则和规则却莫不关注，这是一个巨大的误解。我们学习江恩理论不仅仅是为了市场分析，而是为了交易，并使交易成为有利可图的事情。

江恩最后的一本重要著作是1949年出版的《在华尔街45年》，在书中江恩披露了几十年来，他在市场中的经验和取胜之道。江恩分析认为，市场交易者在市场遭受交易损失的最主要的关键问题是：

(1) 在有限资本上过度交易。

(2) 交易者没有设止损盘，以控制损失或保存已经获得的利润。

(3) 缺乏对市场的认识和专门的知识，这是导致交易损失的最重要原因。

江恩对所有交易者的忠告是：在你赔钱之前，请先细心研究市场。所以在进入市场前，一定要了解你可能会作出错误的交易确定。你必须知道，如何去处理错误，解决的办法是设立止损，只有在有确定的迹象时再入场。

进出市场必须要有一套既定的规则，永不盲目地猜测市况的发展。因为市场的条件和时机经常在变化，所以交易者必须随市况而变化。

如果运用大家已经熟悉的证券交易知识，再配合江恩的重要交易法则，那么你的交易水平将会得到大幅度的提高。或使你上了一个更高的台阶，其威力是你从来没有体会到的，也使你的交易变得轻松起来。

所以我们把这些定位为法则，使我们能在实践中自觉地应用，它将是你金融证券投机活动中的最高宪法，也是你获利的必要保证。

江恩总结 45 年在华尔街投资交易的经验，写成了十二条交易法则，现在就让他的一生宝贵经验，在这里让我们一同分享。

一、判断趋势

江恩认为，对于所有市场，确定其趋势是最为重要的一点。如何确定其趋势，江恩认为，对于股票而言，其平均综合指数最为重要，它是大市确定的趋势。此外，分类指数对于市场的趋势也有一定的提示性。所以选择股票时，应以引导大市趋势的领导股为主，也就是我们在媒体上经常看到的“领头羊”。因为它反映了市场的变化，而且也能跑赢大势。

其实，江恩大部分的工作都是在判定大市的趋势。关于趋势及其相关的概念在江恩基本交易计划系统中已经定义过。我们现在只是做进一步的研究分析。

通常需要考虑市场交易的三种类型：趋势、碎浪（不停改变方向，通常是整理行情或箱体）、不稳定性。

在趋势市场中，意味着我们是在向上趋势的多头或下降趋势的空头中交易。在一个碎浪中，价格的走势是斜坡的移动，我们必须努力挑选好高点与低点，并且在底部买进，在顶部卖出才能获利。在这里价格的支撑和压力像指标一样，在起着主要的作用。但在一个不稳定的市场中，意味着只有交易价格而没有指标。

相对于趋势市场，交易则厌烦出现突变。原因在于交易趋势市场中，通常使用移动平均指标来分析市场，但移动平均又总是落后于价格，这就使交易操作常常落后于市场的变化。因此，一个成功交易者的关键，就在于能发现市场的趋势。

江恩在判断一个趋势是否变化时，使用了摆动的定义：峰顶或谷底。假想一个摆动的峰顶或谷底，价格运动是在一条趋势通道中，那么当价格碰到通道上轨时，摆动峰顶形成；谷底就是价格在碰到通道下轨时形成。这里摆动点标记就是趋势改变方向的点。通常摆动峰（谷）形成了中级性的峰（谷）后，价格的变化一般是不会超过原先的峰（谷）。如果随后的价格运动在先前的一个峰顶上面升起，即趋势就会向上；但在一个先前的谷底下面掉落，那么趋势就是向下。

在应用趋势法则时，江恩建议分析者使用一种特殊的图表方法，对于大市指数来说，应以三日图及九点平均波动图为主。

1. 三日图

三日图（图 11－1）的基本原理是：市场的波动以三日的活动为记录基础。这三日包括周六及周日是指日历日数（在实际使用中，也有以交易日为准的。关于交易日与自然日的课题需要专门的研究）。三日图的表示规则是，当三日的最低水平下破，则表示市场会向下；当三日的最高水平上破，则表示市场会出现新高，（江恩在晚年改为 2 日，在基本交易计划系统中已经提到）。绘图步骤如下：

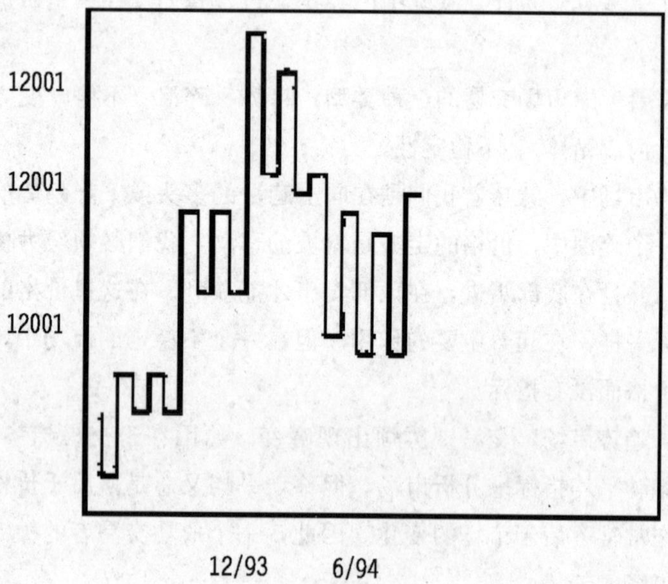

图 11－1 三日图

三日图的含义和三日宝塔线的用法一致。这种提法虽已有近百年的历史，但思路仍然简单明确，不加任何修饰，可以让投资者清楚地理解。其作图规则如下（图 11－2、图 11－3）：

（1）当市场从低位上升，连续三日出现较高的低位及高位，图表上的线应移到第三日的高点。若市场下跌两日后第三日再创新高，则图表上的

反也是如此（图11－5）。

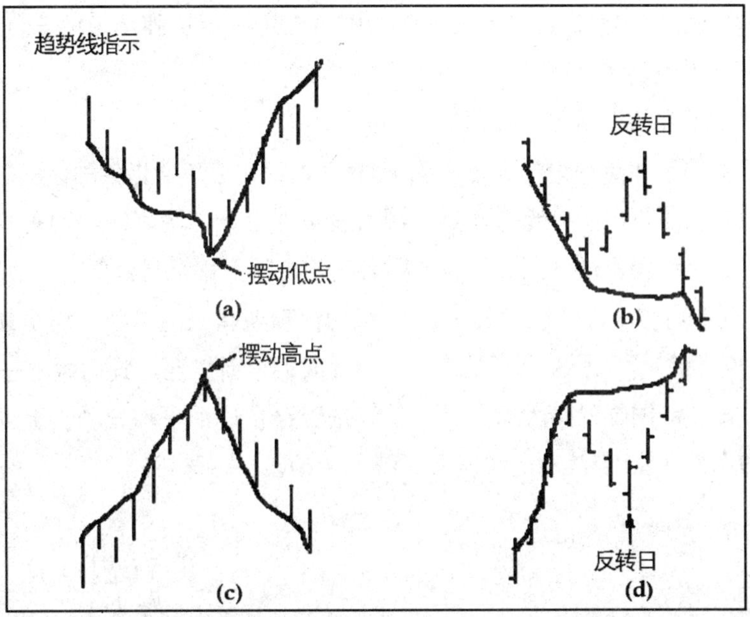

图11－5　趋势线指示及反转日

2．九点平均波动图

除使用“三日图”外，江恩还建议用“九点平均波动图”分析市场的趋势。江恩所应用的是在1912～1949年的道琼斯工业平均指数之上。江恩的统计如下：

(1) 在37年内，有464次波幅在9点或以上，54次少于9点，平均每月有9点的波动。

(2) 有超过50%市场涨跌幅度在9～21点之间。

(3) 有25%市场涨跌幅度在21～31点之间。

(4) 有约12%市场涨跌幅度在31～51点之间。

(5) 在464次市场涨跌中，只有6次在51点之上。

因此，市场涨跌9～21点，是一个重要的市场转折的指标。

“九点平均波动图”的规则是：

(1) 市场在下跌的市道中，市场反弹低于9点，表示反弹乏力。

(2) 超过9点，则表示市场可能转势，在10点之上，则市场可能反弹至20点。

（3）超过20点的反弹出现，市场则可能进一步反弹至30～31点，市场很少反弹超过30点的。

对于上升的市道中，规则也一样。

以上关于九点理论的表述来源于对20世纪初道琼斯指数的诠释。在制作图表时，若市况上升超过9点，图表线可作上升，图表线跟随每日高点上移，直至市场出现9点的下跌，图表线才跟随下移至当日低点。

9点平均波动是江恩对美国20世纪初道琼斯指数的总结，那么其他市场的“9点波动”是90点还是多少，需要我们重新发现。我们做了一个90点的沪市波动图提供给大家参考。看看是否存在这个平均波动。至少一些重要的点都在90点波动的线段上（图11－6）。

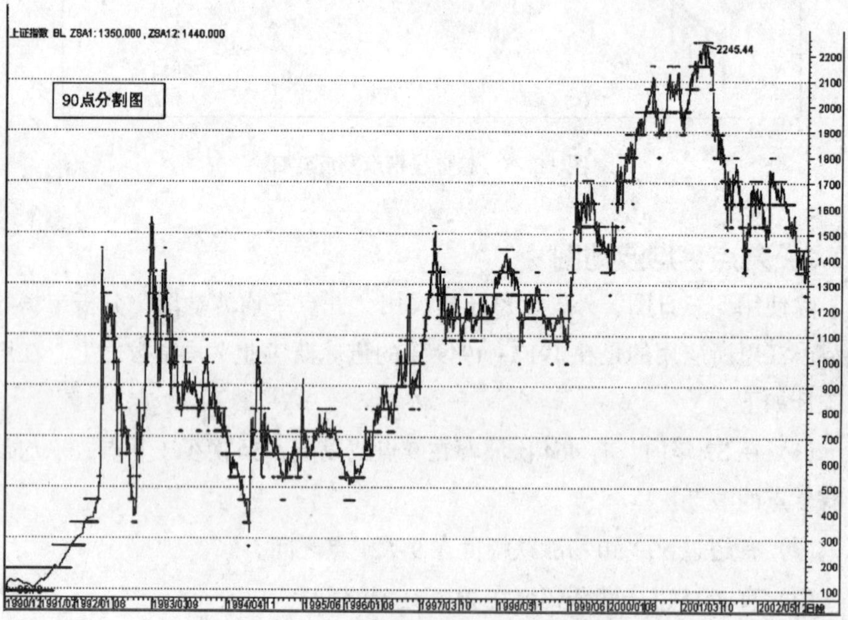

图11－6　沪市综合指数90点分割循环图

江恩的“三日图”是以时间确定市场趋势的趋向，对杂波进行过滤；“九点图”则以价位上下的幅度去确定市场趋势的走向。使用中要多种技术相互印证，对市场趋势的掌握就了如指掌了。

同OX图相比较。定义OX图的转向，是由分析者自行确定，成功与否在于分析者对市况的认识。江恩的九点图，则是以统计学为基础。一个具有主观性、一个具有客观性。在实际应用“九点图”时，必先了解所分析的市场的平均波动。因为江恩的投机对象是 1912 ~ 1949 年的道琼斯指数；每个市场的波动有共性，但更有个性。由于不在一个坐标系中其波动的水平也是不一样的，那么大陆股市的波动水平是多少呢，我们也要作一些专门的统计。统计时要用统计学的观点，以超过 50%以上出现的机会为好。

图 11 – 6 是一个 90 点的分割图。那么，沪市综合指数的平均波动是多少呢？我们用“之”字转向指标对沪市综合指数进行波段分析，以收盘价为准。表 11 – 1 是行情的分割和每一波的行情波动点数。

表 11 – 1 沪指波动统计表

日期	开盘	最高	最低	收盘	收盘价幅度
1990 – 12 – 19	96.05	99.98	95.79	99.98	
1991 – 2 – 22	134.85	134.87	134.28	134.87	34.89
1991 – 5 – 16	105.83	105.86	105.69	105.77	– 29.10
1992 – 5 – 25	1411.98	1428.79	1339.99	1421.57	1315.80
1992 – 6 – 3	1075.9	1141.02	1033.47	1059.07	– 362.50
1992 – 7 – 7	1201.01	1206.91	1195.81	1206.46	147.39
1992 – 7 – 23	1020.07	1033.75	961.61	1014.57	– 191.89
1992 – 7 – 27	1169.42	1178.81	1108.05	1149.33	134.76
1992 – 8 – 12	675	843.3	627.36	781.21	– 368.12
1992 – 8 – 19	920.66	951.16	888.23	939.51	158.30
1992 – 9 – 9	613.44	643.77	608.06	635.74	– 303.77
1992 – 9 – 11	773.22	789.18	719.39	776.29	140.55
1992 – 10 – 27	465.75	506.28	448.28	450.28	– 326.01
1992 – 10 – 30	494.66	507.25	484.45	507.25	56.97
1992 – 11 – 17	390.09	399.08	386.85	393.52	– 113.73

续表

日期	开盘	最高	最低	收盘	收盘价幅度
1992-12-3	760.65	826.06	739.03	808.2	414.68
1992-12-10	668.46	693.41	592.78	625.23	-182.97
1993-2-16	1555.15	1558.95	1504.36	1513.48	888.25
1993-2-24	1310.04	1346.48	1196.47	1264.96	-248.52
1993-2-25	1271.2	1421.35	1261.76	1410.36	145.40
1993-2-26	1436.99	1444.05	1320.89	1339.88	-70.48
1993-3-5	1116.41	1180.58	1026.18	1109.54	-230.34
1993-3-11	1219.47	1261.8	1196.25	1261.8	152.26
1993-3-31	953.29	957.94	918.4	925.91	-335.89
1993-4-28	1371.1	1382.83	1357.91	1372.5	446.59
1993-6-1	935.9	935.9	859.48	928.58	-443.92
1993-6-2	958.61	1081.2	904.32	1081.2	152.62
1993-6-3	1102.08	1177.91	961.32	1018.29	-62.91
1993-7-26	810.07	810.07	787.8	787.81	-230.48
1993-8-16	969.9	1023.87	967.35	1023.87	236.06
1993-10-27	787.79	789.41	776.41	778.38	-245.49
1993-12-7	1006.7	1022.34	1006.7	1022.34	243.96
1993-12-20	823.77	836.04	750.46	783.79	-238.55
1994-1-10	891.99	900.3	889.73	900.3	116.51
1994-3-10	717.72	741.44	694.03	698.89	-201.41
1994-3-16	767.66	793.87	766.65	793.87	94.98
1994-4-20	560.79	563.24	536.87	540.24	-253.63
1994-5-4	615.81	620.94	610.38	619.58	79.34

续表

日期	开盘	最高	最低	收盘	收盘价幅度
1994-7-29	335.45	338.96	325.89	333.92	-285.66
1994-8-10	619.34	739.66	597.26	739.66	405.74
1994-8-15	671.1	691.22	654.22	665.88	-73.78
1994-9-13	1036.84	1052.94	1025.1	1033.47	367.59
1994-10-6	731.65	736.29	659.89	660.5	-372.97
1994-10-24	741.05	785.95	734.93	785.85	125.35
1994-10-31	648.24	665.1	642.86	654.98	-130.87
1994-11-14	731.63	739.56	725.53	733.39	78.41
1995-2-7	532.11	536.63	524.43	532.49	-200.90
1995-3-7	614.73	635.24	597.2	632.96	100.47
1995-3-15	588.78	591.49	568.6	572.6	-60.36
1995-4-7	663.45	677.66	662.74	673.72	101.12
1995-5-10	577.76	580.75	564.86	565.14	-108.58
1995-5-22	919.75	926.41	870.79	897.42	332.28
1995-7-3	623.14	623.19	612.92	613.18	-284.24
1995-8-14	759.12	788.16	752.98	776.13	162.95
1996-1-22	520.95	521	514.16	516.46	-259.67
1996-4-29	722.57	739.29	710	738.62	222.16
1996-5-30	650.61	650.9	634.02	636.36	-102.26
1996-7-24	874.97	894.73	874.97	887.6	251.24
1996-9-12	780.32	784.18	754.11	757.09	-130.51
1996-10-28	1001.23	1026.84	1000.07	1022.86	265.77
1996-11-6	925.76	928.47	896.88	915.05	-107.81

续表

日期	开盘	最高	最低	收盘	收盘价幅度
1996-12-9	1227.48	1250.56	1227.48	1247.66	332.61
1996-12-24	907.63	911.12	864.15	865.58	-382.08
1997-5-12	1490.78	1510.18	1486.45	1500.4	634.82
1997-5-22	1248.97	1300.98	1232.2	1235.22	-265.18
1997-6-4	1345.38	1363.71	1344.59	1361.19	125.97
1997-7-7	1161.71	1163.45	1085.57	1096.82	-264.37
1997-9-10	1230.43	1256.04	1227.64	1256.04	159.22
1997-9-23	1096.19	1105.28	1025.13	1041.96	-214.08
1997-10-27	1183.65	1235.94	1183.65	1235.83	193.87
1997-11-27	1141.77	1141.97	1120.52	1122.52	-113.31
1998-6-3	1415.02	1421.12	1413.11	1420	297.48
1998-8-17	1152.67	1152.67	1068.66	1070.41	-349.59
1998-11-16	1284.33	1293.76	1281.6	1293.74	223.33
1999-2-8	1076.82	1082.46	1064.17	1065.82	-227.92
1999-4-9	1203.44	1210.1	1196.74	1205.14	139.32
1999-5-18	1066.52	1075.65	1058.39	1059.87	-145.27
1999-6-29	1722.74	1742.15	1691.34	1739.21	679.34
1999-7-19	1500.45	1509.99	1473.23	1479.08	-260.13
1999-9-9	1590.71	1675.26	1590.7	1675.12	196.04
1999-12-27	1353.53	1359.08	1341.05	1345.35	-329.77
2000-8-21	2095.38	2108.88	2093.42	2108.69	763.34
2000-9-25	1889.9	1896.72	1874.21	1875.91	-232.78
2001-1-9	2099.32	2111.1	2082.84	2101.14	225.23

续表

日期	开盘	最高	最低	收盘	收盘价幅度
2001-2-22	1901.99	1922.46	1893.78	1907.26	-193.88
2001-6-13	2227.07	2242.42	2226.88	2242.42	335.16
2001-10-22	1558.47	1563.4	1514.86	1520.67	-721.75
2001-12-4	1763.79	1770.36	1754.87	1769.68	249.01
2002-1-22	1360.29	1400.76	1348.79	1358.69	-410.99
2002-3-21	1686.95	1693.87	1675.24	1685.01	326.32
2002-6-5	1491.07	1491.07	1460.48	1462	-223.01
2002-7-8	1723.58	1737.86	1721.12	1732.93	270.93
2003-1-3	1317.59	1323.63	1312.8	1319.87	-413.06

我们进行波动的分类比较分析。我们观察到，沪市综合指数主要的波动集中在 100～300 点，其中以 100～150，200～250 点的密度较大。从基础的小的波动中，我们发现市场存在 30 点、35 点的基础波动水平。60、90、120、150、210、240、270 均是 30 的倍数。70、105、140、175、210、245、280 是 35 的倍数。

就沪市综合指数来讲，从观察的结果分析一个波动，最小要大于 30 点。一般在 100 点以上。超过 150 点，上升到 200～250 点的机会将加大。摆动超过 300 点是较大的趋势，400 点以上是更大级别的趋势，在 400 点以上时随时注意相反的摆动出现。

图 11-7、图 11-8 是一个整理后的统计图。

29.1	100.47	152.26	200.9	251.24	362.5	303.77	405.74	634.82	888.25
34.89	101.12	152.62	201.41	253.63	367.6	326.01	410.99	679.34	1315.8
56.97	102.26	158.3	214.08	259.67	368.1	326.32	413.06	721.75	
60.36	107.81	159.22	222.16	260.13	373	329.77	414.68	763.34	
62.91	108.58	162.95	223.01	264.37	382.1	332.28	443.92		
70.48	113.31	182.97	223.33	265.18		332.61	446.59		
73.78	113.73	191.89	225.23	265.77		335.16			
78.41	116.51	193.87	227.92	270.93		335.89			
79.34	125.35	193.88	230.34	284.24		349.59			
94.98	125.97	196.04	230.48	285.66					
	130.51		232.78	297.48					
	130.87		236.06						
	134.76		238.55						
	139.32		243.96						
	140.55		245.49						
	145.27		248.52						
	145.4		249.01						
	147.39								
10次	18次	10次	17次	11次	5次	9次	2次	3次	1次

图 11-7 沪市波动分布图

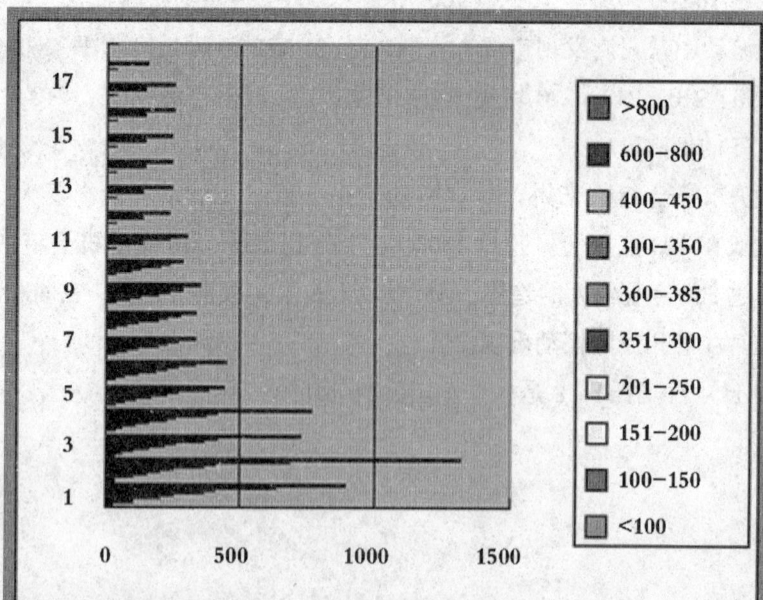

图 11-8 波动分布图

二、根据价格图表的形态（单底、双底或复合底）进入市场

这个法则的意思是，市场从前的底部是重要的支撑位，可进入市场买入（空头回补）。另外，当从前的顶部被向上突破时，则原来的压力转换为支撑，当市场价格回落至该顶部水平或稍低于该水平，都是重要的买入时机。

相反当市场到达从前顶部，并出现单顶、双顶或复合顶时，都是卖空（多头离场）的时机。当市场价格向下突破从前的底部，之后市场价格反弹回试该从前底顶部的水平，都是卖空的时机。不过交易者要特别留意，若市场出现第四个底或第四个顶时，便不是吸纳或卖空的机会。根据江恩的经验，市场4次到顶而上破，或4次到底而下破的机会十分大。

在入市交易时，交易者要牢记设下止损盘，不知如何停损就不应入市。停损盘一般根据双顶、三顶幅度而设于这些顶部之上。止损的问题在许多的地方都被提及，该内容在资本管理中将详细论述。

三、根据百分比交易

江恩认为，只要顺应市场趋势，有两种入市交易的方法：

(1) 若市场在高位回落50%，是一个买入点。

(2) 若市场在低位上升50%，是一个卖出点。

此外，一个市场顶部或底部的百分比水平，往往成为市场的重要支撑或压力位，有以下几个百分比水平值得特别留意：3%～5%；10%～12%；20%～25%；33%～37%；45%～50%；62%～67%；72%～78%；85%～87%。在众多的百分比之中，50%、100%及其倍数皆为市场重要的支撑或压力水平。

在实际的交易中，50%（图11－9）这个法则是非常重要的。也是江

恩的伟大发现。

图 11—9　50%回调

四、按 3 周上涨或下跌买卖

江恩在定义他的第四条交易法则时，对金融市场做了十分广泛的统计，他将市场反弹或调整的交易归纳为两点：

(1) 当市场主流趋势向上时，若市场价格出现 3 周的调整，是一个买入的时机。

(2) 当市场的主流趋势向下时，若市场价格出现 3 周的反弹，是一个卖出的时机。

我们认为，3 周的调整只是时间调整的一个区间。在实际的市场中存在不同的调整时间周期。所以，提醒大家不要教条地使用本规则。我们建议大家对深沪两市做一个统计。研究上升与下跌的调整周期问题。

当市场逆主要趋势出现调整或反弹时，江恩认为在以下的时间必须留意市场趋势的发展：

（1）当市场上升或下跌超过 30 日时，下一个留意市场趋势见顶或见底的时间应为第六或第七个星期。

（2）若市场反弹或调整超过 45～49 日时，下一个需要留意的时间应为 60～65 日。根据江恩的经验，60～65 日为一个逆趋势折返（或调整）的最大平均时间的期间。

五、市场分阶段运动

在一个上升趋势的市场中，市场通常会分为 3 个阶段甚至 4 个阶段的波浪上升。在一个下跌趋势的市场中，市场也会分成 3 个阶段，甚至 4 个阶段的波浪下跌。这一条交易规则的含义是，当上升趋势开始时，永远不要以为市场只有一浪上升便见顶了，通常市场会以上升、调整、再上升再调整的方式进行，然后进行最后一个上升才可能走完整个的趋势；反之，在下跌的趋势中也一样（图 11－10、图 11－11）。

首先，趋势的定义就表现出这个特性。江恩对市场走势的观点与艾略特波浪理论的观点有异曲同工之妙。波浪理论认为，在一个上升的趋势中有 5 个波浪，其中，有 3 个上升的主推浪，两次下降的修正调整浪。在这一点上，江恩与艾略特的观察互相得到印证。不过，对于一个趋势中究竟应该有多少段浪，江恩的看法则似乎没有艾略特那样硬性规定下来，江恩认为在某些市场趋势中，可能会出现 4 个推动浪。主要的概念是市场的分段运动。

如何把江恩理论与艾略特波浪理论结合到一起我们在第十六讲中专门论述，这里要强调的是艾略特的过于完美的论述在使用中造成许多的误区，原因是在选择波浪的级别和焦点的问题上。

那么，江恩多出的一浪可能是调整浪中的不规则 B 浪或低一级不规则浪的 B 浪和形态较突出的延伸浪中的一个浪。

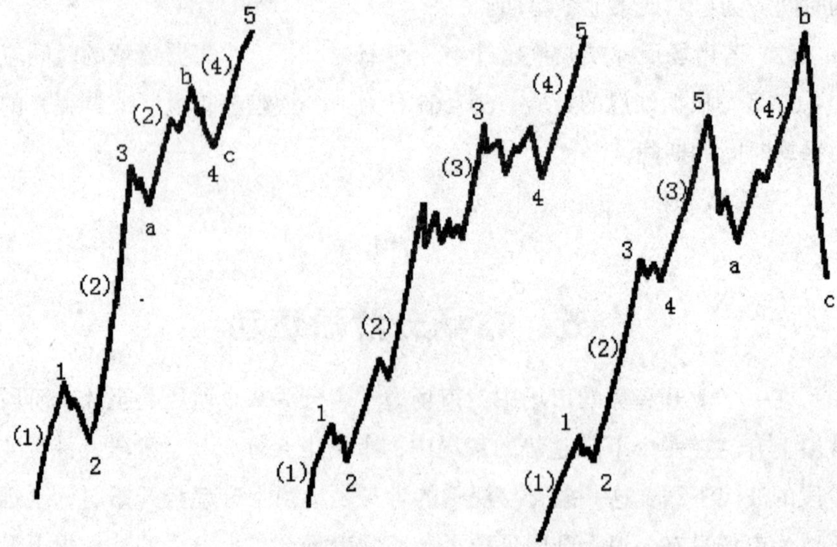

图 11－10　市场阶段运动示意图

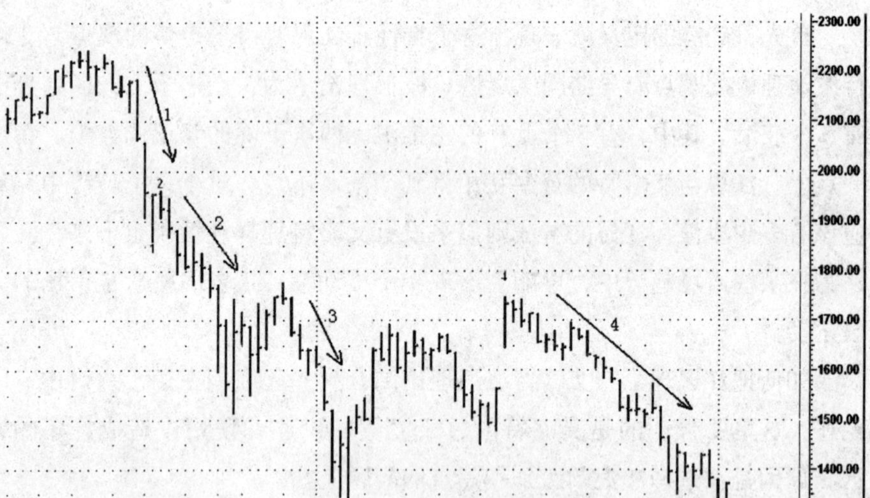

图 11－11　沪市分阶段运动

六、按 5～7 个点买卖

江恩的第六条交易规则：

（1）若趋势是上升的话，则当市场出现 5～7 点的调整时，可作逢低吸纳。通常情况下，市场调整不会超过 9～10 点。

（2）若趋势是向下的话，则当市场出现 5～7 点的反弹时，可趁高沽空。

（3）在某些情况下，10～12 点的反弹或调整，亦是入市的机会。

（4）若市场由顶部或底部反弹或调整 18～21 点水平时，交易者要小心市场可能出现短期市场趋势逆转。

江恩的交易法则有普遍的应用意义，他并没有特别指明是何种股票或哪一种金融工具，亦没有特别指出哪一种程度的波幅。因此，他的着眼点是在市场运行的数字上，这种分析金融市场的方法是十分特别的。

这个方法在应用到不同的市场和品种时仍要进行统计分析，江恩表述的方法只是一个数字的节奏，对特定的市场仍要研究其波动水平。就像我们上面分析 9 点波动一样，对特定的市场要有新的分析。研究江恩理论主要是学习他的方法论，也就是哲学观点，对技术分析方法的应用只是这种方法论的具体体现。尤其是在波动水平上，不能照搬。对于具有共性的地方我们可以直接利用。而对于许多统计分析不可机械地照搬，因为它反映某个市场的固有特征是否适合其他市场，我们要重新进行统计分析。再说一遍，重要的是研究学习江恩的交易哲学思想。

七、观察市场的成交量

除了市场走势的趋势、形态及各种比率外，江恩特别将注意力集中在市场的成交量方面，以配合其他交易规则一并应用。要结合时间周期研究成交量（图 11－12）。

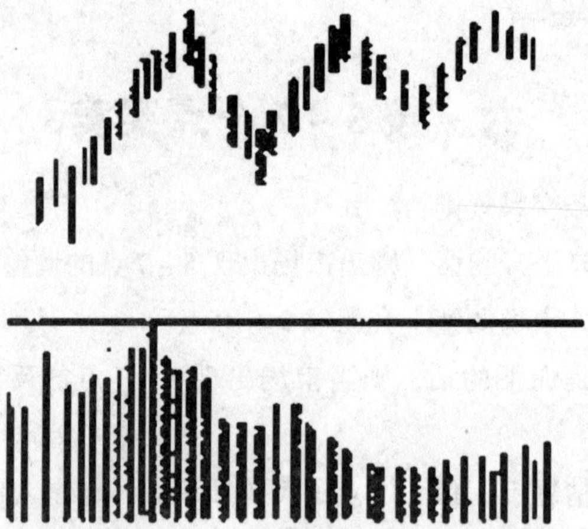

图 11－12 成交量

他认为，经常研究市场每月及每周的成交量是极为重要的，研究市场成交量的目的是帮助确定趋势的转变。利用成交量的纪录以确定市场的走势，基本以下面两条规则为主：

（1）当市场接近顶部的时候，成交量经常大增，其理由是：当交易者蜂拥入市的时候，大户或内幕人士则大手派发出货，造成市场成交量大增，当实力人士派货完毕后，坏消息浮现，也是市场见顶的时候。因此，大成交量经常伴着市场顶部的出现。

（2）当市场一直下跌，而成交量续渐缩减的时候，则表示市场抛售力量已接近尾声，交易者套现的活动已近完成，市场底部随即出现，而市场价格反弹也指日可待。在利用成交量分析市场趋势逆转的时候，注意成交量的分析必须配合市场的时间周期一起使用；当市场到达重要支撑、压力位时，注意支撑及压力位的作用，而在成交量的表现配合见顶或见底的状态时，市场折返的机会便增加了。

对于成交量的分析我们将结合其他的分析技术综合分析，以便交易者正确判断市场的折返趋势。请参考成交量新解。

八、时间因素

江恩认为在所有影响市场趋势的因素中，时间因素是第一重要的。因此，也有人把江恩的理论叫时间交易理论。江恩理论认为时间是最重要的一个因素：一是因为时间可以超越价位平衡；二是因为当时间到达，成交量将增加而推动价位升跌。

所谓“市场超越价位平衡”的意思是：当市场在上升的趋势中，其调整的时间较之前一次调整的时间为长，表示这次市场下跌是转势。此外，若价位下跌的幅度较之前一次的幅度为大的话，则表示市场已经进入转势阶段。市场在下跌的趋势中，若市场反弹的时间第一次超越前一次的反弹时间，表示市场趋势已经逆转。同样，若市场反弹的价位幅度超越前一次反弹的价位幅度，亦表示价位或空间已经超越平衡，转势已经出现。

在市场即将到达转势时间时，通常市场的趋势是有迹可寻的。在市场分三至四段波浪上升或下跌的时候，通常末段波浪无论价位及时间的幅度都会较前几段波浪为短，这种现象表示市场的时间循环已接近尾声，转势随时会出现。

金融市场是受季节性影响的。只要将注意力集中在一些重要的时间，配合其他交易规则，交易者可以敏锐地察觉市场趋势的变化。

江恩特别列出一年之中每月重要的转势时间，非常具有参考价值，如：

(1) 1 月 7 ~ 10 日及 1 月 19 ~ 24 日——上述日子是年初最重要的日子，所出现的趋势可延至几周，甚至几个月。

(2) 2 月 3 ~ 10 日及 2 月 20 ~ 25 日——上述日子重要性仅次于 1 月份。

(3) 3 月 20 ~ 27 日——短期转势经常发生，有时甚至是主要的顶部或底部的出现。

(4) 4 月 7 ~ 12 日及 4 月 20 ~ 25 日——上述日子较 1、2 月次要，但后者也经常引发市场转势。

(5) 5 月 3 ~ 10 日及 5 月 21 ~ 28 日——5 月是十分重要的转势月份。著名的“5·19”行情就发生在这个月。

(6) 6月10~15日及6月21~27日——短期转势会在此月份出现。2002年的“6·24”行情就是一个例子。

(7) 7月7~10日及7月21~27日——7月份的重要性仅次于1月份。

(8) 8月5~8日及8月14~20日——8月转势的可能性与2月相同。

(9) 9月3~10日及9月21~28日——9月是一年之中最重要的市场转势时候。

(10) 10月7-14日及10月21-30日——10月份亦是十分重要的市场转势时候。

(11) 11月5-10日及11月20-30日——在美国大选年，市场多会在11月初转势，而其他年份，市场多在11月末转势。

(12) 12月3-10日及12月16-24日——在圣诞前后，是市场经常出现转势的时候。

在上面所列出的日子中大家便可以看到江恩所提出的市场转势时间，相对于中国农历历法中的24个节气时间。由此可见，江恩对市场周期的认识，与气候的变化息息相关。

江恩理论认为，要掌握市场转势的时间，除了留意一年里面多个可能出现转势的时间外，留意一个市场趋势所运行的日数是异常重要的。基于对“数字学”的认识，江恩认为市场的趋势是根据数字的阶段运行，当市场趋势运行至某个日数阶段，市场是可能出现转势的。以下是江恩认为有机会出现转势的日数：

7~12日；18~21日；28~31日；42~49日；57~65日；85~92日；112~120日；150~157日；175~185日。

江恩理论分析的奇异之处，是江恩对于市场重要顶部或底部所预测的时间都非常的准确。对于所预测的顶底时间，在他的著作中，介绍了3种重要的方法，值得交易者参考。

(1) 江恩认为，将市场数十年来的走势作一个统计，研究市场重要的顶部及底部出现的月份，交易者便可以知道市场的顶部及底部会常在哪一个月出现。他特别指出，将趋势所运行的时间与统计的月份作一比较，市场顶部及底部的时间便容易掌握得到。

(2) 江恩认为，市场的重要顶部及底部周年的纪念日是必须密切留意的。在他的研究里，市场出现转势，经常会在历史性高低位的月份出现。纪念日的意义是，市场经过重要顶部或底部后的1年、2年，甚至10年，都是重要的时间周期，值得交易者留意。

(3) 重要消息的日子，当某些市场消息入市而引发市场大幅波动。例如，战争、金融危机、贬值等，这些日期的周年都要特别留意。此外，交易者要特别留意消息入市时的价位水平，这些水平经常是市场的重要支撑或压力位水平。

九、江恩的追市交易规则

江恩的追市交易规则可分为以下两项：

(1) 当市场价格开创新高，表示市场趋势向上，可以追市买入。

(2) 当市场价格下破新底，表示市场趋势向下，可以追卖。

不过，在应用上面的简单规则前，江恩认为必须特别留意时间的因素，特别要注意：

(1) 从前顶部到底部的时间。

(2) 从前底部到底部的时间。

(3) 从重要顶部到重要底部的时间（所谓的重要底部、重要顶部就是江恩的支点概念，如用5%“之”字转向的转折点）。

(4) 从重要底部到重要顶部的时间。

江恩在这里的规则，言下之意乃是指出，如果市场上创新高或新低，表示趋势未完，交易者可以估计市场下一个转势的时间。若所预测为顶部，则可从顶与顶之间的日数或底与顶之间的日数配合分析；相反，若所预期为底部，则可从底与底之间及顶与底之间的日数配合分析，若两者都到达，则转势的机会便会大增。除此之外，市场顶与顶及底与顶之间的时间比率，例如：1倍、1.5倍、2倍等，亦顺理成章为计算市场下一个重要转势点的依据。

十、趋势逆转的分析

根据江恩对市场趋势的研究，一个趋势逆转之前，在图表形态上及时间周期上都是有迹可寻的（图 11－13）。在时间周期方面，江恩认为有以下几点值得特别留意：

(1) 市场假期——江恩认为，市场的趋势逆转，通常会发生在假期的前后。

(2) 周年纪念日——交易者要留意市场重要顶部及底部的 1、2、3、4 或 5 周年之后的日子，市场在这些日子经常会出现转势。

(3) 趋势运行时间——交易者要留意，由市场重要顶部或底部之后的 15、22、34、42、48 或 49 个月的时间，这些时间可能会出现市场趋势逆转。

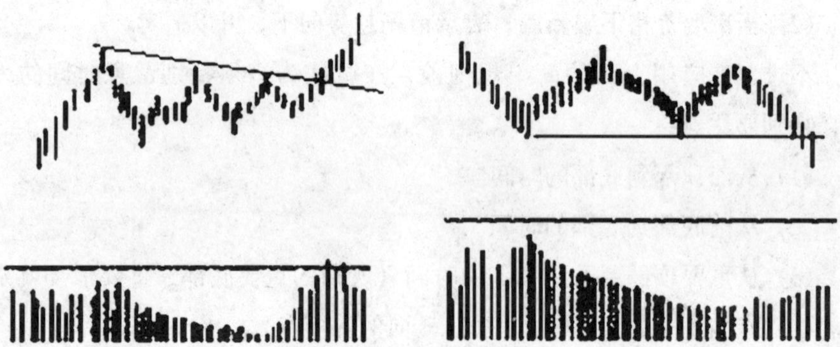

图 11－13　形态与趋势图

在价位形态方面，江恩则建议：升市——当市场处于升市时，可参考江恩的九点图及三日图。若九点图或三日图下破对上一个低位，表示市场趋势逆转的第一个讯号。跌市——当市场处于跌市时，若九点图或三日图上破对上一个高位，表示市场趋势见底回升的机会十分大。

江恩对于不同的市场趋势，进行过相当长时间的研究，不同的市场趋势，大致上可利用市场的动量来界定。换言之，市场价格上升或下跌的速度，成为界定不同市场趋势的准则。江恩认为，若市场是快速运动的话，则市场价格平均每日上升或下跌一点（时间:价格 = 1:1），若市场平均每日上升或下跌两点，则市场已超出正常的速度，市场趋势不会维持过久。

这类的市场速度通常发生于上升趋势中的短暂调整，或者是下跌趋势中的时间短暂的反弹。注意，我们已经研究过的速率。在沪市中大约 10 点是一个单位。也就是把 10 点的波动作为 1。也就是说在一个趋势运动中，上证指数每日上升或下跌 10 点为正常的速度，超过这个速度，趋势的运动不会维持太久，它会引发一个调整。

十一、最安全入货点

在市场获利，除了要正确分析市场走势外，出入市的策略也是极为重要的，若出入市不得法，投资者即使看对市场趋势，仍会招致损失。

市场上破之前高点，是安全买入点；市场下破之前低点，是安全沽出点。

江恩对于跟随趋势买卖，有以下的忠告：

（1）当市场趋势向上的时候，追买的价位永远不是太高。

（2）当市场趋势向下的时候，追沽的价位永远不是太低。

（3）在投资时牢记使用止损盘以免招巨损。

（4）要顺势买卖，切忌逆势。

（5）在投资组合中，使用去弱留强的方法维持获利能力。

在市场趋势向上时，市场价格见底回升，出现第一个反弹，之后会有调整，当市场价格无力破底而转头向上，上破第一次反弹的高点的时候，便是最安全的买入点。止损位方面，则可设于调整浪底之下。

在市场趋势向下时，市价见顶回落，出现第一次下跌，之后市场价格反弹，成为第二个较低的顶，当市场价格再下破第一次下跌的底部时，便是最安全的卖出点，止损位可设于第二个较低的顶部之上。

根据江恩的研究，在一个快速的趋势中，市场价格逆市反弹或调整，通常只会出现两天，是一个判断市场趋势的有效方法。

十二、快速市场的价位滚动

江恩对于不同的市场趋势，进行过相当长时间的研究，不同的市场趋势可利用市场的动量来界定。换言之，市场价格上升或下跌的速度，成为界定不同市场趋势的准则。

江恩认为，若市场是正常的话，则市场价格的运动在棒线图上成45°角，若市场超过这个角度则市场已超出正常的速度，市场趋势不会维持过久。这类的市场速度通常发生于上升市场中的短暂调整，或者是下跌市中的短暂反弹。

在应用上面的原则时有两点要特别注意：

(1) 江恩所指的每天上升或下跌一点，每天的意思是日历天数，而非市场交易日，这点是江恩分析方法的特点。尤其是在制作图表分析时要注明，许多的软件没有日历天数，而只有交易天数。这个问题可以变通解决，也就是找出在观察窗口中主要的高低点和趋势，参考一般软件坐标系的解决方法（对于日历天数和交易天数的关系要专门地研究，目前这方面的成果不多）。

(2) 江恩讲的上升或下跌一点，是指当分析的对象的波动率为一点时，如道琼斯指数。若分析的对象的波动率是10，那么这个一点应是10点。

江恩的1×1线，是界定市场多空的分界线。

一般人认为，当市场的升势到达超买阶段，市场需要一段较长的时间以消化市场的技术状态。不过，江恩认为，若市场在短促的时间内大幅下跌，则可消化整个市场的超买的技术状态。也就是说时间与价位的能量是可以互相转换的。

当市场处于一个超买阶段，市场要进行调整，若调整幅度少的话，则调整所用的时间便会相对地长。

相反而言，若市场调的幅度大的话，则所需要的时间便会相对地短。

故此，当市场调整幅度足够，不少技术超买（超卖）状态已经完毕，投资者不容忽视。

第十二讲

短线交易

在《华尔街45年》中，江恩列举了许多短线交易的例子。但江恩对短线交易的有关论述，却没有引起江恩理论的研究者、交易者的注意。实际上它也折射出了江恩理论的思想，以及有关时间与空间等的关系问题。

一、快速下跌和急速反弹

市场在经历了较大幅度的下跌后，从一个较低的位置开始，又进行一轮新的下跌行情。而且在这最后一波的套现盘中跌势十分惨烈，由于市场人士期望的多头行情没有出现，市场便呈现了“多杀多”的局面。

江恩理论提示：要留心最后一次下跌或最后一次上涨，它往往是多空搏杀的最后结局。

如图 12－1 所示，上证指数从 1998 年 6 月 4 日的 1422 点，经过 54 个交易日（或 78 个自然日），在 1998 年 8 月 18 日的 1043 点止跌后强劲反弹。

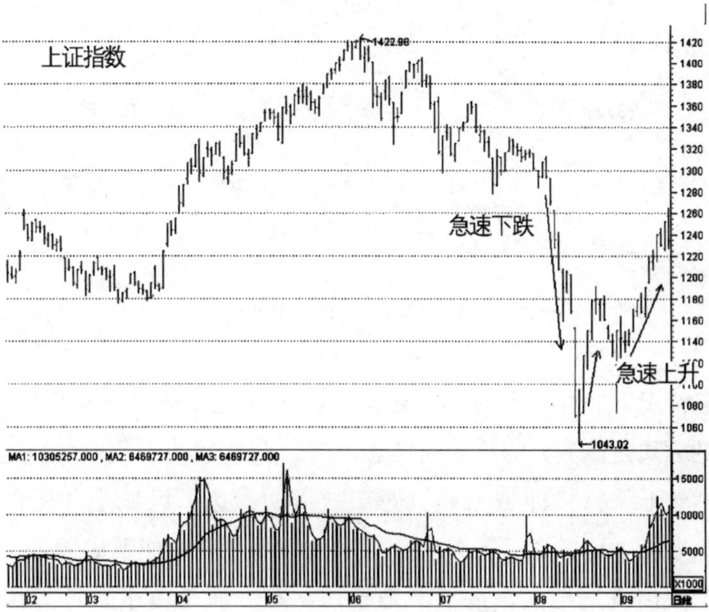

图 12－1　1998 年 8 月上证指数下跌末段的急速下跌

在下跌的最后阶段，在 1998 年 8 月 7 日破位 1280 点后，出现急速的下跌。从 1998 年 8 月 6 日的 1294 点，到 1998 年 8 月 18 日的 1043 点，跌去 250 点。这个下跌速度的速率大大超过了市场正常的运动速率，因此必然要被市场所修正。

在这里我们注意到，从下跌点数看正好是一个轮回 1422 - 1043 = 379 (360)。无论是交易天数，还是自然天数都是焦点时期。都处在同一条线上，如图 12 - 2 所示，34 日威廉指数达到 99，也是一个明显的超卖信号。根据一致性原则，在此设立止损后，建立多头头寸。

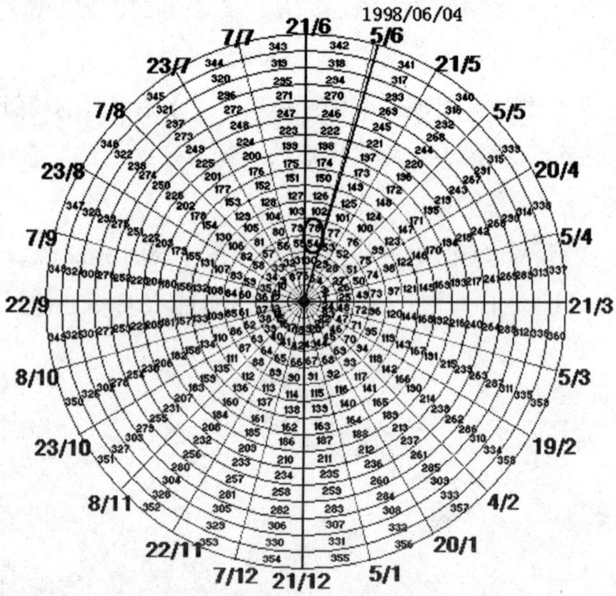

图 12 - 2　轮回与共振

一般情况下，在一个空头市场，市场见底的形态有许多相似的地方。其见底的方式是以典型的小双底形态出现。在急速的下跌中，当地量出现时，预示着下跌行情即将见底。底部被探明，这个区域是“死亡区域”。但在空头市场中地量之后还有地量，多次地量之后才能形成地价。在一波下跌行情中出现的地量，常常不是缺乏卖盘，而是由于缺乏买盘所形成的。

在行情下跌当中，投资者认为调整尚未到位，不敢盲目买进，因而每次地量出现之后，反而股价会再创新低。只有当在一波长期下跌行情走势中，形成谷底后股价开始回升，成交量并没有因股价上涨而递增，股价上涨乏力，然后再度跌落至先前谷底附近，这是股价上涨的信号。因此，地量见地价往往出现在 W 底的第二个底部与头肩底的右肩或楔形底当中，以及出现在中级下跌推动浪的第5浪或延伸浪的最后1个子浪的末端。另外，价格被多头迅速拉起，随后遭到市场最后套现盘的抛压。价格接近或超越前一次的底部后又被迅速拉起，做空动力已释放殆尽，股价跌无可跌，展开急速的折返运动，是短线介入的好时机。

1999年12月底，上证指数已经回到自1999年5月17日的1047点至1999年6月30日的1756点的50%折返比例。在渗透50%后，接近38.2%的位置。然后，走出急速的折返运动，成交量迅速放大，不堪市场长期折磨的人士与看多后市的激烈交手。接着的折返在50%位得到有效的支撑(L点)。根据规则我们可以分批进场：①突破近期的高峰点；②形成上升趋势（图12-3）。

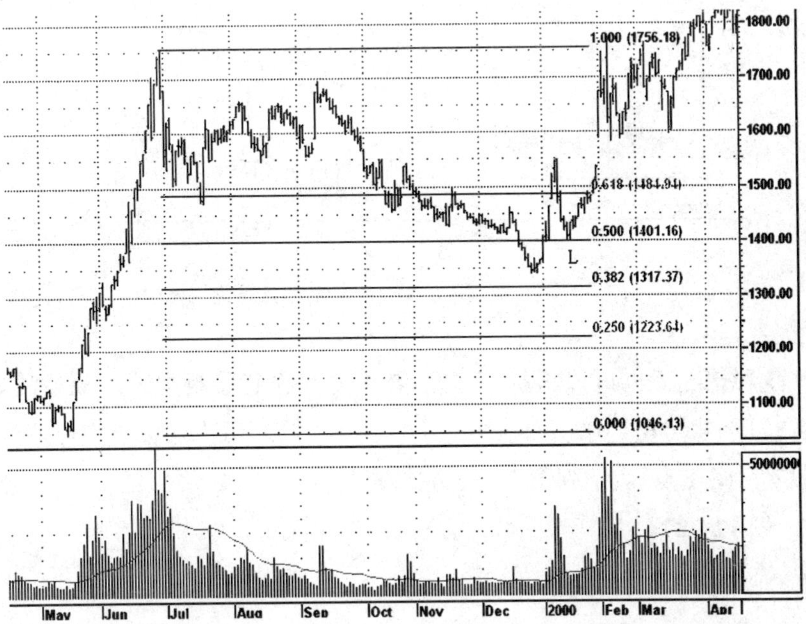

图12-3 空间的黄金分割

自2001年6月14日，沪市经历151个交易日，223个自然日，下跌了39.41%，897点（2245-1348）。在最后的13个交易日，出现了连续的缺口，下跌280点。表明市场处于非理性的恐慌性抛售之中。一个报复性的反弹随时会展开。我们观察到，897点（900）是360的2.5倍。处于一个变盘的焦点时刻。1月19~24日是江恩认为一年开始的重要时间。那些持续数周乃至数月的趋势经常在这些时间发生。而1341点也是1999年12月27日1341的对称点，也是2000年行情的起点。根据规则多头可以分批入场，空头回补仓位（图12－4）。

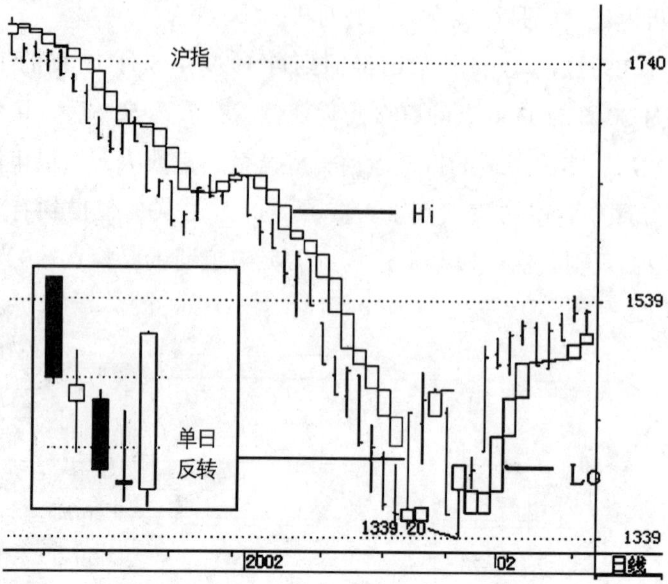

图12－4　沪市2002年初的谷底形态

这种情况下也可以根据三日图和高底点的上移规则买入股票。如图12－8的参考点B1，B2。再次牢记不要企图买在最低点。你不知道最低点，也没有“最低点”。下列图表是谷底形态模式（图12－5、图12－6、图12－7、图12－8）。

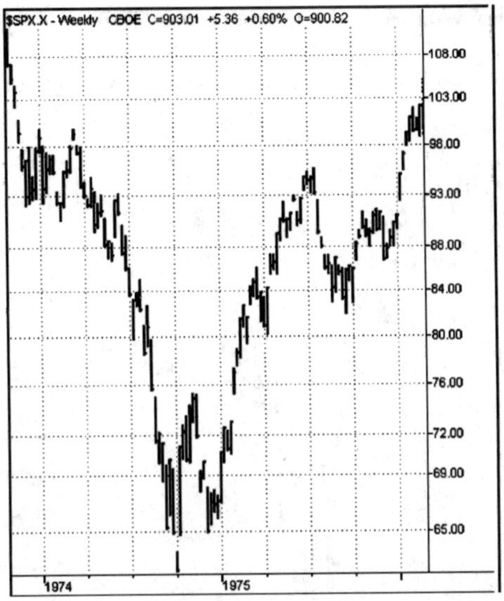

图 12－5　谷底形态模式（一）

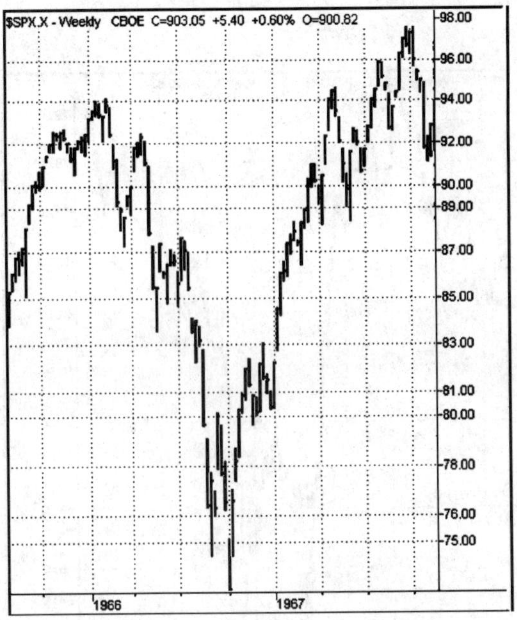

图 12－6　谷底形态模式（二）

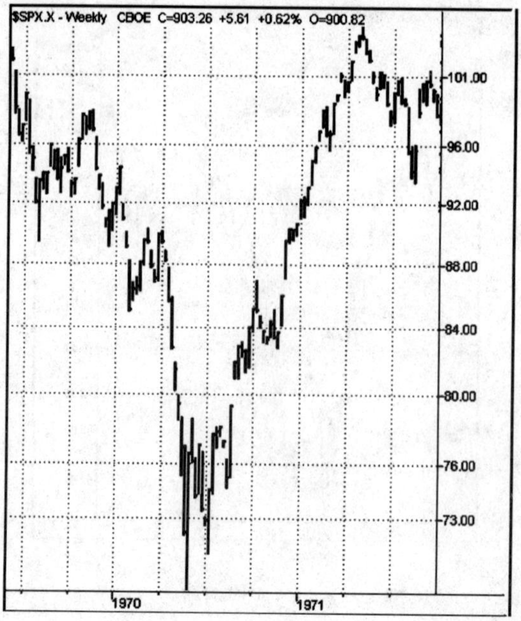

图 12-7 谷底形态模式（三）

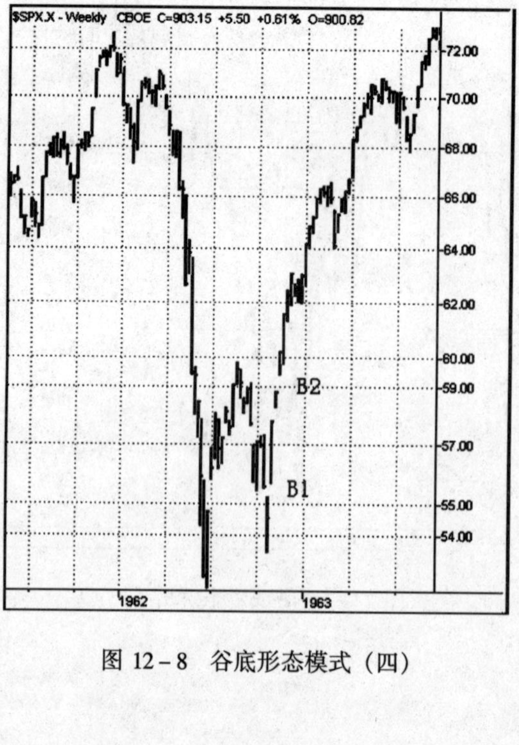

图 12-8 谷底形态模式（四）

根据时空互换的原理，如果出现急速调整，也存在一个短线机会。一般急速的调整成交量较小。如沪市 2000 年 5 月 8 日 ~ 5 月 15 日的调整，下跌 130 点。

二、下跌趋势中的短线策略

短线主义是中线下跌趋势中最具有可操作性的赚钱策略。作为所有市场技术研究的鼻祖，道氏理论将市场作了趋势区分，并且只区分为主要趋势（大趋势）、此等趋势（中趋势）和日常趋势（小趋势）3 种级别。

其中，大趋势一般持续 1 年或者 1 年以上，中趋势一般持续 3 个星期到数月不等但是很少再长，而小趋势一般小于 6 天但是很少超过 3 个星期。为此，我们认为所有市场参与者也可以对趋势进行区分。由于一轮典型的中线下跌趋势由一系列小趋势构成，其中下一轮小趋势的最高点比上一轮最高点低，下一轮小趋势的最低点也比下一轮最低点低。所以其实只有短线，才是一轮中线下跌趋势中最具有可操作性的赚钱策略。

短线投资者在一轮中线下跌趋势中经常碰到一系列难处、困惑和损失。最常见的失误就是在本来以为市场小趋势应该反弹的时刻逢低买入，结果还是由于小趋势没有反弹而被套牢，从而越陷越深。之所以如此，是因为在任何一轮中线下跌趋势中，首先其中会夹杂出现小趋势反弹或者“短线折返趋势”；其次，小趋势在一轮中线下跌趋势中通常不一定出现技术性反弹；最后，即使小趋势在一轮中线下跌趋势中终于出现技术性反弹，也经常会采取“横向整理”或者“窄幅整理”的方式。

但是从某种意义上说做股票炒的便是心态，确定良好的心态是取得短线搏杀成功的前提条件。从某种意义上说心态比技术更重要。提高个人素质则是我们需要注意的另外一个问题，一个基本素质低下的人是不会成为顶尖高手的。

正如美国分析家约翰·迈吉 1948 年的一条忠告：“技术分析科学从没要求某人在市场中一直持有头寸。技术分析科学从没有宣布每天必须发生什么。有些时间段——有时长达几个月——保守交易者的最佳策略是完全不持有头寸。”

第十三讲

市场成交量分析

江恩理论也讲到了成交量对价格趋势的确认问题。但是，在这方面显然研究较少。江恩认为没有成交量的支持价格的趋势就不能得到支持。一句话说出了成交量的本质。在这里，我们将根据一致性的原则系统地对成交量进行分析和运用。

在江恩的理论中，时间与价格是可以相互转换的，而成交量与价格本身就存在着一定的联系，那么市场中，时间、价格与成交量之间就存在着一定的关系。

因此，我们现在考察成交量时，不是孤立地考察它。而是在江恩理论的体系范围内考察它，讨论下列内容：

一是在江恩时间窗中，成交量对价格运动的作用；其次在价格空间中压力与支撑水平上，成交量对价格的作用；三是在趋势运动中成交量对价格趋势的影响。这些讨论都将对我们判断市场的趋势方向和转折具有实战指导意义。

为了比较深入地领会成交量的作用，就必须了解成交量与价格的运动方式以及它们之间的关系。

一、价格与成交量之间的运动关系

首先我们定义一下，如果价格与成交量同步运动的现象叫作内齿轮价格移动，那么它们就像一个大齿轮内套着一个小齿轮，两个咬合的齿轮作同方向的运动。这种模式要求价格和成交量的运动方向是相同的（图 13—1、图 13—2）。

而当价格和成交量运动的方向是相反的时候，就是两个齿轮作相反方向的运动，我们把它称为外齿轮运动。这种情况表现为价格向上移动而成交量下降；否则价格下降，而成交量却逐渐增加（图 13—3、图 13—4）。

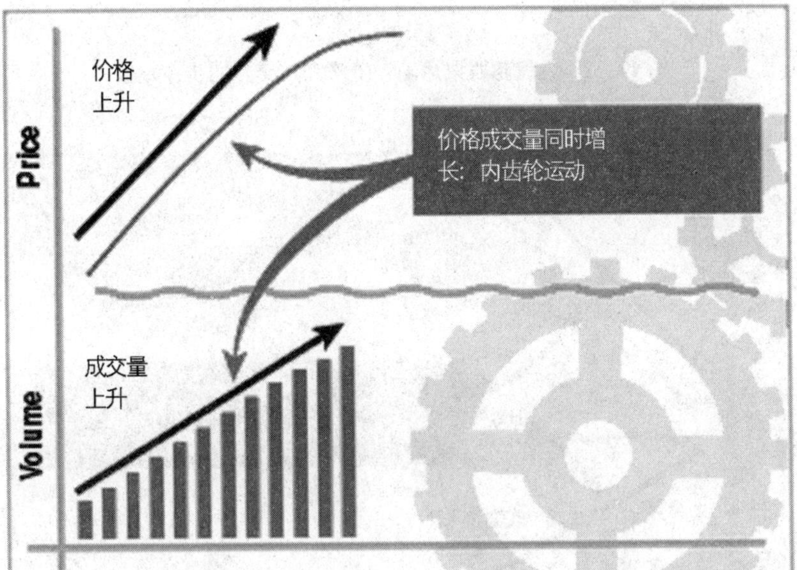

图 13—1　内齿轮股票运动：价格和成交量同步增加

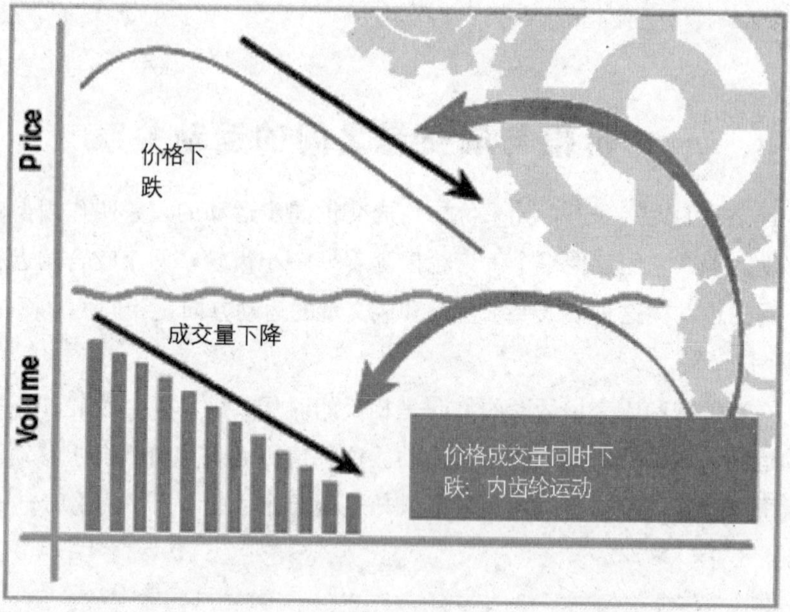

图 13－2　内齿轮股票运动：价格和成交量同步在减退

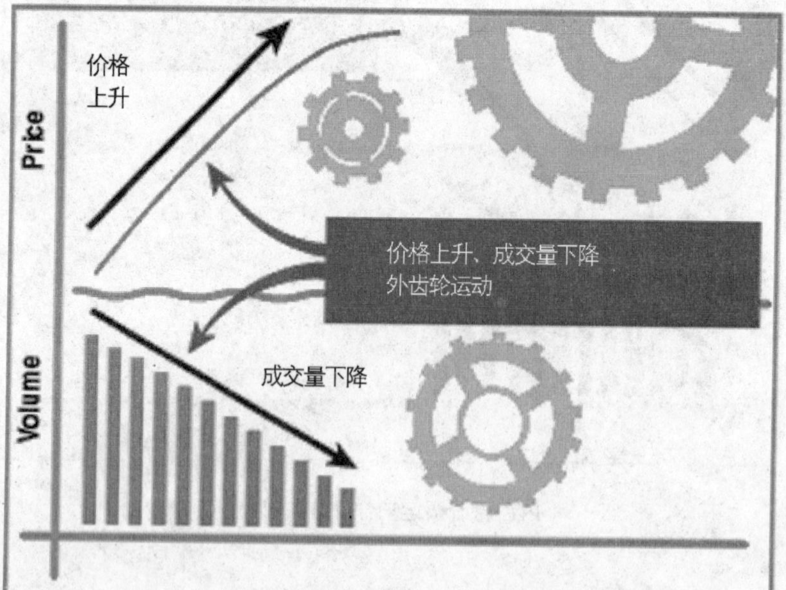

图 13－3　外齿轮运动：价格正在降低而成交量增加

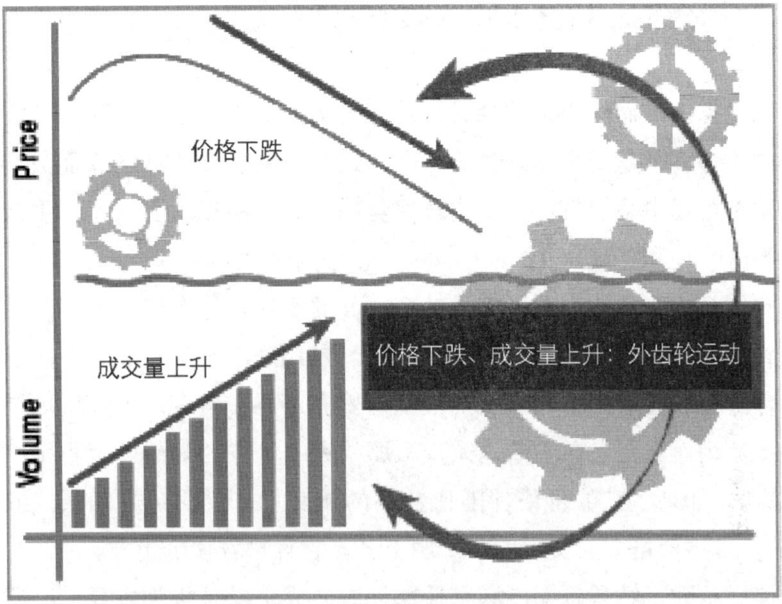

图 13-4　外齿轮运动：价格正在逐渐增加而成交量在减退

但不管是内齿轮运动还是外齿轮运动都不能永远地持续进行。

一般一个衰竭性萎缩的顶点会出现 2~5 天的高位价格，同时成交量会突然增加。一个卖出高潮表现为 1~5 天的价格突发性地下跌，并伴随着较大的成交量。

当价格上升成交量增加或者价格下降成交量减少(内齿轮运动)时,它就暗示着市场对价格的重新发现，这也就是江恩理论中关于成交量对价格运动的支持。这个运动一直持续到价格趋于一个合理的水平才会停止。而确认价格运动的趋势和发现价格运动的方向，使我们具有一定的市场预测能力。

我们在分析内齿轮运动对价格运动的支持时，需要同时考察角度线、江恩线等其他压力和支撑水平对趋势运动的影响。

市场对大多数参与者而言是不可预测的。市场经常会发生意想不到的非理性的价格运动。这是因为市场受到两种情绪的影响和左右：贪婪和恐惧。

由于这两种情绪的非理智性往往发生在一个外齿轮运动方式的市场中。因此，在价格运动进入外齿轮方式时，并且是在一个江恩的时间窗口上或是在关键的折返比率水平上的时候，我们就要关注，市场可能会随时会变盘。

当价格上涨而成交量减少时，意味着买入的人在减少，而往往在此时进场的人，多半是受贪欲的影响。同样地，如果价格逐渐下跌而成交量增加，那么市场中恐惧就占据了比较优势的情绪。所以，要认识恐惧或贪婪对市场的作用和支配。

要了解情绪从一个方面到另一个方面的变化，一个简单而容易的方法就是将自己的角色变换一下，买方与卖方互换来体会。如果价格正在下跌，伴随着成交量的增加，表明市场的卖方筹码非常多。相反，如果股价是向下运动而成交量在不断地减少，那就表示卖方的筹码已经不多（或缺少卖方）。如果上升的价格伴随比较高的成交量，说明买方踊跃（或买方富有）。如果价格在成交量的下降中上升，它意味着缺少卖方。

江恩认为，经常研究市场每月及每周的成交量是极为重要的，研究市场成交量的目的是帮助确定趋势的转变，利用成交量的纪录可以确定市场的走势。

二、成交量分析的步骤

在借助成交量分析价格运动时，要识别哪里有连续数天的成交量骤增或成交量骤减。为了不受每日成交量波动的干扰，可采取以下方法。

（1）引入成交量移动平均线的概念，用以判断成交量变化的趋势。一般建议用 10 日成交量均线。在江恩理论中，往往用月或周的成交量来分析，主要是为了避免日成交量波动的干扰。

（2）在价格与成交量趋势相符的地方，绘制趋势线。举例来说，当价格趋势开始下降，市场处于内齿轮运动；慢慢地是一个逐渐增加成交量的下跌，市场处于外齿轮运动。也就是说一个下降趋势，是从一个内齿轮运动开始，而以一个外齿轮运动结束。你可以尝试识别市场的价格运动是处于什么样的趋势状态，但是要正确判断投资操作的价格安全区域却是不容易的。

(3) 确定价格安全区域。观察价格与成交量之间的关系可以用来识别价格运动趋势的顶部和底部。但是要确定投资操作的价格安全区域，还需要将江恩理论的其他分析方法综合在一起使用。

三、分析成交量的作用

江恩在12条交易法则中就成交量的使用提示有两条。

(1) 当市场接近顶部的时候，成交量经常大增，其理由是：当交易者蜂拥入市的时候，大户或内幕人士则大手派发出货，造成市场成交量大增，当实力人士派货完毕后，坏消息浮现，也是市场见顶的时候。因此，大成交量经常伴着市场顶部出现。

(2) 当市场持续下跌，而成交量逐渐缩减的时候，则表示市场抛售力量已近尾声，交易者套现的活动已近完成，市场底部随即出现，而市场价格反弹也指日可待。在利用成交量分析市场趋势逆转的时候，注意时间周期——成交量的分析必须配合市场的时间周期；注意支撑及压力位——当市场到达重要支撑压力位，而成交量的表现配合见顶或见底的状态时，市场折返的机会便增加了。

因此，通常价格的上升是由成交量来推高的，巨大的成交量伴随着最高的价格（所谓天量出天价）。同样地，一个内齿轮运动方式的下跌的开始期间，也伴随巨大的成交量。当成交量放大时，价格正在上升，突然你发现卖方活动增加，这时要小心了。这意味着交易者正在卖出他们的筹码套现。这种情形通常持续1~4天，并且经常会出现价格的震荡。然后，市场将会重新开始原有的趋势。如果这种活动期间超过这种时间结构，它意味获利平仓盘仍正在进行，将有头部症状出现。

如图13-5，1997年沪市综合指数在4~6月份经历了一个上升见顶的的过程。在4月下旬，有一个外齿轮的贪婪型买入的走势。此时指数在高位上升，成交量却逐渐下降。然后，出现了一个放量快速上升的震荡。这个过程持续了5天后，在5月12日放出一个天量，是自1993年2月1558点以来的最高点1510点。于是指数开始下跌，出现一个确认下跌的内齿轮运动形式。我们看到，在出现高点的第9天，在5月23日成交量放大，出现一根反转的倒棰头形态，随即出现了一个反弹。这个反弹是个外齿轮的贪婪型买入走势，反弹的空间是在1996年12月25日的855点到1997年5月12日的1510点组成的价格空间（1510-855=655）的38.2%—23.6%之间（费波纳茨数列比率）。反弹结束后，接下来是一个确认下跌的内齿轮运动形式。

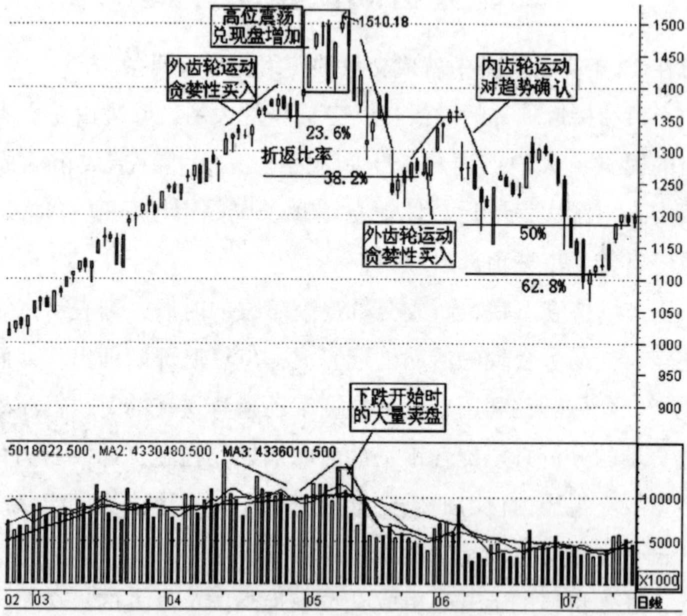

图13-5 齿轮运动形式和趋势

对于价格是否太高（或者讲市场估价过高）或者太低，成交量分析是有用的技术分析方法。交易者在股价便宜时买入，当许多人达到共识时，成交量伴随着价格上涨而增加。当购买缺乏或卖方强劲时，将出现顶部。

疯狂的买卖行为一般只发生在几天的时间内，由于缺乏持续的买入就形成了顶端。当价格太高的时候，交易者开始卖出，直到因为价格变得太低，而最后停止这种卖出行为。卖出往往是在一个抛售风暴的高潮时结束，或者在卖方缺乏时终结。

四、成交量对趋势的确认

研究与成交量相关的价格趋势，分析内齿轮成交量运动（价格上涨—成交量增加或价格下跌—成交量减少），与外部齿轮运动（价格上涨—成交量减少和价格下跌—成交量增加）。这种分析同样可以帮助我们确认趋势的可靠性。也就是江恩理论认为的成交量对价格的支持。

我们在交易的过程中要保持资金和头寸的安全。如在一个肯定的上升趋势中，持有资金是不安全的；同样，在下跌趋势中，持有股票（或者叫多头头寸）也是不安全的。

市场价格的运动在一半时间里是有方向性的运动。我们需要使用一个增加或一个减少的成交量模型，也就是确定市场是内齿轮或外出轮运动方式，并用它来判断价格趋势的安全性。

在考察成交量与趋势变换的运动时，我们没有提及成交量维持在同一水平时的情况。而当价格呈下跌或上升的运动方式时，可以参照下述的成交量级别判断指标来分析。

我们说一个内齿轮方式的运动是一个确定方向的运动趋势，这是表示了价格受到了成交量支持。其含义可以从市场成本和筹码的供求两个方面来说明。

在上升的市场中，价涨量升的内齿轮运动说明市场成本的重心被不断上移，越高的价位出现越多的成交量，就是一个新资金不断兑换低位筹码的过程，形成新的较高的市场持筹成本，而这个成本只要不被价格所洞穿，它才对市场起到支持的作用。同时，从供求的角度来讲，只有较大的需求才能消化市场不断增加的获利筹码，才能形成相对的筹码供应短缺的局面，进而引发价格的上扬。但是，这种局面，最终会导致贪婪性的买入。

相反，在一个下跌的市场中，价跌量减使得市场多头头寸处于全面的亏损之中。在下跌的初期，市场的成本重心仍保持在一定的高度，它就成为一种空中压力，每一次的反弹都会招致它的打击。从供求看，买卖成交进一步趋淡，需求不足，进而引发价格的进一步下跌。这种局面在心里上造成恐慌的情绪，于是一个恐慌性的卖出就会出现。

研究分析表明，一个外齿轮方式运动的市场是一个不稳定的运动结构，这个外齿轮运动方式是由于贪婪和恐惧所引起的。其结果将导致市场进行调整或走向相反的方向。

在下面的例证中，我们将会找寻外齿轮运动中的恐慌类型的抛售（下跌的价格伴随较高的成交量）和贪婪类型的买入（也可以称为虚假繁荣的买进，它是指下降的成交量与高企的高价格）。

贪婪性的买入表现在一个上升的趋势的末端或在高位的获利筹码的派发中。由于受价格惯性或大资金的影响（主要表现在市场容量较小的市场），价格上升而成交量却不能同步跟进。这表明，需求已经在减少，一旦筹码的供应大于需求或是价格失去惯性就会引发价格回落。而这个回落的初期通常会引发较大的兑现抛售行为，从而使得趋势进入下跌或调整。

恐慌性的抛盘一般处于一个下跌趋势的末端，市场在经过较大幅度的下跌后，市场情绪低迷，一切消息都会成为一个兑现出货的理由，当大众的心理到达恐慌的绝望期，市场便出现最后的一跌。这是因为，大量的抛售使市场的成本中心下移，并在底部形成相对稳定的筹码分布区域，使筹码的锁定性提高。从供求上来看，大量的恐慌性抛售减少了筹码的供应，要卖的都卖了，不卖的都在耐心地等待多头行情的到来。

在图 13 - 6 中，趋势 1、2、4 是明确的方向运动，趋势 3 是个不稳定的运动方式（贪婪性买入），在这个上升中的买盘表现出了人性的贪婪。而正是这个不稳定的运动确定了沪市 1998 年 6 月 4 日 1422 点的顶部的形成。

在图 13 - 7 中，我们看到了一些明确的趋势运动和不稳定的趋势运动。在趋势运动中，一般一个确定的下跌运动会形成一个确定的下跌趋势。相反，一个确定的上升运动会形成一个确定的上升趋势。在上升趋势中，高位的不稳定运动，会导致一个下跌。而在下跌趋势中，低位的不稳定运动，会导致一个相反的上升运动。

内部齿轮运动反映了市场基本原理（供求关系）的价格移动，而外部齿轮运动更多地反映了市场反应过度的行为。这一点正是索罗斯的反射理论的证明，而大的机会就在这其中。怎样扩大市场反应过度的行为，并加以利用。

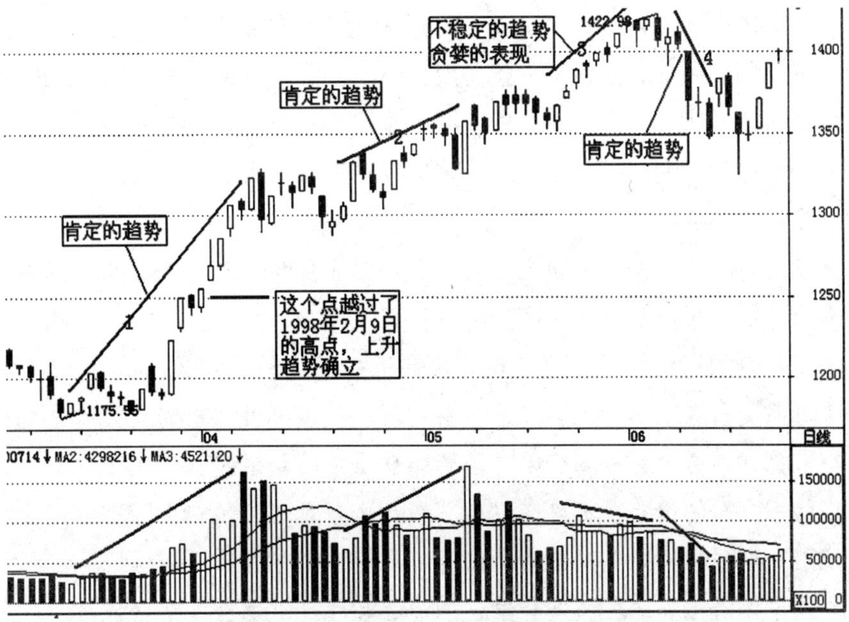

图 13－6　1998 年沪市成交量与趋势

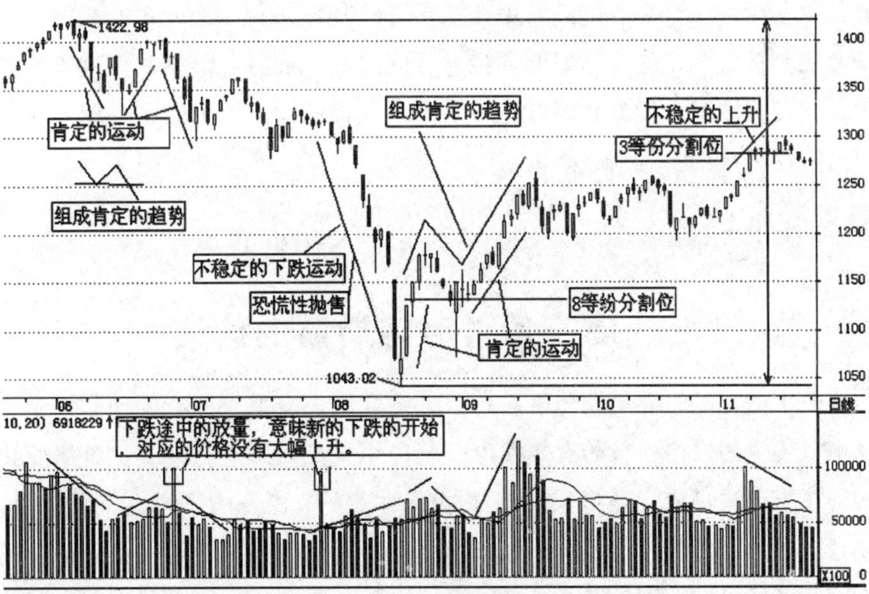

图 13－7　不稳定运动与趋势

在观察中，我们要用移动平均数值来观察较大视野的成交量、价格的运动，过滤掉小的杂波，以便主要观察连续的市场行为。

需要说明的是内部齿轮运动和外部齿轮运动的时间结构，其正常情况是1或2周。因此，江恩理论就是用1周或1个月的成交量来进行分析的。我们的分析也表明，不论一只股票或一个市场内部齿轮运动或外部齿轮运动，当它的运动超过了1个月或更多时间的时候，此时成交量的研究一般很少适用。

通过以上详细的分析研究之后，我们是否应该检讨一下，自己是否经常有过恐慌性卖盘和反应过度的贪婪性买入呢？

贪婪性的买盘和恐慌性卖盘都会使价格的运动具有较高的不稳定性。一个好的交易者正是对此会做出应有的反应。贪婪性买进时常发生在那些靠近顶部的地方，买进的交易者期待能够赚取一定的利润。由于大家一致在期待一个好的价格，卖盘在逐步减慢，也就是说，价格在萎缩的成交量中上涨。但在顶部产生时，常会出现戏剧性的抛售。

如果用价格和成交量来衡量一个顶部和底部，那么一个快速提高的价格伴随一个突然增加的成交量，这是个疯狂性买入，超过1周的疯狂买盘其结果是导致一个主要的或是中级的头部。相反，是一个卖盘高潮时，成交量突然放大和价格突然降低并超过几天时间，那有可能是一个底部。趋势变化可能以一个卖盘高潮对应一个消耗性顶部，临界的因素是时间的长度——用日线而不是周线。

五、成交量对时间周期的确认

一个潜在的时间周期能否被打开，需要用成交量来进行确认。一个时间窗口发生的价格转折的有效性也需要使用成交量来进行证实。价格变化的征兆可以通过成交量来反应。江恩提示在一个快速的恐慌性下跌以后，便有一个急速的反弹出现。那么，判断一个下跌趋势是否是一个恐慌性的下跌，就可以用成交量的大小来确定。

图13-8中，有两个恐慌性下跌的指示。我们看到，在出现恐慌性下

跌以后，均出现了快速的反弹。而且，这个反弹的成交量运动是内齿轮方式，是一个确定的上升摆动，具有一定的摆动空间。

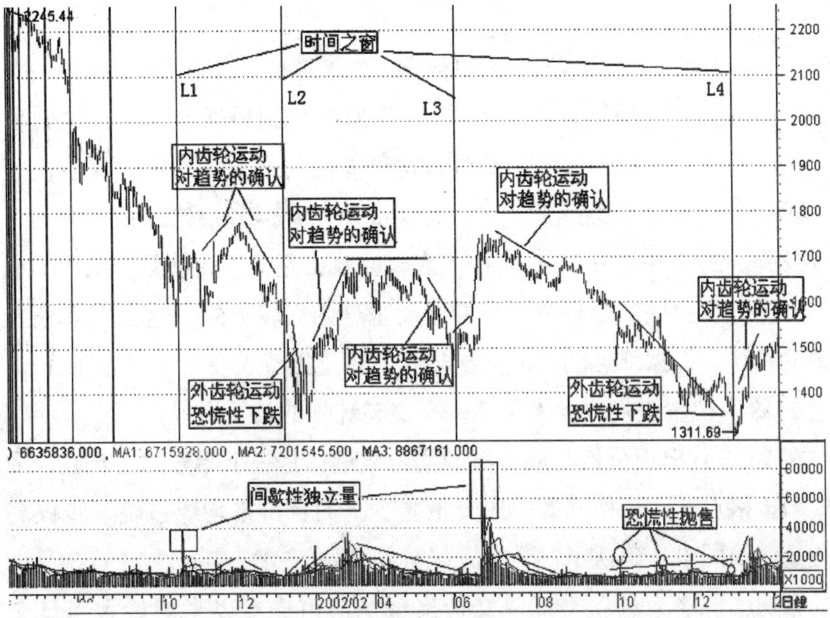

图 13－8 时间周期与成交量运动

江恩提示我们，在利用成交量分析市场趋势逆转的时候，需要注意时间周期——成交量的分析必须配合市场的时间周期。

所以，对于成交量的使用，应用的重点是确认时间窗口的变盘信号。对于价格的拐点确认，成交量具有特别的作用。在一个价格转折变化的区域，一定会有成交量活动的踪迹。它反映了市场与交易者之间的相互作用。江恩理论认为除了市场走势的趋势、形态及各种比率外，还要特别将注意力集中在市场的成交量方面，以配合其他交易规则一起应用。

图 13－8 中的竖线是以沪市 2001 年 6 月 14 日的 2245 点为起点的费波纳茨数列。我们看到，L1、L2、L3、L4 是 4 个时间窗口。

在 L1 点上，上证综合指数发生了一个激烈的爆发性上涨，并伴随一个巨大的成交量。这是市场受到突发性消息面的影响，产生的间歇性成交量。它不代表一个成交量运动。通常，受消息面的影响发生的间歇性成交量和价格的大幅度上升只会维持几天（一般在 1 周内结束），由于其上升的速度太快，大大超过了 1×1 的角度线。而且，短期能量释放过大，它缺少了一个为上升准备的能量准备期，这种走势的结果，必将进入调整或重新下跌。

在 L2 点上，上证综合指数出现了一个加速的下滑，L2 点成为一个恐慌性下跌的起点（外齿轮运动方式）。江恩在谈到短线交易时，讲到当在一个下降趋势中出现恐慌性下跌时，这可能是一个下跌趋势的最后快速下跌，随后会出现一个急速的反弹。结果，在 2002 年 1 月 22 日，指数开始探底反弹。2002 年 1 月 29 日再次探底，并收出当日折返信号，从而形成双底的形态。在探底的过程中成交量运动呈现内齿轮方式，这是对双底上升行情的确认。根据江恩的实战交易规则，将止损位设在 1339 点，1 月 31 日可在 1418 点位置进场（参考关于基本交易计划的相关内容）。

在 L3 点，出现价格与成交量的同步放量，是一个明显的平台底。成交量放大价格上升，价格回调，成交量减少。而且价格均线系统逐步提高与成交量均线同步，确认了一个上升趋势的开始。2002 年 6 月 24 日，受消息面的影响，价格大幅飙升，成交量出现了沪市成立以来的最大当日交易量。这种间隙巨量实际是多空的短线大搏杀。多方短线能量消耗过大，只有推动价格再上一个新的高点，才能使多方处于有利的位置。否则，短线多头都处于头寸的浮动亏损中。而进一步拉升需要更多的资金，因为单日的巨幅换手，使市场成本趋同。所以，调整通常就难以避免。在这里我们看到经过一段整理后，市场选择向下的趋势运动，成交量显示出是一个内齿轮运动方式，这是个稳定的下跌。

最后我们观察 L4 点。在时间窗口 L4 到来前，价格是一个下降趋势，并且在末端出现了一个恐慌性下跌的走势。一般在下降趋势中，一个内齿轮方式下降的趋势，被一个外齿轮运动方式替代时，表明这个下跌趋势将以恐慌性的下跌结束。因此，L4 可能成为一个重要的转折点。最后的结果也是在 L4 点发生了一个折返运动，并且这个运动是一个被内齿轮运动方式证实的肯定趋势。

六、成交量对压力和支撑的确认

江恩提示，注意支撑及压力位——当市场到达重要支撑压力位，而成交量的表现配合见顶或见底的状态时，市场折返的机会便增加了。

在图 13－9 中我们看到，C、D、E、F、G、H 点是江恩角度线或江恩线的压力与支撑点。在这些点上，成交量也存在一定的变化。下面我们逐一分析。

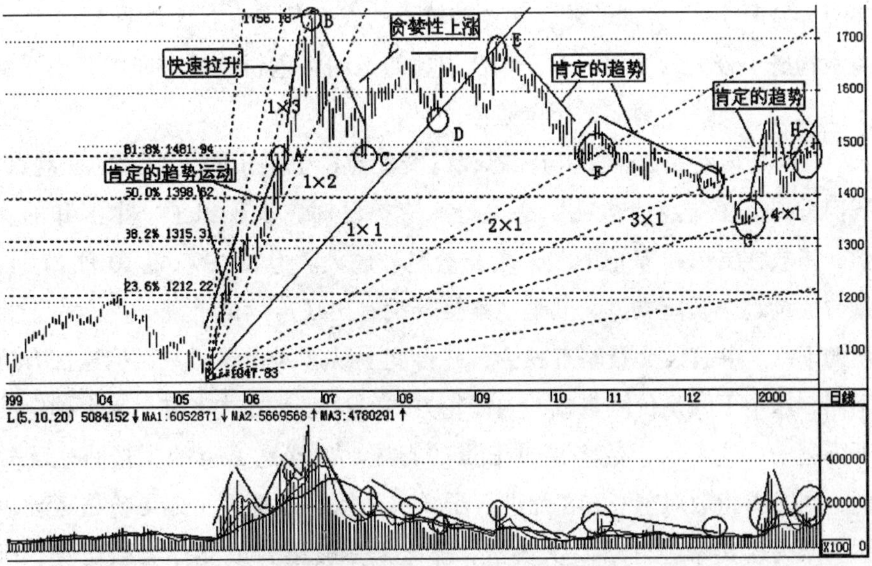

图 13－9　沪市成交量对压力和支撑位的确认

C 点是 1999 年 5 月 17 日的低点 1047 点与 1999 年 6 月 30 日 1756 点的 0.618 位。在 C 点所对应的成交量，明显有一个放量过程。在指数下降的过程中，在到达 C 点支撑线（0.618 比率）位置前的 3 根棒线，是一个加速的下探过程。与之相对应的成交量也出现增长，这说明它是个恐慌性下跌。

而在 C 点，1999 年 7 月 20 日出现一个单日的反转，并且得到了成交量的支持。它是两周内最大的成交量，这说明 C 点支撑的有效性，一个反弹就这样开始了。

我们接下来考察D点的支撑。D点是角度线1×1线发出的对指数的支撑信号。在指数回落到1×1线的支撑D点时，我们看到了支撑线对指数的支撑作用，成交量也有一个小的放量过程，它对价格的支持是一个有效的支持。这说明，在D点的支撑是有效的，但是支撑所产生的转折的力度要关注后续的成交量能否跟上。在这个例子中，我们观察到，D点后的这个折返没有得到成交量的支持，所以这是个不稳定的贪婪性买入运动。

当指数回落到1×1线下方时，1×1线对指数就构成了压力，E点就是这种情况。指数在对E点进行攻击时，以较大的成交量配合，指数大幅向1×1下方集结。但在企图穿越1×1线的压力时，遭到了空方的阻击，在1999年9月10日K线收阴，并伴随较大的成交量发生。这说明1×1线对指数构成了较大的压力，上证综合指数的运动将重新选择方向，我们看到了在E点后的一个肯定的下降趋势。

F点是角度线2×1线与江恩线的交汇点，也是个需要注意的变盘点。我们看到，在F点指数在第一次进入支撑区时，表现出了一个温和的支撑，指数在支撑线停止下跌，成交量温和放大。但在1999年10月27日，指数放量跳空脱离支撑。但是，紧接着没有出现连续的上涨，而是一个相反的下跌，并且成交量略有减少，并再度下跌进入支撑区域，但这次有所不同，这个下跌是价跌量减的内齿轮方式。从运动方式来讲，是个确定的下降运动，这表示指数将穿过F点的支撑。也就是F点的支撑将是无效的，同时，指数对着0.618位进行了4次下探，江恩提示如果价格运动对一个压力或支撑进行第四次攻击，那么，一般压力或支撑会被击穿。所以，我们又看到了一个肯定的下跌趋势。

我们略过了3×1线对价格的支撑分析，是因为成交量没有对这种支撑做出支持，类似于F点。我们考察4×1线对指数的支撑，这个点在G点。

在4×1点成交量没有特变的变化，指数在4×1点止跌。但是，随后指数伴随成交量的放大开始脱离支撑区域，而且成交量是持续放大的，这表明买方数量的增加。还要注意的是在G点的支撑前的一个下降趋势是一个快速的下跌，成交量没有增加。这表明G点的支撑是由于买入的增加所获得的。而且这个成交量的增加是平滑放大的，这一点很重要。为什么呢？这是因为这种成交的增加方式表示需求的逐步增加，使支撑更有效。

七、成交量的级别判断指标

这里介绍一种非常简单，不用计算机就可以判断市场运动的方法，这种方法就是成交量的级别判断。

就市场整体或个别的证券品种而言，一个典型的从牛市到熊市的投机周期的运动过程（图 13－10），在多头市场的开始（见图 13－10，点 A），价格和成交量都同步增加。当牛市进入成熟期，成交量很容易减少，即使价格仍然在上升的趋势之中（点 B），这种背离，表现为较高的价格没有较高的成交量相对应，通常预示市场顶部可能即将来临。

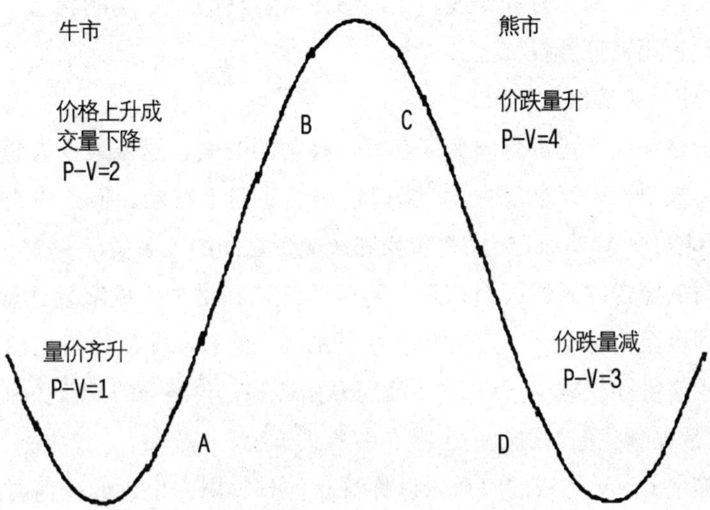

图 13－10　牛到熊的周期

当价格到达高点后，市场开始向下（点 C）的时候，成交量通常增加，这是由于市场交易者争相抛售手中的存货。稍后，卖压力逐渐缩小，在熊市成熟的过程中开始变弱（点 D），而且我们看见，在价格继续下跌中，成交量逐步缩小。下降动量的减少，在 D 点给出一个相反的信号，比较低的成交量面对比较低的价格往往看作市场底部可能接近的信号。价格再次开始坚挺，且一个新的市场周期又开始了。

在市场开始向上，成交量和价格都是向上的（P－V 等级＝1）。步入成熟，价格继续上升，成交量减少（P－V 等级＝2），在修正开始时，价格下跌同时成交量增加（P－V 等级＝4）。到市场底部，当价格继续落下，成交量减少（P－V 等级＝3）。

那么如何决定我们所在周期的位置，以便计划一个适当的投资策略。

(1) 使用 P－V 等级。

在一个典型的市场周期里面，我们使用 P－V 等级，找寻我们所处的位置。方法就是比较价格（向上的或向下的）方向改变和成交量方向的改变，而且分配一个数字到特定的关系中，分析定量价格与成交量的交互作用。P－V 等级无论在什么时间结构里面都会发挥出较好的作用，从持续的分时线到日、周、月和年线。它能够用来评估整个市场的状态，并且可以很好地运用在证券投资上。

(2) P－V 等级的逻辑。

当价格和成交量都是向上（点 A）移动的时候，这个最令人想往的市场情况，被 P－V 等级定为 1。当价格仍然是向上移动，但是成交量减少（点 B），被 P－V 等级定为 2。价格和成交量之间的关系发出一个市场动力正在变弱的警告。抛售压力在正在坠落的价格和增加的成交量（点 C）的时候达到极至，被 P－V 定为等级最弱的 4。最后，即使价格仍然是向下移动，成交量开始减少（点 D），卖压开始缓和，价格与成交量关系被定为 3，它通常提醒我们，这是一个潜在的购买机会。

当确定 P－V 等级的时候，以你喜欢的日、周、小时或任何时间周期的方式检测数据。但是，要长期保持一致。也可以将结果图形化，而且使用适合你投资风格的分析形式。P－V 等级数据可以用移动平均的方法进行分析。

图 13－11 的指标是双倍平滑成交量级别指标，参数为 5，10。当快速成交量级别双倍平滑移动均线上穿慢速成交量级别双倍平滑移动均线时，是个卖出信号；反之，当快速成交量级别双倍平滑移动均线下穿慢速成交量级别双倍平滑移动均线时，是个买入信号。我们把 2.5 的级别作为以成交

量级别衡量的多空分界线，所以，买入信号要发生在2.5级别以上，卖出信号要在2.5级别以下。同时，作为分界的2.5级别水平线，也可以作为信号的发生器。从图中，我们观察到在成交量级别形态分析中一样适用，但判断形成下跌趋势构造形态时，可以在穿越2.5信号线时买入，反之卖出。

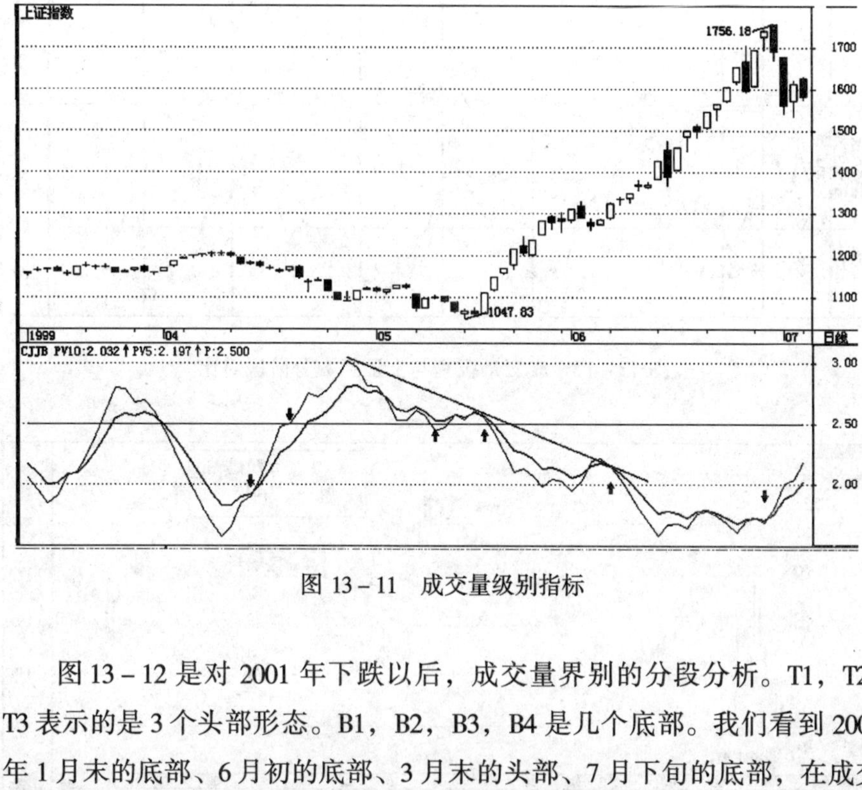

图 13-11 成交量级别指标

图13-12是对2001年下跌以后，成交量界别的分段分析。T1，T2，T3表示的是3个头部形态。B1，B2，B3，B4是几个底部。我们看到2002年1月末的底部、6月初的底部、3月末的头部、7月下旬的底部，在成交量级别中可以清楚地观察得到2001年见顶的过程。

图13-13是以周线表示的成交量级别的双重平滑移动线。在图中我们观察到，2001年6月的顶部区，实际上在2000末就已经显示出来，2001年的上半年就是一个确认头部的过程。我们看到成交量级别从2000年8月以后不断震荡上升的过程，显示出一个头部构造的过程。在2002年6月的中旬，头部已经明显构造完成。

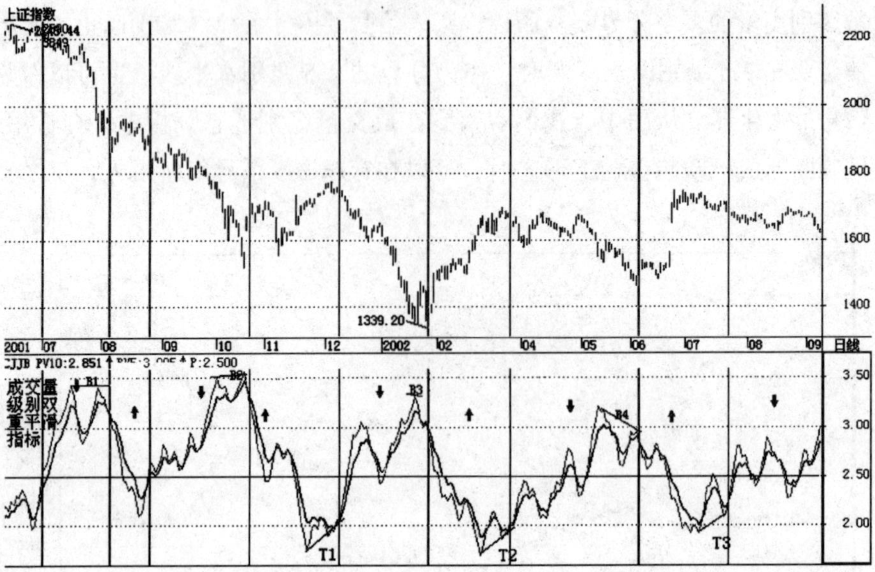

图 13－12 成交量级别与上证指数分阶段对比

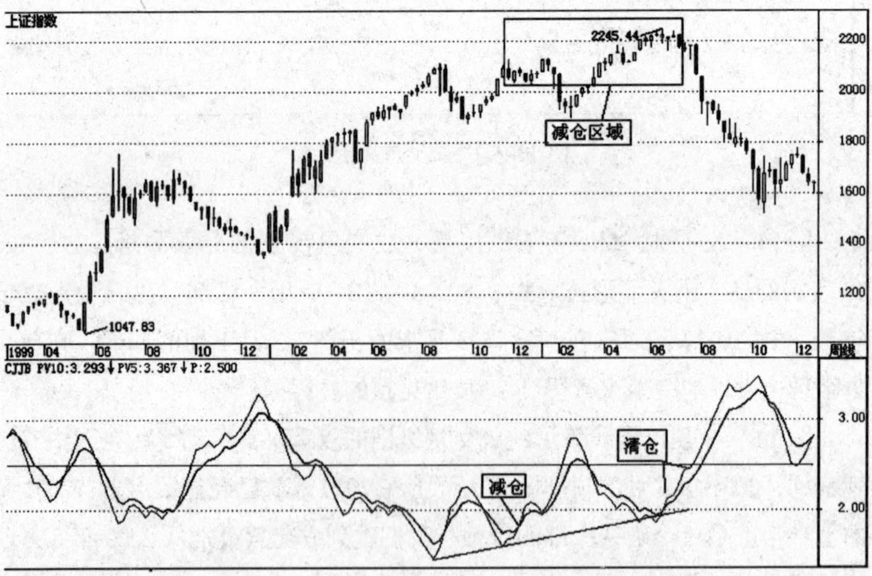

图 13－13 沪市周线成交量双重平滑移动线

第十四讲

资金管理与止损保护

你或许会问，资金管理和止损技巧是江恩理论吗？我们说它是江恩理论的重要组成部分，而且是江恩理论不可缺少的部分。那种认为江恩理论只是预测的理论是对伟大的江恩先生的极大误会。资金的管理和止损保护，在江恩的著述中不断地被提及。在江恩的28条交易规则中除了心理控制以外，基本上都是在讲资金管理与止损的问题。

江恩认为在市场交易中，失败的关键原因是资金管理不当，没有止损保护盘和专门的知识。由此看，没有好的资金管理和止损方法，你就是有再好的专业知识最终仍会失败。

随着市场经济的高速发展，各种投资模式层出不穷，越来越多的人开始关注期货、证券、外汇等多渠道的投资交易的发展。期货投资以其独特的市场个性，引起了越来越多的企业和投资大众的关注，无疑是一个备受关注的投资热点。

资金管理在期货交易中更凸显重要。期货交易和证券交易相比风险更大，但由于期货交易采取的是保证金制度，投资者可以进行10倍于保证金的交易。另外，与证券市场相比，期货市场的波动更大更频繁，证券市场中“长期持有”的投资理念并不完全适合期货交易。资金在杠杆原理下发挥的效用和威力使得资金管理在期货市场中的重要作用凸显出来。在熟知技术分析和基本面的情况下，资金管理的好坏直接决定着投资者的生死存亡。

在每次价格回调时，你可能已有无数次中弹而倒的体验。你或许还悔恨失去了许多的买入机会。你已有过上述这些经历，也许还没有。

江恩说过，应该等待最后的交易时机，在转折点处加码建仓。长久地持仓而不是买入卖出—买入卖出—买入卖出。要学会江恩的方法，不要浅尝辄止，要学会让利润奔跑。

一、资金管理的重要性

关于资金的管理，也就是风险的管理，在许多关于交易的地方都曾经提及。在基本计划交易中，我们提到首先要为交易准备一定的资金。为方便叙述和大家的习惯，我们在这里用资金来代替资本的概念。它指的是你用于交易的资金。

资金管理是指账户的资金配置问题，包括资金账户的总体风险测算、投资组合的搭配、投资的报偿——风险比以及设置保护性止损指令等内容。良好的资金管理体系能有效控制市场交易风险，更能提高交易者的最终收益。多数成功者会告诉你，全年算下来有40%的盈利交易就很不错了，那么他们的成功来自何处？其实成功的秘诀就在于良好的资金管理。

江恩的交易理论要求，首先应当考虑的是保护你的资金，以及尽可能安全地交易。

目前在市场交易中资金管理存在的主要问题有以下几条：

(1) 对交易的资金投入没有计划，更没有交易计划。交易前没有设定风险限度，也没有设定盈利目标。即使是制定了计划，也并不坚持既定的计划。尤其在出现亏损的情况下，往往过度操作，把自己逼进一条死胡同，结果往往是平掉好头寸，留下了烂头寸。

(2) 没有理性的投资理念。靠经验主义，在几次获利后，不再考虑技术上的理性，而是基于预感或臆想去交易。几次亏损后，则立即来个180°的大转弯，全面改变交易方法，没有一个连贯性的交易原则，急功近利，热衷短线交易或倾其财力人力于一次交易。没有从理性的角度分析市场的总体走势和规律，不能辨别价格波动同市场走势之间的关系。

(3) 逆趋势交易，没有设定合理的止损点。许多交易者不能或不愿去接受较小的亏损，常常是持有亏损头寸，直到伤筋动骨了，才被迫斩仓出局。还有许多投资者因贪婪而寄希望于更大的空间，满仓操作，逆势而行。

上述这些问题，也是我们一再强调交易计划、资金管理的原因。可以这样讲，没有资金管理和止损保护，就是学会了江恩的预测价格的方法，也不能使你获得利润。相反，有效的资金管理和止损技巧可弥补你在预测方面的不足。

二、资金管理的作用

在投机市场中，成功和失败是很正常的事情，所有的交易者都会碰到。关键是在成功和失败以后，我们应该做些什么？失败以后，灰心丧气；成功以后乘胜追击，加大入注都是很常见的反映。江恩的理论是“长时期的成功或失败以后避免交易”。这主要是长期的成功会助长你的自傲，而导致图利交易；长期的亏损会使你怀疑交易计划。所以，好的方法是暂停交易，让心情平静下来。当然，这是对一般的职业交易者的提示。如果你是一个杰出的天才交易者，那就另当别论。

每个交易商的成绩记录都由一系列的峰、谷组成，如果总体盈利呈上升趋势，在刚获利时立即扩注市场本金，就恰似在上升趋势中，市场处于超买状态时买入一样，是很不可取的。明智的做法是，资金金稍亏损时，开始增加投资，增加投入的机会；资金金盈利时，则见好就收，切不可太贪心。为了控制交易的资金金，江恩提示“把成功交易的额外金钱放到另外的其他账户”（江恩 28 条交易规则第 11 条）。江恩的提示是保护盈利的一个好办法，要适度交易。

做好资金管理，可以说在市场上已成功了一半。正如美国一位成功的期货投资者所说：期货投资的困难之处并非期货投资的市场策略方面，因为确定入市、出市的方式并无大的不同，真正的变化在于对资金管理的重要性体验。资金管理之于投资交易，虽充满了进退两难和矛盾重重的困境，但是其对于成功者的意义非同一般，我们要充分认识到这一点。掌握科学的原理，借鉴成功经验，结合自己的风格，形成一套适合自己交易特征的资金管理办法，才能得到自己想要的一切。

三、如何做好资金管理

针对许多交易者的现状，资金管理就成了市场交易者走向成功的关键一环。做好资金管理必须从以下几方面着手：

1．资金账户的总体风险测算

交易者在从事证券风险投资交易时，要先根据自己的资金实力和心理承受能力确定在投资中能动用的资金和能承受的最大亏损额度。对小额投资来讲，每次的交易金额都不要过一半。对中户和大户而言，多次交易动用的现金不应超过总资金量的 10%～15%，这就是说，在任何时候总有足够的储备资金用来保证交易不顺手时临时支用。每次交易的最大亏损额必须限制在总资金的 10%以内，这个 10%是指交易商在交易失败的情况下将承受的最大亏损。这对于我们决定应该交易多少以及把止损指令设置在何处来说，都是极为重要的出发点。江恩的观点是，不在任何一次交易中拿出超过你资金的十分之一去冒险。只要有资金可操作，你总可以发现新的机会。

另外，还要注意分散风险。在单个市场上投入的资金，应限在总资金的 30%～45%以内。在任何一个市场种类上，投入的资金总额则限定在总资金的 20%～25%以内。这些措施可以防止交易者在市场中陷入过多本金，导致资金周转不灵或错过更好的投资机会，同时也保持了资金的流动性。

江恩的理念是："从来不冒险在一个单项的交易中，投入的资金不能超过交易资金的 10%"（28 条交易规则第 1 条），这就是风险管理的原则。它是你不至于破产的秘诀，也是你得以保持良好心态的前提。

2．测算利润回报与风险的比率

证券市场的一般规律是——亏损的次数远多于获利的次数。在期货市场中，保证金制度使得市场的灵敏度更高，哪怕市场朝不利的方向只移动那么一点点，交易者也不得不忍痛平仓。因此，在交易者真正捕捉到市场运动以前，都要进行几番探索性的尝试。

在交易中，一切的交易要建立在统计学的基础之上。要“避免收获小的利润和大的亏损”（江恩28条法则第15条），这是说，要知道风险和回报比率，并使用止损命令。这个方法虽不能使你立刻暴富，却保证你不会破产。

一般交易的入场得胜率并不高，大多数的交易都是亏损。所以交易者惟一希望的就是，确保获利交易的盈利大于亏损交易的损失额。为达到这个目的，回报与风险比率的测算是必要的。在实际操作中，对每笔计划中的交易，应确定其利润目标（回报），以及在操作失败的情况下可能损失的金额（风险）。我们把利润目标与潜在亏损加以权衡，得出报偿与风险的比例，这一比率的通常标准是3:1。根据这一比率，我们在考虑交易时，其获利潜力就至少需要3倍于可能的亏损，才能付诸实施。

另外，在报偿与风险比例的测算中还应加入其他可能性因素的考虑。因为仅预估利润和亏损目标往往是不准确的，还有许多影响其变动的因素。因此，在预估潜在获利能力和亏损额上还要分别乘以上述利润和亏损出现的概率。

“让利润充分增长，将亏损限于小额”，这是交易中的老生常谈。在交易中如果我们能咬定长期趋势，就能实现巨利，但这需要把握周期、耐心等待的长远眼光，因为就每年来说，这样的交易机会只有少数的几次。“当有疑问，离场；当有疑问，别进场”（江恩28条交易规则第6条），要耐心、耐心、再耐心。

3. 合理搭配投资组合

在交易中，进行投资组合搭配的目的是为了分散风险。投资组合的搭配是一门学问，我们不能孤注一掷，那样风险太大。但也不能平均用力，将投资平均分散到多个品种上，因为平均使用兵力往往会劳民伤财。所谓“打得准才能打得狠”的交易者往往都有几个重点的投资目标，作为自己盈利的最大可能点——中坚力量。然后再设几个点分散投资——辅助力量，以防范风险。

要“在不同的市场之中同等地分散你的风险”（江恩28条规则第8条）。职业投资一定要分散风险。这同业余的，那种企图一夜暴富的想法不同，就是一个职业的赌徒也会注意分散风险。

我们可以采取复合头寸交易的方法，复合头寸分为跟势头寸和交易头寸。

跟势头寸用于谋划长期的目标，这就需要对其设置较远的止损指令，为交易的巩固、调整留有充分的余地。从长期的角度看，这些头寸能带来最大的利润，即所谓“中坚力量”。

交易头寸是在投资组合中专门留出来的用来从事频繁的出入市短线交易的头寸，其止损指令期限短而灵活，其任务是探测风险、确保长线利润，即所谓的“辅助力量”。例如，某市场已达到一个目标，接近某阻力区，同时市场已呈超买状态，则我们可针对交易头寸部分平仓获利，或安排较接近的止损指令，其目标是锁定成本或确保利润。如果后来趋势又恢复了，则我们也可用剩下的交易头寸把已平仓的头寸补回来。

四、止损概念

江恩非常重视止损的确定，认为不设立止损是交易失败的三大原因之一。由于交易者对市场的理解认识不同，交易者进入市场获利的成功率是不一样的。就是好的职业交易者也不能保证100%的成功率。分析水平的高低区别只是成功率的大小，而有没有止损是本质的区别。所以，止损不仅是广大非职业投资者的一个保护措施，更是职业交易者的看家法宝。

止损是用于保护已获得的利润和防止亏损进一步扩大的措施。止损在入场的开始就应考虑。所谓的“我已经无法止损”，是因为入场就根本没有设止损的位置。

江恩告诫大家保护盈利同保护资金一样重要。一旦在一个交易中获利，就不能让它化为乌有，变成损失。要“永远使用止损单”（江恩交易规则28条第2条），“从来别让利润跑掉”（江恩交易规则28条第4条），“在你进行交易以后，从来不要取消止损”（江恩交易规则28条第16条）。

1. 止损是证券投资的基本功

世界上最伟大的交易员有一个有用而简单的交易法则——“鳄鱼原

则”。所有成功的交易员在进入市场之前，都要反复训练对这一原则的理解程度。

该法则源于鳄鱼的吞噬方式：猎物越试图挣扎，鳄鱼的收获越多。假定一只鳄鱼咬住你的脚，它咬着你的脚并等待你挣扎。如果你用手臂试图挣脱你的脚，则它的嘴巴便同时咬你的脚与手臂。你越挣扎，便陷得越深。

所以，万一鳄鱼咬住你的脚，务必记住：你惟一的生存机会便是牺牲一只脚。若以市场的语言表达，这项原则就是：当你知道自己犯错误时，立即了结出场！不可再找借口、理由或有所期待，赶紧离场！

其实，不论是股市、汇市、期货交易，其交易技巧都是相似的。“止损”的重要意义只有少数人能“彻悟”，所以也就少数人能在市场上赚钱。“止损”就像一把锋利的刀，它使你鲜血淋漓，但它也能使你不伤元气地活下去。它可以不扩大你的亏损，使你化被动为主动，不断寻找新热点。它可以保护你已经取得的利益。在市场上生存，需要耐心，需要信心，但耐心、信心不代表侥幸，不懂得止损的投资者，就输在侥幸上，侥幸是止损的天敌，止损是投资的基本功，是交易成功的保证。

2．止损是证券投资获利的保证

交易中，没有止损保护，你可能会两手空空。被套与获利是我们在交易中遇到的两件最普通的事情，对于有经验的职业交易者来讲，他们总是在进入市场之前就已经设立好止损点，在进入市场后，一旦价格没有按预期趋势发展，而是朝相反的方向发展，使自己的头寸处于亏损状态并达到事先设立的止损位时，止损的操作应立即执行。

但交易者盈利时也要设立止损保护，避免账面利润的过分损失。失败的交易者一般就是没有使用止损保护，或没有正确地使用止损保护。实际上止损保护贯穿本书，我们在讲各种入场信号时都会提到这个问题。它是整个交易不可或缺的一部分。所以，在你没有确立止损以前就不要进入市场。期货市场的止损保护要比股票市场要求得高，这是由其交易的规则和波动水平决定的。

五、止损是投资成与败的分水岭

假设某投资者投入到股市里的资金是一个固定基数，以下列表显示的是在不同程度的亏损状态下，交易者为实现“翻本”而对其剩余资金所提出的升值要求（图 14－1）：

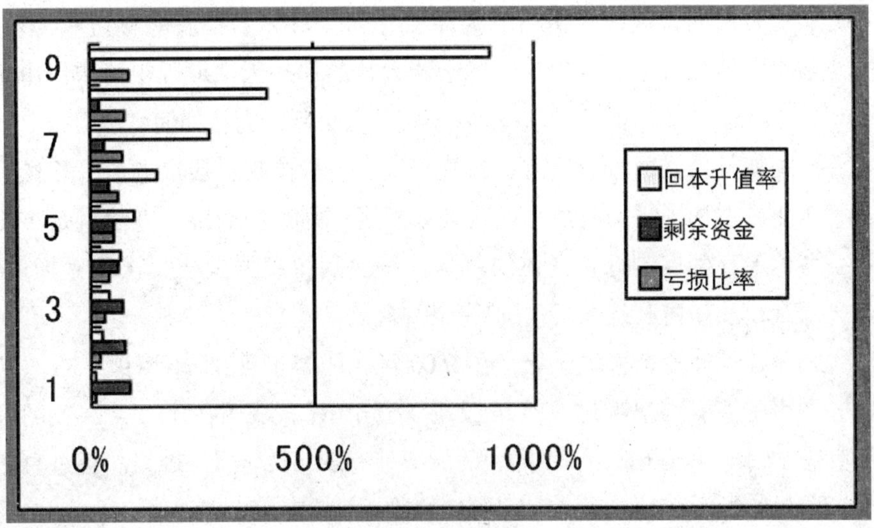

图 14－1 实现“翻本”而对其剩余资金所提出的升值要求

假定亏损比例	剩余资金比例	实现“翻本”要求剩余资金的升值率
10%	90%	11.1%
20%	80%	25%
30%	70%	43%
40%	60%	66.66%
50%	50%	100%
60%	40%	150%
70%	30%	270%
80%	20%	400%
90%	10%	900%

以上列表说明：30%以内的亏损都还是可以容忍的，亏损超过40%就很危险了，亏损达到50%则理论上应该是永无“翻本”之日——因为你如果有本事让剩下的资金在单位时间里翻番，按理说要么当初就不会有过半的亏损，要么就还能继续有机会再度稳定地翻番——更不要说会亏钱了。

这就是在交易的过程中为什么一定要有“止损”的原因。

只要你是在亲自操作买卖交易，就不能回避心理因素对操作结果可能会产生影响的事实。不可否认的是：长时间处于亏损状态，对人的投资信心是会有打击的，这种打击体现为即使有朝一日你的持股能够扭亏为盈，你也极有可能没有信心等到该股终于赚大钱的那一天。原因很简单：由于你以前不知道它会如何“跌”，所以今后也无法判断它将如何“涨”。

就纯粹的投机而言，股市里的盈利只有一种体现：历次的盈亏相抵后净值为正数。如果平均的盈亏次数大致相当，则盈利的惟一办法就是将每次盈亏值的比例控制好，具体说就是让每次的盈利值大于每次的亏损值；此外就是设法将盈利次数所占的比例提高。

还是让统计数据来说话吧：在2000年9月28日至2001年9月28日期间，深市中累积跌幅超过50%的股票计有10只、跌幅在40%～50%的股票计有12只、跌幅在30%～40%的股票计有31只：合计53只。超过总数501只的10%。沪市中跌幅超过50%的股票计有6只，跌幅在40%～50%的股票计有7只、跌幅在30%～40%的股票计有23只：合计36只。超过总数627只的5%。若把新股和次新股统计进去则该比例还将进一步增大。

从另一个角度统计的结果是：在2000年9月28日至2001年9月28日期间，深市中保持上升状态的股票计有137只、处于下跌状态的股票为364只；沪市中保持上升状态的股票计有218只、处于下跌状态的股票为409只。

为什么一定要有“止损”？就是因为市场里有绝对差的股票和绝对差的行情周期存在（以上统计数据已经足以证明这一点）。可以这样说：不愿意止损的投资者基本都是属于不知道股票可能会跌到什么程度的——即不了解“目标”；既然不了解下跌目标，当然也就不会知道上升目标。因此，除非你手上持有的是大牛股，否则你将注定没有赚钱的机会。因为你持有的股票一直处于亏损状态并且你不做止损，其结果将是一直亏下去；

即使你握有的股票曾经一度处于赚钱状态，但由于你不知道上升目标何在，也就不知道是否应该卖出，当其升势终结、跌势来临时就仍然无法避免亏损的结果——前提是假如该股不是大牛股（事实上，绝大多数股民坚决持有的股票往往不是大牛股而是深度被套的股票）。

也许人们会问：在股票赚钱的时候才卖，处于亏损时就“扛"，这样做可不可以呢？也不行。因为你还是不知道“后果"。不知道“后果" 就确定不好“卖" 的价位以及无法避免遇上长年走熊的股票，赚钱少了则盈亏无法相抵、赚钱多了……你有这个把握吗？

为什么不能被动等待“解套"？除了上述原因外，更重要的一点是被动等待“解套" 导致的最大损失是时间上的损失——要知道在我们每个人的一生中，可用于炒股的有效时间并不是很长的；此外，在被动等待“解套" 的过程中会坐失众多的、有可能被捕捉到的、更好的投资机会，一方面是由于你没有后续资金，更主要的是在股票被“套牢" 的同时，心态也被“套牢" 了！千万不要说“我怎么知道该换哪只股票"、“万一换股又被套呢"，因为这样就等于承认：你根本就不适合做股票至少现在不适合。再说，你既然不知道该换什么股票，那你怎么又有如此信心持有现在这只“被套" 的股票呢？难道继续持有它——仅仅就是因为它“被套”的理由就很充分了吗？

所以，对于完全没有目标概念的投资者来说，一切模式下的操作都将不可避免地具有盲目性，其后果也就很难乐观了。

西方经济学里有一个概念叫沉淀成本，既然已发生的一切都是既成事实，对于其后发生的变化皆应视作新的开始。其在股市里的体现为持股的浮动亏损就是沉淀成本——相当于亏损部分已从账户里划出；如果（仅仅是如果）后来浮动亏损减少则相当于该持股升值创造的新的赢利——并不能改变原来的亏损已经发生过的既成事实。在现实生活中类似的例子有很多，我们就不必进一步列举了。

沉淀成本概念出现在西方，反映了西方人的思维以求变为主导；东方人又如何呢？中国有这样几句老话：“好汉不吃眼前亏"、“好死不如赖活"、“以不变应万变"、“死猪不怕开水烫”等等，基本上属于消极应变——甚至“退而求其次"。所以，落实到投资领域，西方人重势，中国人重价；西方人关心“只要能赚”，中国人担心“万一会亏”；西方人多以止损为代价来搏取利润的最大化，而中国人则沉迷于“水滴石穿”……其结果，西方诞生了众多的像巴菲特、索罗斯这样的超级富豪，而中国则形成了散户占90%的6000万人的股民队伍。

也许有人要问：止损就如此重要吗？难道说止损是惟一的选择吗？止损后一定能“拨开云雾见晴天”吗？我个人认为：能否走出“止损”这一步是质的区别；“止损”后的结果好坏只是量的差异——没有止损意识就等于没有正视错误的勇气，也就失去了探索成功之途的可能！有无“止损”是决定成与败的分水岭！迈不开这一步，一切“改良”的努力都将会注定失败！

六、平常心态看止损

要以平常的心态来看待止损，因为谁都会犯错误。止损仅仅是进行证券投资的一个技术手段，更是进行风险管理的重要措施之一，是资金管理技术的一个部分。止损本身是一种正常的也是正确的操作手段，但止损的结果却并非一定正确，有时你按照你的原则执行止损操作，但结果很可能与预期相反。这其中有两层含义：一是你的操作在思路上、原则上没有任何错误，但任何事情的执行结果是有概率性的，绝不可能百分之百准确；二是止损原则的确立也需要不断完善，不同的情况也应有不同的应对原则。所以，止损本身是再正常不过的操作手段而已，无论结果如何，都是该做就必须做的。

止损原则通常在进场之前就应设定，一旦现实情况符合了你的止损原则就必须执行，你所应用的止损原则是否科学、合理可以暂且不理，坚决、果断地执行最为紧要。交易者万万不可在止损关头抱有侥幸、抱有幻想，这种心理是万万要不得的。执行止损时应该坚持少思考、多行动，思考过多往往会错过止损时机、消磨止损决心、产生主观性错误决定。真正的止损实际上是执行一种客观性的决策，因为止损信号的发生不会是交易者自己想出来的，是客观事实的表现。所以，坚定执行是不会错的。“发现错误，要及时平仓，切忌买卖其他合约作为等仓用途，要敢于认错”（江恩28条交易规则第22条）。

止损如果做得成功可以使交易者避免更大的损失，保护你已经取得的成就。所以，如果想成为一名成功的交易者，应该把止损看得更加透彻。无论止损是否达到预期效果，止损后如何进行合理的下一步操作是最重要的，必须及时调整好止损后的心态，因为每一次具体的止损绝非一定会与预期相同，止损思想、止损手段的建立才是永远的正确。所以，为了最终能获利取胜，一定要在止损后制定出更加完善、科学的交易计划。

而止损成功率的提高主要依赖于入场时机的选择，之所以发生止损被执行，绝大多数的原因是入场的时机不当，或是在一个无趋势的市场中交易。少部分是由于止损幅度的问题。

作为一项保护性的防错措施，交易者判断市场趋势的能力影响止损执行的频率。我们都知道，壁虎在面临生命威胁时，会自断尾巴以求全身而退，许多自然界中的生物都具备这种令人敬佩的求生本能。在市场中，不怕死的烈士俯拾即是，但拥有壁虎精神、肯认错止损的人，却成了市场中的稀有动物——也是幸存者。

大多数的市场参与者虽然都具备这个常识，但是往往只沉醉于可观的获利中，对于“潜在的巨大风险”却视若无睹，不善使用启动利润保护止损单。我们在这里讲述的止损实际表达了两个含义，一个是入场止损单，第二个是利润保护性止损单。在理解上，不要片面。我们在时间、价格和波浪模式的分析中，已经生动地讲述了保护性止损单的具体使用过程和确定的方法。

但是，假定你已经亏损的40%是从亏损10%开始的，既然你一直都没有想过止损的问题，那么现在就不只是要讨论止损的问题，而是要解决比较多的问题。回到本书的前面，来学习、研究思考——解决最实质的问题：趋势、目标、方法。你需要把本书所有的内容进行研究，有了新的认识、勇气、智慧再入场也不迟，市场的机会总是留给那些有准备的人。盲目入市只有两个字——亏损。

七、一般的止损保护

好的止损点设置技巧很高，且要确实执行须具备异于常人的勇气与决心，但它却是成为市场中常胜军不可或缺的要件之一。

止损的方法很多，我们在这里主要介绍应用江恩理论进行止损的一般技术。我们先回顾在江恩交易计划中曾经介绍过的使用三日高低线进行止损和实施利润保护的方法。这是一种最基本的方法。

1．江恩方法的止损

我们现在用三日最低线作为保护性止损。当入场条件发生后，以买入价下方的两根日线的最低价为止损。如图 14－2，在图中的浮动保护线就是一条三日最低线。我们可以清楚地看到止损和保护性止损的作用。

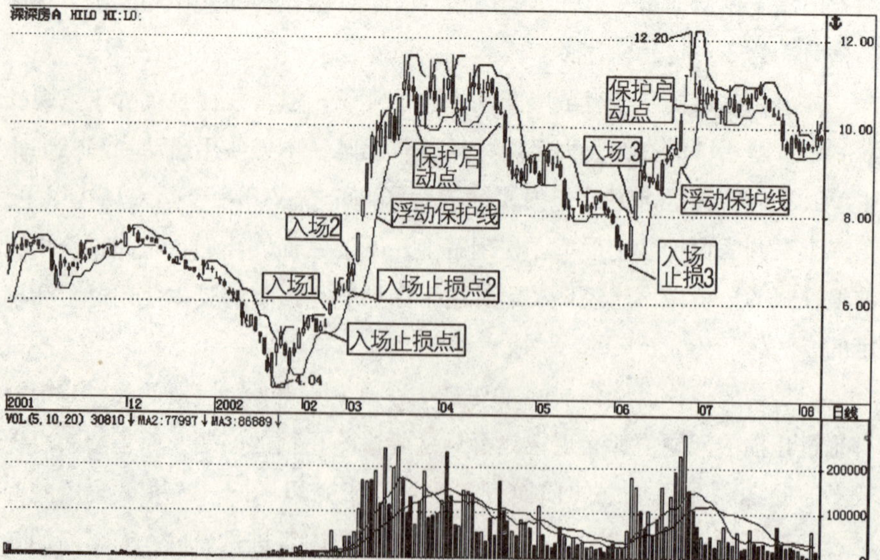

图 14－2　三日线止损

主要的压力和支撑线，也可以作为止损和保护性止损的条件发生。江恩角度线对市场的支撑与压力是明显的，当价格穿破一个角度线时，就意味着一个趋势的改变或市场运动速度的变化。多头以向上的角度线作止损线，空头以向下的角度线作止损线（图 14－3）。

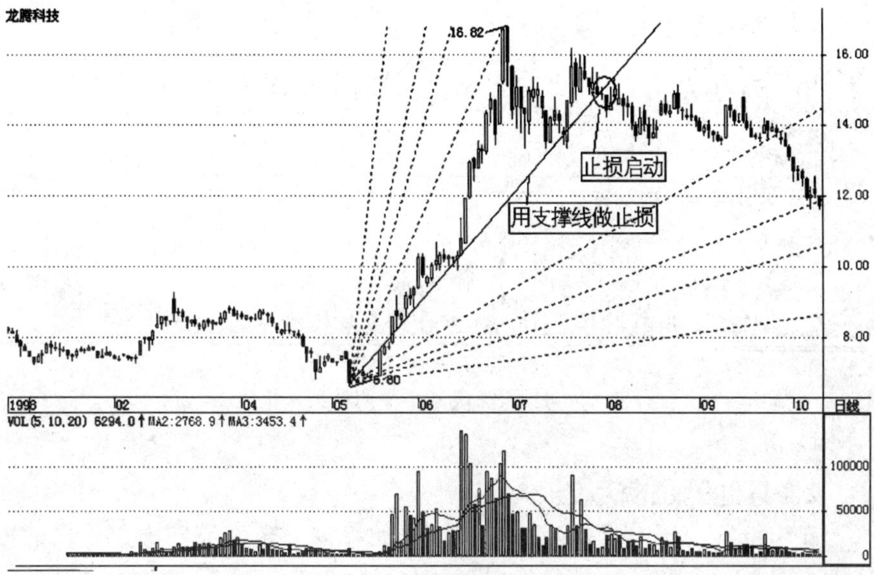

图 14－3　角度线止损

使用重要的 50% 回调，费波纳茨比率等，更可以配合时间窗口来进行。例如图 14－4，我们已经在高位卖出深深房（000029）。我们现在持有资金。如股价再度上涨，我们将面临资金被套，那么，选择什么样的买入止损条件呢？我们通过分析，确定角度线 3×1 线，和 11.60 元的 0.618 和价格回调的 0.618 位（11.60－4.04）×0.618 的共振点 7.15 元，如这一点不被突破，取前两根日线的最高价作为空头回补。

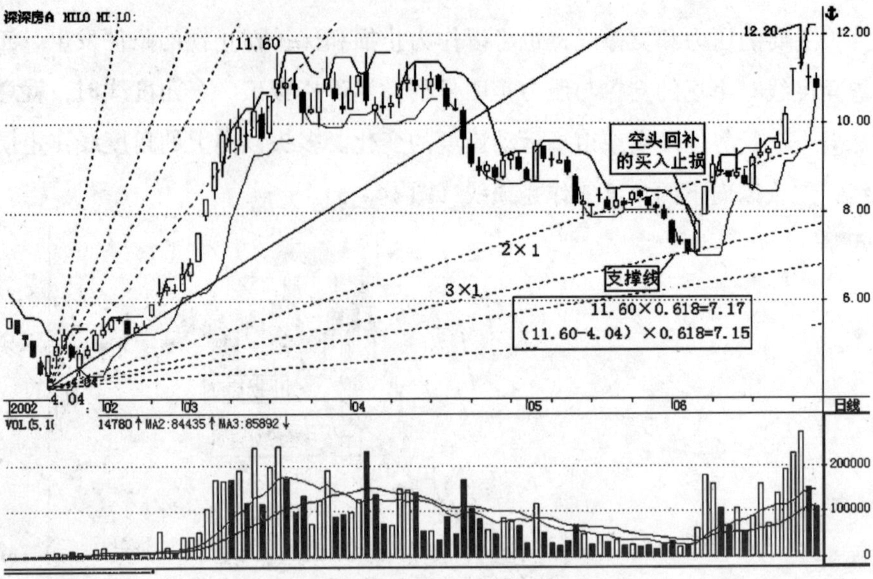

图 14－4 深深房 A 空头回补买入止损

2. 其他的止损方法

止损也可以使用其他的分析技术，如根据一致性原则确定止损的方法。这些方法有资金止损法、技术指标止损等。

资金止损法无须任何技巧，完全依照各人对于损失的接受程度而定。例如，某人进行一笔交易，他所愿意接受的最大损失为 500 美金，若不幸这个仓位的损失达 500 美金的时候，就必须无条件地认赔出场。

这种设定方法的优点是简单、且不易受到根据技术面设定造成触发性止损的影响；但由于这种止损设定法缺乏技术面意义，通常失败机会较大。不过其真正好坏则因人而异，可依各人喜好决定是否采用。这种方法适用于技术分析水平较高的、入场成功率较高的交易者使用。

技术指标止损有许多方法，如 SAR 指标、移动平均线等，也还可以通过识别价格形态进行识别。这些方法，可以通过学习一般的技术分析得到，在这里我们不作介绍。

交易市场永远是一个机遇与风险并存的市场，在这里没有常胜将军。面对变幻莫测的行情，只有采取正确的策略才能立于不败之地。要有承认错误的勇气，一旦自己交易错误，就应立即改正。

止损是交易计划的有机组成，这个已经在基本交易计划中有明确的规定。在一项交易决策实施之前，必须相应地制定如何止损的计划。交易计划中的止损，最重要的一步是根据各种因素，如重要的技术位或资金状况等来决定具体的止损位，更要考虑自己的急速分析能力，用自己熟悉的方法进行操作。

止损操作是交易计划的实施，是交易中具有重大意义的一个步骤。倘若交易中的止损不能化为实实在在的止损操作，止损仍只是纸上谈兵，交易计划也就没有了意义。

止损是一种保护措施，关键还要看何时进场，江恩说：知道买卖时机是非常重要的，而且你必须有某种规则或信号，作为你买卖的依据。

第十五讲

怎样全面理解江恩理论

江恩的书在20世纪50年代和60年代大部分均告脱销，而且没有重印。所以当时大家对他的理论了解很少。直到1976年，一个叫琼斯的小麦农场主从过去江恩的搭档兰伯特手中买下了兰伯特－江恩出版公司，并重印了江恩的大部分原著，人们才重新燃起了对江恩理论的兴趣。

江恩理论中最明确的实战交易原则和计划基本上没有什么争论，但是，这些交易思想和方法却没有得到应有的重视，更谈不上很好地应用了。而对于江恩关于市场预测的理论却一直争论不休，以致给人造成一种错觉——江恩的理论是关于市场预测的，这是一个极大的误会。其实江恩理论是关于市场交易的理论，预测是为它服务的，处于一种从属的地位。江恩晚年的《华尔街四十五年》一书，就是一部关于交易理论的经典之作。

眼却不是江恩角度线、时间周期等，而是“止损单”3个字。仅在第二章中，“止损单”就出现了8次之多。每一次出现，江恩都指出其重要性。江恩在投资市场纵横数十年，总结出来的交易规则其实是很简单的，并没有什么深奥的地方。但这些交易规则却是江恩的成功之道，预测只能是从属于交易的。

江恩在《华尔街四十五年》一书的末段关于1950～1953年的预测与后来的实际情况不符。美国经济在1949年陷入困境，因此江恩看淡1950～1953年的经济表现。但事实是1950～1953年美国经济又恢复了高速的增长，相反的倒是江恩认为见底的1953年才开始快速回落，1954年陷入衰退。预测在交易中的出错是个很正常的情况，江恩尚且如此，那么一般的交易者也就不能保证预测不会有错，关键还在于交易计划。尽管《华尔街四十五年》一书存在这样的预测错误，但并不影响这本书的价值。

二、对于分析工具与分析方法的认识

现在人们都热衷于对江恩角度线、轮中轮等具体方法、工具的学习，这本身并没有错。但是有的人却走进了一个误区——为方法而学习方法。这种表现不仅体现在江恩理论的学习上，还表现在许多人对证券分析软件的预测和方法本身的追求，超过了对市场运动规律的探索程度，沦为工具的发烧友，或者说是工具的奴隶……

其实，我们采用的工具本身没有意义，工具只是在人和市场之间架起的通道而已，使我们得以分析市场。就像医生使用温度计来测试病人的体温，或绘制坐标是为了确定相对事物的相对空间。那么，角度线也好、轮中轮也好，只不过是“丈量”市场的一个工具罢了。因此，工具本身并不重要，重要的是通过适当的工具来和市场融为一体，这才是交易的最高境界。

三、江恩的测市工具中所表达的思想

江恩的理论被后人演绎成各种不同的“江恩”版本，现在的江恩理论其实是后人对江恩理论的释意，更确切地讲应该叫“后江恩理论”。在当今华语圈内，以香港黄柏中先生对江恩的解读最为经典。如黄先生把中国的传统历法引入到圆的概念中去，他在《江恩理论——金融走势分析》一书中将中国的二十四节气和江恩的360°圆周所标定的阻力和支撑完美地结合，并认为春分是起点（0°）也是终点（360°），夏至是2/8位置（90°），冬至是6/8的位置（270°），这些位置都是重要的时间拐点。

这种关系，只有当圆代表一年的时候才会显现出来。在江恩理论中，它只是在时间圆周上按8等份切割，而这个8等份的圆周可以是任意一个单位时间的圆周。它可以是1年（江恩称为季节性周期），可以是1小时、1天、1周、1月，可以是45天、89天、7周、7.5年等任意的周期区间，也可以是60、90、1 000等任意的空间价格。在江恩理论中价格和时间是互换的，轮中轮就是一个说明。

人类的历法是根据日、月相对地球的运动，得出来的一种规律性的总结。所以时间其实就是天体的运动，没有天体的运动，人就失去了时间观念。那么，延伸到金融市场，时间就是价格的运动，没有价格的运动，也就没有金融市场的时间区间。江恩的伟大就在于表述了“时间 = 价格”。而“价格 = 时间”是江恩测市方法中流淌出来的最为重要的东西。他的角度线、六角形、轮中之轮的构造只是一种表达市场规律的手段，或者说是认识市场运动规律的桥梁。

当你把江恩的角度线、轮中轮课程作为知识或法宝来学习，然后用它去丈量市场时，则对你交易的改善指导是有限的。而当你把它看成仅仅是一种工具，那么或许你会领悟到江恩理论一些本质的东西。那时，你可以使用的方法将不再局限于角度线或是轮中轮，尽管这些方法是一些很好的方法。

要预测时间和价格的空间点位不能光靠画角度线等方法，还得靠另外的东西，就是古人常说的“功夫在诗外”。当然角度线画多了，你也许会得到一些其他的感悟。那么，这些感悟就是宇宙存在的相互关系。在江恩理论中，江恩把它体现在天文学、几何、星相学和声学、数术等等之中，这些东西就是波动法则与波动率。当你破译了波动法则与波动率，就破译了金融市场运动的根本秘密。

从某种程度上来说，时间也好、价格也好、数量也好，本身就是数字。江恩的很多东西，更多的就是一种数字上的和谐与非和谐的共振，例如八分法。江恩的8、9及费波纳茨数列及其比率的应用，都是江恩对市场感悟的结果。江恩证明了这些共振的存在，但他也没有说明这些东西为什么存在。

在江恩理论中，价格的变化本身也就是时间的一种表现形式，以及某种规律的表达，是一种“旋律”。在这个旋律中最主要的就是八等分法的体现。它是整个江恩理论的最基本节奏。在江恩方法中不变的是它的八分法，而不是什么角度线、江恩线、轮中轮等具体的工具表现，这是江恩的理论精髓。其他的只是帮助理解其理论的东西，是一种“造景”，不是内容的实质。

世间的事物只是“物”的表现形式，而物又是生灭转化的。世界上的任何一个事物的产生和存在多是姻缘聚合的结果。证券市场是人类活动的一个表现形式，它也是“物”的表现形式，它也具有“能量”。所以，你如果能够悟到“物”性，那么，也就通晓了它的规律。

这种“姻缘聚合”同样流淌在江恩的工具中，他无时无刻不在强调主要与次要的均衡、时间与价格的均衡，他真实的含义是试图表达一些简单的概念，这些概念是：市场价格的时间关系、空间关系、时空关系、波动关系，那就是“共振”。时间的共振、空间的共振、价格与时间的共振、共振的节奏。

对价格、时间和交易对象波动的关系研究是本质的。这也是我们提倡一致性交易原则的一个因素。

如果透过现象找到本质也许我们会发现事物的发展规律是如此简单：简易、不易、变易。

四、关于市场结构

江恩主要的分析方法就是画线分析。这种分析手段揭示出市场价格的结构、平衡、转换，价格的图形就是一种结构、一种平衡、一种转换。我们经常会发现，在价格图上能够画出一些很直的趋势线，一些平行的趋势，这是一种很普遍的现象，很耐人寻味。但如果仅仅停留在道氏关于趋势的理论上，那就只能跟踪，而不能预言了。或者说只看到了表象，没有找到隐藏在背后的东西。江恩理论的波动法则、波动律，就是找到了这些直线、平行线的时间与价格的平衡，揭示这些直线间的间距、斜率等等背后隐藏的市场趋势及规律的东西。

市场的结构就是时间结构、空间结构、时空结构，对于市场结构的研究，我们可以从不同的角度去分析。如我们经常看到高低点的费波纳茨数列和其比率关系，是结构的一种表面现象，它隐含了美感、协调、一致等更深刻的市场本质内容。其实，市场结构、共振关系都在价格的运动中。

我们要对市场价格的未来做出判断，用我们所能够使用的方法，如角度线等。它提供了价格在一定范围内的可能变化，但这种变化还是太多。要同时定位时间、价格的点就必须依靠价格运动规律的波动率。

大家都知道那句著名的“时间与价格形成平衡关系时，市场将会出现转折”的话。但市场真是出现转折的时候，大多数人却看不到，为什么呢？如市场已经见底向上运行，可你仍看到它在下跌。为什么？这不是价格在下跌，而是你的认识判断觉得在下跌。

空间结构主要是讲空间的比率关系、空间的循环。在上证指数的价格比例关系中，我们观察到在 1994 年 7 月 325 点以后，以 325 为底，1510 为中心线，存在一个 1185、732 的黄金比率空间（图 15 - 1）。

我们可以看到，这个比例关系确实很有意思，如要细分还可以得出更多的数据。再如沪市 2001 年 11 月 8 日的低点 1550.46 到 12 月 5 日的高点 1776.02 再到 2002 年 1 月 29 日的低点 1339.20 的股市波动中也同样是这样的对称比例关系（图 15 - 2）。

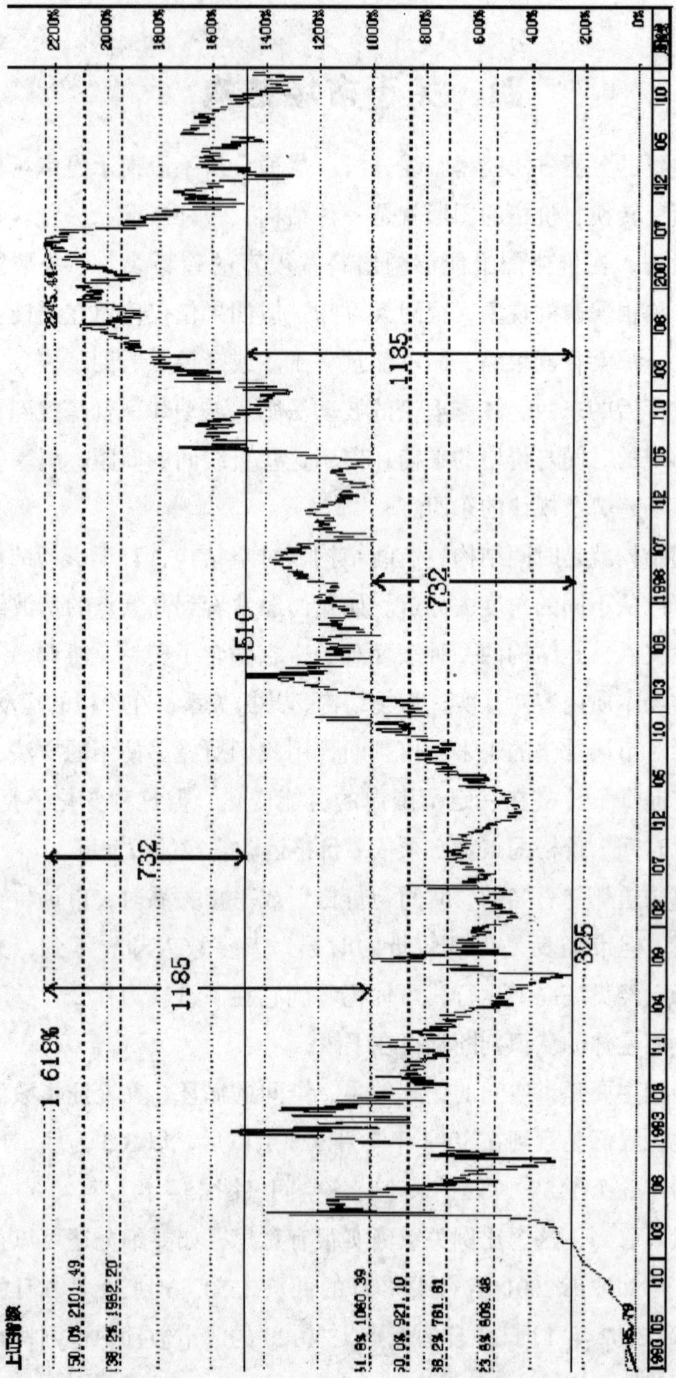

图 15-1 上证指数黄金比率空间

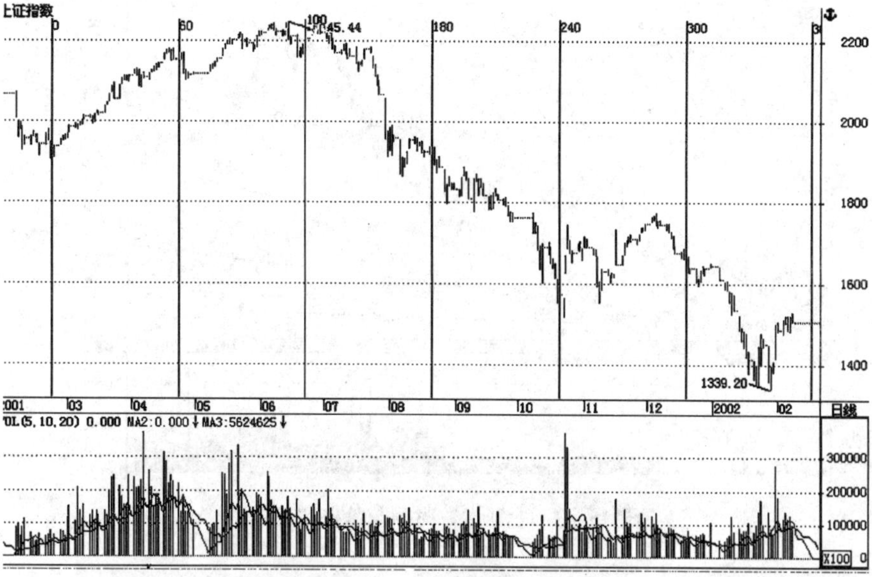

图 15－2　沪市对称关系

1776.02－1550.46＝225.56；

1550.46－1339.20＝211.26。

两个数很接近，这里也是一个近乎完美的对称关系。

时间结构，主要是表达价格转折周期。一个简单的周期结构会经常出现在市场中，我们可以看到在 2001 年的一个 120 天的循环。这种时间结构，不只是简单的时间重复（当然，时间结构会存在飘移和交替的现象）。

时间空间结构，表达了时间与空间的互换，一定的时间对应一定的空间。时间和价格的相互转换可以用另一个方法表述，其实，我们可以用面积的方法来表述时空。如果引入成交量更可以用体积来描述，当然，这是个需要进一步研究的课题。

假如我们分析上证指数的 1×1 的时间与价格的比例关系用每周 10 点，则我们以 1994 年 7 月的 325 点为起点，可以通过 A、B 两点，得出 C 点是个关键的转折（图 15－3）。

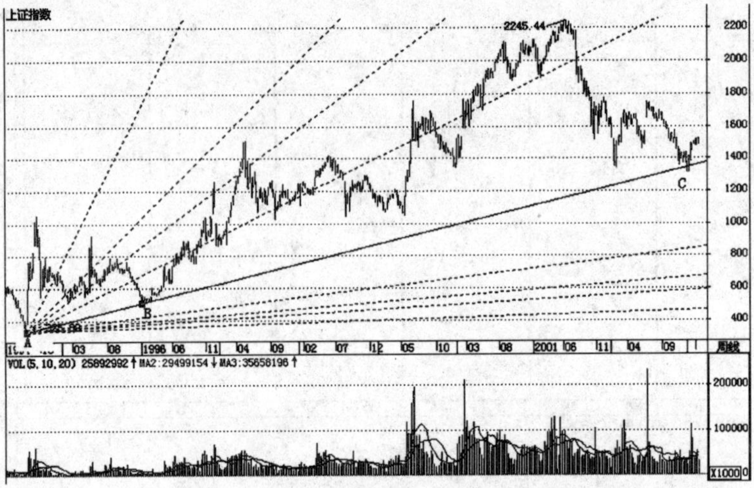

图 15－3　上证指数时间与价格比例关系

我们也可以对角度线作平行线，并取一个较高的顶点或低点来确定未来可能的转折时机。图 15－4 中的 G1、G2、G3、M1、L1 点就是潜在的折返点，它形成一个明显的临界点，我们可以看到了 L1 点成为了 2002 年的低点。

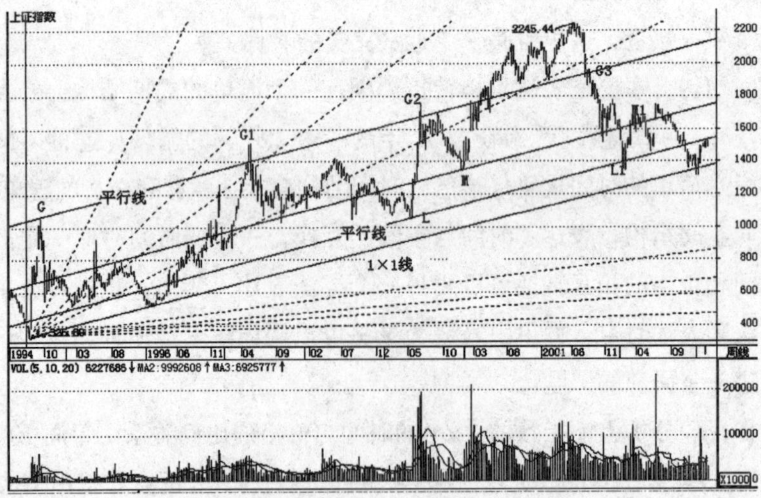

图 15－4　上证指数 1×1 通道

我们可以通过观察沪市在 2001 年 6 月以来的时空结构，充分体会到费波纳茨数列、角度线所表现出的时空关系（图 15－5）。

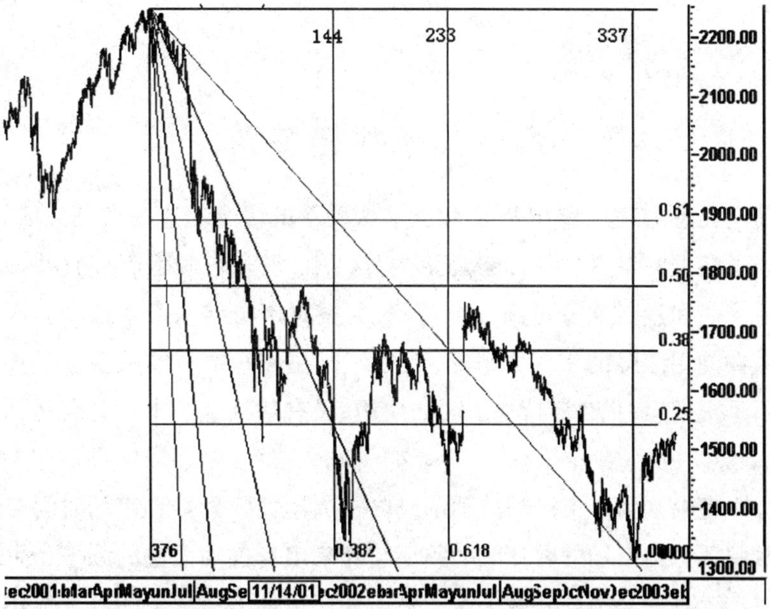

图 15－5　沪市费波纳茨数列、角度线时空关系

市场中这种关系可以说无所不在，平衡、结构、转换在不同的维度（垂直、平行、斜线）发生着，确实让人觉得背后隐藏着什么东西。很多人在应用江恩理论时只看到了角度线的作用，其实还有很多其他东西。

五、时间、价格、成交量是一体的

江恩表述时间与价格的关系时表达了时间和价格是统一体的思想，它们之间是可以相互转换的。江恩论述价格是否得到支持要借助成交量分析。没有成交量的支持就是一个不稳定的结构。因此我们在这里要加入对量的分析考虑，那就是时间、价格、成交量是一体的，这是我们的思考。

成交量是和价格不可分割的，是价格的载体，脱离了成交量的价格是没有意义的。

六、关于共振关系

使用江恩的理论和方法,要建立共振关系的概念。这一点是关键的,不能忽视了共振的意义。在江恩理论的分析中,很多东西是需要有共振才会形成有价值和意义的分析判断和预测,共振对市场结构产生作用。而现在不少人在使用江恩的一些方法时,大多停留在一些单一的关系上。其结果往往不是很理想,只是停留在表面的应用,没有达到他们本身想要达到的效果。

江恩理论认为,市场的波动率或内在周期性因素来自市场时间与价位的倍数关系。当市场的内在波动频率与外来市场推动力量的频率产生倍数关系时,市场便会出现共振关系,令市场产生向上或向下的巨大作用。我们可以发现:股票走势经常大起大伏,一旦从低位启动,产生向上突破,股价如脱缰的野马奔腾向上;而一旦从高位产生向下突破,股价又如决堤的江水一泻千里。这就是共振作用在股市之中的反映。

共振并不是随时都可以发生,而是有条件的,当这些条件满足时,可以产生共振;当条件不满足时,共振就不会发生;当部分条件满足时,也会产生共振,但作用就小;当共振的条件满足得越多时,共振的威力就越大。在许多时候,已经具备了许多条件,但是共振并没有发生,这可以理解为万事俱备、只欠东风。东风不刮,火就烧不起来,而东风是关键条件。如果没有关键条件,共振将无法产生,在这一点上江恩特别强调自然的力量。

我们知道,每到农历 8 月 18 日钱塘江会发生大潮,这现象是因为月亮的引力所造成的。而只有当太阳、月亮和地球处于同一直线时,这种大潮才会发生,这也是一种共振。既然太阳、月亮和地球的位置可以引起大潮,那么它们的位置是否也可以影响人们的操作情绪和行为?江恩的回答是肯定的。

总之,共振是使股价产生大幅波动的重要因素,投资者可以从短期频率、中期频率和长期频率以及其倍数的关系去考虑。江恩还认为:市场的外来因素是从大自然循环及地球季节变化的时间循环而来。共振是一种合力，是发生在同一时间多种力量向同一方面推动的力量。投资者一旦找到这个点，将能够获得巨大利润和回避巨大风险。

江恩的方法并不能保证绝对精确的预测，而且对未来的预测往往也是链式的，这就是说，对未来B点的预测要依赖于对未来A点的结果（A比B时间上更近些），如果A点的情况有变，B点就不一定能成立，我们已经在前面表述过这个未来价格定位的问题。

对于共振关系，也就是价格在时间和空间比例上存在着一种"美感"，一种"韵律"。要把握金融市场中的这种有序或者结构，同人们要去把握艺术、音乐、建筑等等的美感是一样的。比如音乐，你无法用一个数学模型去丈量它的美感，无法穷尽它的变化，但是和声学却能表现它的变化规律。

自然界能创造出自然之美及和谐，也就能创造市场之美及和谐。而且，隐藏在它们背后的都是同样的法则，是一种普通联系、相互作用、协同的法则，江恩把它称为市场的波动法则。

供求可以产生势，而这种势一旦产生，向上、向下的威力都极大。它能引发人们的情绪和操作行为，产生一边倒的情况。向上时人们情绪高昂，蜂拥入市；向下时，人人恐慌，股价狂泻，如同世界末日到了，江恩称之为价格崩溃。

因此一个股票投资者，应对共振现象充分留意。一般下列情况出现将可能引发共振现象：

（1）当长期投资者、中期投资者、短期投资者在同一时间点进行方向相同的买入或卖出操作时，将产生向上或向下的共振。

（2）当时间周期中的长周期、中周期、短周期交汇到同一个时间点且方向相同时，将产生向上或向下共振的时间点。

（3）当长期移动平均线、中期移动平均线、短期移动平均线交汇到同一价位点且方面相同时，将产生向上或向下共振的价位点。

（4）当K线系统、均线系统、成交量KDJ指标、MACD指标、布林线指标等多种技术指标均发出买入或卖出信号时，将产生技术分析指标的共振点。

(5) 当金融政策、财政政策、经济政策等多种政策方向一致时，将产生政策面的共振点。

(6) 当基本面和技术面方向一致时，将产生极大的共振点。

(7) 当某一上市公司基本面情况、经营情况、管理情况、财务情况、周期情况方向一致时，将产生这一上市公司的共振点。

第十六讲

江恩与艾略特

我们这一讲将对江恩理论与其他的理论做一个比较。江恩理论是在吸取前人研究成果的基础之上建立起来的，它借用了道氏理论的关于趋势的理论、传统形态分析技术等。它更多的是将时间这个概念引入了技术图表分析。它与同时代的艾略特在某些方面具有相同点，比如，他们都使用了费波纳茨数列和比率。而艾略特在研究价格形态上独树一帜，所以，江恩理论与艾略特理论具有协调的一致性，可以联合使用。江恩理论和当代金融大师索罗斯在形式上、表述上是对立的，但是，我们却从他们的对立中找到其中的一致性。

一、江恩理论与艾略特波浪理论

江恩把时间作为第一要素来研究金融市场的价格，它是在一个坐标系中判断价格的变化，他引用了角度和回调比率来解释股价的运动，它用圆来代表循环、用正方图表达时间的非线性（这一点，江恩只是做了应用的表述)。而艾略特主要研究波浪之间的比例及关系，没有将时间纳入。他们重要的相同点在于分析中都引用了费波纳茨数列（当然包含黄金分割比率)。综合使用两种技术，能够提高实战的成功概率。

现在我们具体分析江恩理论与艾略特波浪理论的关系。

1. 江恩角度线和江恩线与艾略特波浪原理

江恩角度线和江恩线是江恩理论和江恩交易技术方法的核心。他充分体现了价格在江恩坐标系中的支撑与压力的变化，股价运动的比率。我们把角度线和江恩线与艾略特波浪理论做一综合对比分析。

艾略特（1874～1948）是波浪理论的创始人，曾当过专业会计师，就职于南美洲铁路公司、餐饮等行业。1927年由于患严重疾病回到加利福尼亚家乡。养病期间，艾略特花费数年时间潜心研究75年以来的市场价格运动，在1934年出版了《波浪原理》一书，为这一重要理论奠定了坚实的基础。1978年，他的思想继承者帕切特出版了与人合著的《波浪理论》一书，并在期权交易竞赛中取得4个月获得400%以上的骄人成绩，从而使波浪理论得到迅速传播，成为主要的分析流派。

艾略特波动原理的基本观点认为股票价格运动具有某种节律，这种节律是存在于自然之中的，所以也是自然的节律。艾略特把这种节律的基本节奏分成5波和3波的运动（图16-1)。其结构可以是某种复杂的组合型态，随着时间的推移构成巨大多变的波型。在这里，艾略特把波浪分成不同级别。注意：不同级别的浪是存在于不同时间结构中的。大的波浪套着小的波浪运动。艾略特是在用级别变换坐标的，而江恩是用交易的周期的长短来选择具有重要意义的高点和低点，来确定折返的比率运动。在综合运用这两个理论时，一定要注意使一定级别的波浪和一定的江恩的坐标系统一起来。

1）艾略特波浪基本形态

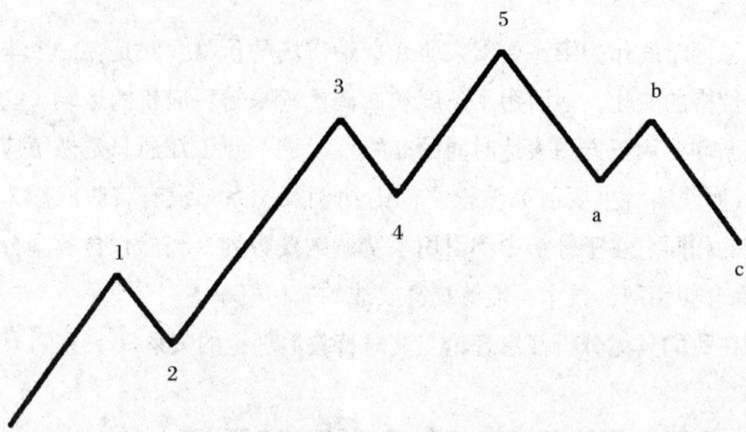

图 16－1　上升 5 浪与下调 3 浪形态

波浪理论认为：市场的发展遵循着 5 浪上升，3 浪下降的基本型态，从而形成包含 8 浪的完整周期。前面 5 浪所组成的波浪是股市运行的主要方向，而后面 3 浪所组成的波浪是股市运行的次要方向。图中的第 1 浪、第 3 浪和第 5 浪称为推动浪，第 2 浪和第 4 浪则称为修正浪，经过第 1 浪至第 5 浪推动之后，又会受到 a、b、c 3 浪的修正。在这个完整的 8 浪周期结束之后，随之而来的是第二个类似的周期变动……，如此不断地重复。这样，较小级别的一个波浪总是包含在较大的波浪中，或者说：波浪理论认为，任一序列中，任一级次的浪，均可被细分以及再细分为较小级次的浪。但 5 升 3 降是其基础。

2）江恩线的基本概念

江恩投资方法是一个庞大复杂的相互联系的体系，但江恩角度线与价格运动的关系，代表了其中心思想。

这些概念由以下例图给出（图 16－2、图 16－3）。

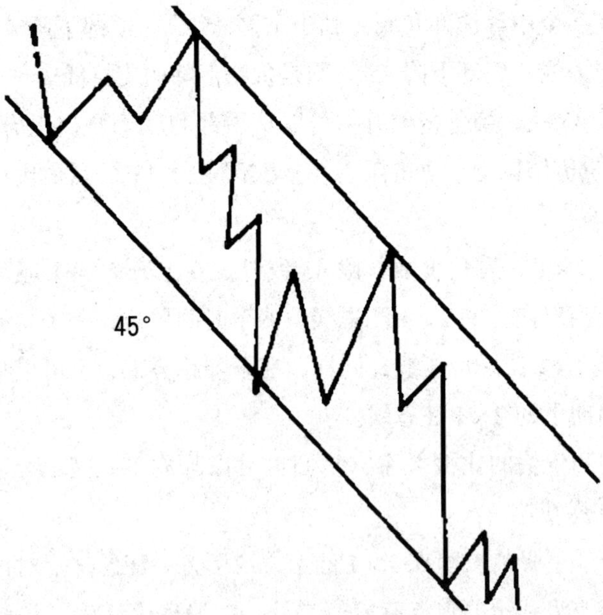

图 16－2　45°价格线

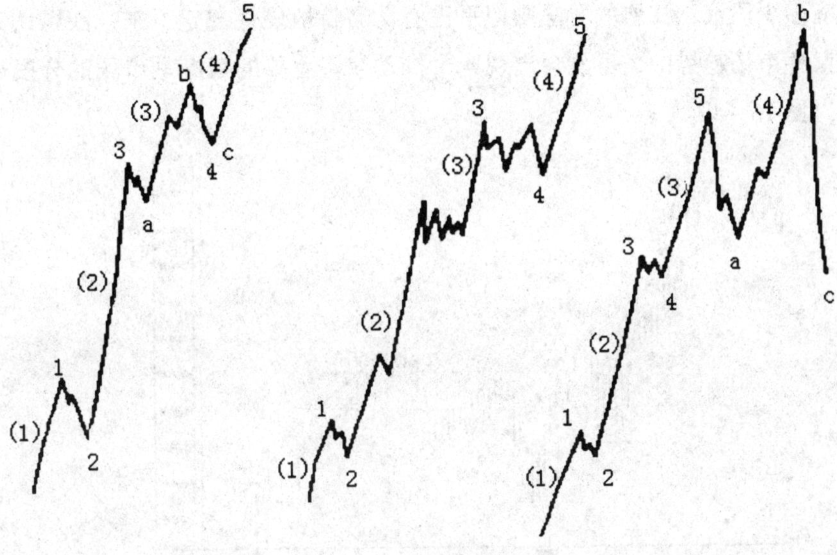

图 16－3　4 个推动浪图

（1）下降45°线：一旦价格开始下降，我们可以从某个主要的顶部和底部，也可以是某个中等顶部和底部画出下降45°线。顶部下降45°线是价格反弹的强大阻力线；底部下降45°线则是价格下降的支持线。

（2）上升45°线：当价格上升，可以从顶部和底部画出上升45°线。顶部上升45°线是价格向上推进的阻力线；底部上升45°线则是价格上升的支撑线。

（3）上升2×1江恩角度线：除45°线外，在上升趋势中还可以从主要的顶部和底部画出向上的2×1江恩线，两个时间单位，一个价格单位。

（4）下降2×1江恩角度线：同样，在下降趋势中，也可以从主要的顶部和底部画出向下的2×1江恩线。

按照时间和价格的比例关系，我们也可以画成1×2江恩线、2×3江恩线、3×2江恩线等。

一个上升或下降的波浪在1×1的上方或下方。江恩这个对市场走势的观点与艾略特波浪理论的观点有相似之处。波浪理论认为，在一个上升的趋势中有5个波浪，其中，有3上升的主推浪，两次下降的修正调整。在这一点上，江恩与艾略特的观察互相印证。不过，对于一个趋势中究竟应该有多少段浪，江恩的看法则似乎没有艾略特般硬性规定下来，江恩认为在某些市场趋势中，可能会出现4个推动浪，主要的概念是市场的分段运动（图16－4）。

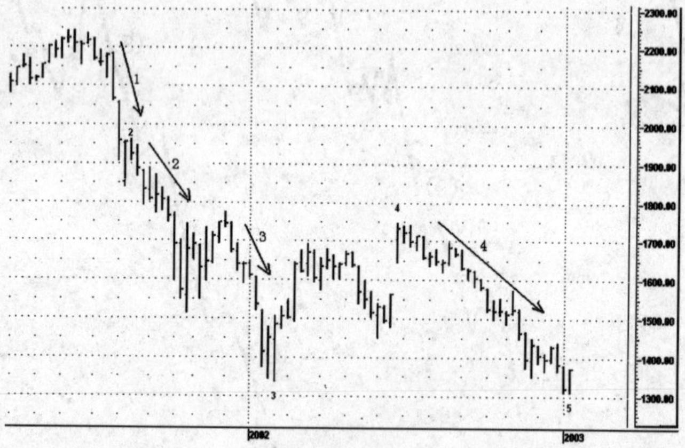

图16－4　沪指分阶段运动

江恩认为在一个上升趋势的市场中，市场通常会分为3段甚至4段的波浪上升。在一个下跌趋势的市场中，市场也会分成3段甚至4段的波浪下跌。也就是说，当上升趋势开始时，永远不要以为市场只有一浪上升便见顶，通常市场会上升—调整—上升—调整，然后再上升一次才可能走完整个趋势；反之，在下跌的趋势中也一样。

如何把江恩理论与艾略特波浪理论结合到一起，我们在下面将专门论述，这里要强调的是艾略特的过于完美的论述在使用中造成许多的误区，原因是在如何选择波浪的级别和焦点的问题上。那么，江恩多出的一浪可能是调整浪中的不规则B浪或低一级不规则浪的B浪和形态较突出的延伸浪中的一个浪。

2. 江恩角度线与波浪分析的联合使用

江恩角度线尽管只是江恩市场分析方法的一小部分，但它是预测趋势变化、提供支撑压力区域和时间的一种有效的直接的方法。同样它使人想到“价格—时间”的趋势线。

江恩确信在判断趋势变化能否是预期的结果，时间是主要的因素。江恩角度线投射出市场价格在图上的自然节奏，并且对我们分析价格趋势和对市场运动的预期提供帮助。

图16－5表明市场运动和江恩角度线之间的协调关系。从波浪（点2），画江恩角度线1×1，2×1和4×1线。顶和底部能预先被预测，价格运动遇到未来江恩角度线的支撑或压力。

因为图16－5不是“直角”（squared）——由于价格和时间轴是不同的刻度，所以一个45°或1×1线就不像45°线。

从所有的推动浪的顶和底部画江恩角度线。图16－6，在第5推动波浪的顶以后的江恩角度线的簇无论在哪里相交，很可能存在一个修正的波浪转折点。重要的支撑和压力区能很容易从高低点射出的若干角度线的交汇中标出。一条江恩角度线没有被突破或跌破，那么，它表示这根角度线具有较大的支撑的力量。如果价格运动在多条江恩角度线的交集下面并且朝顶点向上移动，趋势折返的可能性就较大，而且趋势会偶然出现加速运动。

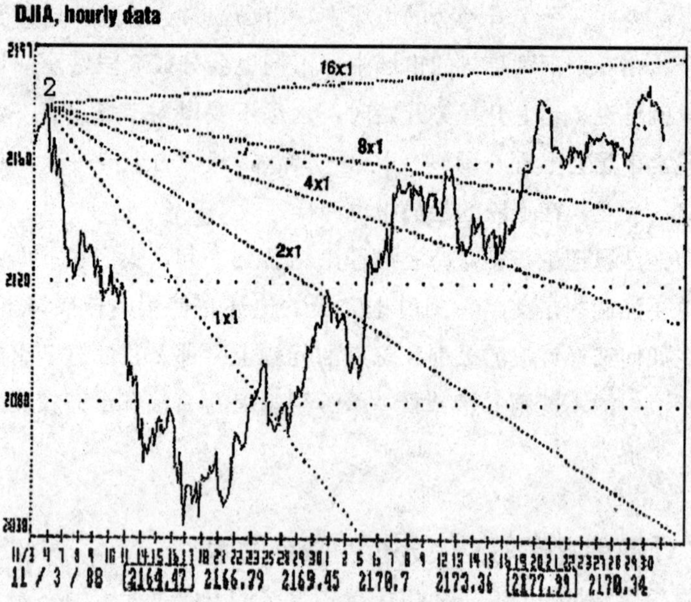

图 16－5　市场运动与江恩角度线

图 16－6　顶部和底部的江恩角度线的交汇点存在修正波浪的转折点

估计价格运动的大概方向的最好方法是评价它在行进中移动的速度(宽度)。道琼斯工业平均指数在图中的进展表现为2:1的下降比率，或是1:1的比率，且成交量持平或减少。一个有力的价格推动进入江恩交汇点将显示出趋势的加速度和多变性，这种分析同时适用于熊市和牛市。

如何提高江恩预测分析的正确性，提高预测的概率（可能性)？其实每种技术分析方法，如移动平均或随机指标等都能够帮助我们提高预测的概率。应用艾略特波浪计数的方法，就是应用一致性的原则，努力争取最好“可能的机会”，取得最为有利的头寸。但是一个偶然机会仍然存在——你将无法避免错误。所以，这也是资金管理至关重要的地方。因为江恩角度线显示出价格转向的支撑、压力的投射区域，在时间之窗到来前，交易策略一定要计划好。一旦价格移入投射的区域，预先确定的交易计划就能够使用。

上述的例子和时间、价格和波浪模式告诉我们，江恩角度线已经证明与艾略特波浪分析结合时具有非常重要的价值。使用江恩角度线配合最适当的波浪计数，可以确定市场的转折。例如，当你计算出5浪运动完成时，在38%、50%或62%的折返比率上它会停止吗？江恩角度线提供了精确选择的可能，是确定回调价格的一种方法。

江恩理论和艾略特波浪理论的联合使用，可以相互补充、相互证实。使我们交易的成功性大为提高。联合两种很成功的方法可以产生出比单独使用任何一个方法更优异的结果。

二、江恩理论与艾略特波浪理论结合应用典型案例分析

学习、研究江恩理论的目的是为了指导交易实战，而不是事后在K线或棒线图上来回地测算，标出市场价格运动的周期。下面我们将从实战的角度来综合应用江恩理论与艾略特波浪理论。

在实战交易中，应用江恩理论的关键是要把握时间与价格的关系。在确定的时间里，价格在确定的空间中。那么，在摆动交易和趋势交易中，

确定变盘点无疑是重要的。同时，为了提高预测的准确性，提高实战交易的胜率，我们要采用一致性原则，并应用其他的分析方法。

在这个案例中我们主要的目的是确定价格这个变盘点和运动的价格空间，来指导我们进场交易，确定止损的位置和利润保护位置。那么，时间的窗口可以用前一个价格空间的期间扩展得到，也可以是费波纳茨数列和其比率，当然，也可以是一个周期循环的焦点等方法。对于价格运动中价格的定位我们主要采用角度线和艾略特的波浪模式。我们认为，艾略特的波浪模式很好地表现出价格空间的波动特性。尽管有时我们无法完全预测它未来的波型结构，但是，可以本着安全的原则，逐步演绎、修正，直到完成交易。

我们在交易中，要以最小的风险获取最大的利润。江恩关于时间、价格的关系和艾略特的波浪模式的应用可以帮助我们在一定程度上达到这个目的。也就是说，当一致性的指示出现，当市场完成一个可靠的波浪模式的时候，同时市场也已经运动在一个时间周期窗口的附近，并且有重要的价格变化趋势出现。当上述的3个要件得到相互印证的时候，我们才可以进入或退出一项交易。

在案例中，我们用铂金市场来揭示时间、价格和波浪模式这个方法组合的应用。当然，你会发现，这个例子是比较典型的，这是为叙述的需要，我们的目的在于演绎分析的过程，在过程中解释江恩理论方法的实际应用。讲述交易的理论和方法是个证实的过程，它区别于实验室的工作，实验具有重复性，而交易不存在完全意义上的重复性，它只是存在“韵律”的再现和“韵律”的连续性。所以，交易不能像其他课程那样去讲。这就是我们在这里用例子演绎的原因。

1. 确定时间窗口

时间窗口的选择和确定价格的运动是一样重要的，它是我们得以进入和退出市场的依据。在市场运动中，时间周期总是与重要的费波纳茨数列比率61.8%相联系。多数交易者都会意识到，价格的运动经常会返回到前一个摆动周期的61.8%位置上。这就是费波纳茨数列比率在市场交易中一个重要的、明显的表现。一个趋势的变化经常结束在一个循环周期的

61.8%时间比率附近，而整个周期是由完成的循环周期不断扩展过来的。

时间窗口的确认方法非常重要以及它是判断可能发生转折的一个重要工具。要分析市场可能共振的时间窗口，这些共振的时间区间，可以用费波纳茨数列点，也可以用圆的分割等。在这里我们用图形进行解释。

如图 16－7，举例说明铂金在 1988 年在 9 月 16～27 日附近为什么会发生重要的变化。

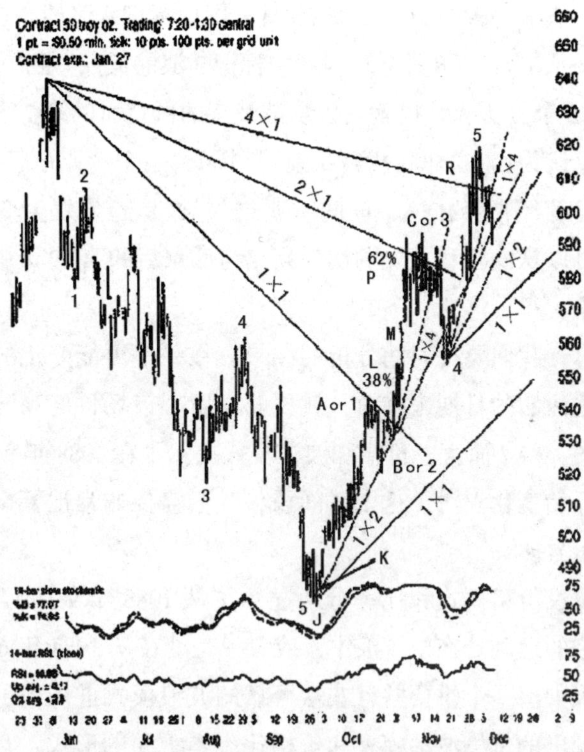

图 16－7　时间窗口的确定

现在我们对图形进行分析。从 1987 年 12 月 14 日高点到 1988 年 6 月 2 日，时间运动经历了 171 个日历天，在这里，作为一个已知条件，图中没有把这个摆动显示出来。而 171 的 61.8%的费波纳茨比率是 106。如果从 1988 年 6 月 2 日起（图中左上角的那个高点），106 个日历天后的日期就落在 1988 年 9 月 16 日上。那么，这个日期附近就成为我们的关注点之一。

江恩理论认为，30 个单位（可以是日、周、月、年等）的时间期间或

360°的圆的 1/12 是寻找趋势发生变化的重要时间窗口。从 1988 年 2 月 29 日到 1988 年 9 月 26 日（图中的低点），正好是 30 个星期。而 1988 年 8 月 25 日到 1988 年 9 月 24 日，正好也是 30 个日历天。

研究价格运动的历史，教会了我们在重要的摆动趋势中，从 30 个星期或 30 天的循环中寻找到趋势变化的时间窗口。从上述的分析中，我们目光的焦点越来越集中在 1988 年 9 月中下旬。

在图 16－7 中，从 1988 年 8 月 25 日（图中标记 4 浪的高点）开始是个向下推动浪。从 1988 年 8 月 9 日（图中标记 3 浪的低点）到 1988 年 9 月 27 日，经过了 49 个日历天，也就是说从波浪 3 的低点后的第 7 个星期。

江恩理论认为：在时间的第 49 天（7 周），是个"死亡区间"，它表示一个方向的运动经常会在这个期间"死亡"，这是趋势发生变化的一个时期。我们也可以从次要和主要的摆动高点与低点后的第 49 天中，寻找到趋势变化的迹象。

无论何时，我们要把时间分析的结果，在一串可能变化的趋势上注明日期。当这些注明的日期来临时，就要非常留心市场价格和波浪模式的运动情况。对图 16－7 而言，价格和波浪模式提示了在 1988 年 9 月 12 日这一周中，趋势开始变化。对于这个时间段，我们需要非常地警惕，关注价格的可能变盘信号。

艾略特波浪价格模式和比率分析显示了从 1988 年 9 月 12 日的这周开始，铂金价格的运动处在第 5 浪中，或者说是处在从 1988 年 6 月的高点以来的终结波浪中。一个重要并且非常可靠的波浪模式进入到了它的最终阶段，它所呈现出的价格波动模式和价格比率是重要的形式，它表现出了一致性的原则。在图 16－7 中显示出的数浪，虽然算不上是学院式的艾略特波浪计数，但是，它已经充分显示出价格下降趋势可能已经结束。而这一点正是我们所最为关注的，这是确定一个趋势终结的重要依据。

价格水平的重要的簇指示在＄472～＄486 的价格区域，它可能导致下降趋势的结束。价格摆动通常总是与先前的摆动明显地相关。在任何一个时刻，确定哪个关系是那些重要点的关联条件是非常重要的。一旦知道了这个"相关"的链条，我们就可以确定任意的重要点。

1988 年 6 月 22 日的高点＄642 到 1988 年 6 月 29 日＄553 的低点相差了

$89。1988年6月20日$608的高点到1988年8月9日的低点$518相差了$90。这两个有意义的89是一个重要的费波纳茨数，并且90这个数是一个重要的江恩时间——价格关系。也就是说，在这里存在一个90的循环。从$562的1988年8月25日高点，价格下跌$89~$90点，正好落在$473~$472。从1988年7月7日的$594的高点到1988年8月9日的$518低点下降了$76。价格戏剧性地在1988年9月19日下跌，并出现一个向下的跳空缺口。这使我们记起了江恩关于短线交易的忠告，一个下降趋势的末端，很可能会出现一个恐慌性的抛售，那是最后的下跌。这次价格活动，展示出价格在它的下跌的最终阶段是典型的衰竭性缺口的所有特性。

在1988年9月23日出现了一个宽幅震荡，收盘价接近当天的最低价。这类当天的市场活动通常显示这可能是较低的价格了，已经出现了增量的买盘，使得价格出现振荡，但恐慌没有彻底结束。从艾略特波浪理论的波浪模式分析，显然价格正在完成一个可靠的艾略特波浪模式，并且进入一个很重要的支撑区域。而这一切正好在趋势有较高可能性的重要变化的时间区间内。时间、价格和模式正好相符，这一切显示一个趋势重要的变化即将来临。

2. 确定价格——转折、止损、目标

分析是服从交易的，而交易必须有规则，最基本的就是进场、设立止损位置、设定利润保护位置、出场。

而确定市场方向的转折点是摆动交易的前提。在一个新的趋势没有形成前，我们只能将交易作为摆动交易，而不是趋势交易。那么我们来确定市场的转折点吧。在上面的分析中我们已经基本确定了转折的可能区域，我们现在要进行仔细的日线分析。

在经历了1988年9月23日的宽幅振荡下跌后，在1988年9月26日这个交易日，市场经历了一个反转日。价格创下当天的新低而收盘价在全天的顶部附近，高于前一天的收盘价，这种日线结构就是标准的单日反转，我们把它称为反转日。这无疑不是一个通常全天下跌的价格活动类型。转折当天，低点在$481.50，正好在重要的支撑水平下面一点（图16-7点J），我们在价格空间分析中已经确定了$472~$486的价格区域是个重要

的支撑区。

从6月的高点开始的波浪5模式的价格活动结束了。转折日正好落在1988年9月16~28日之间的转折点期间。时间、价格和模式分析都显示了趋势的重要变化即将发生。现在，这已经被短期的价格反转活动所证实。在$489，在反转日收盘时，凭借时间、价格和模式的一致性，我们开始入场做多。

当时间分析被价格和波浪模式的分析所证实时，我们就有信心以最小的风险进入市场了。把止损点放置在$479.50，正好比进入的当天（1988年9月26日反转日）的最低点低$2（图16-7点K）。我们观察到两天以后，市场开始强劲向上运动了，这证实判断开立多头仓位是准确的。且允许我们提高止损到$488，低于1988年9月28日强劲反弹$2。

现在，我们设想市场可能的变化，我们在确立目标的时候，要以最小的期望来确定，也就是要谨慎。当市场朝着更有利于我们的方向发展时，就修改我们的目标。在这里，最小的期望是市场在一个ABC矫正模式中，也就是说，这个反转是一个对上一个下降的修正，是一个摆动。在趋势确立前，你只能这样。那么，这个摆动可能是从1988年8月25日高点起的第5波浪摆动的38%或50%的折返（图16-8）。

我们观察到，1988年8月25日高峰562点到1988年9月26日$481.50是一个$80.50的空间。一个38%折返率将在$512的位置，而50%折返率在$522。如果低点1988年9月26日确实是预期的主要趋势变化点，那么这个上升周期应该扩展，至少是1988年6月的高点到1988年9月的低点的长期摆动的38%或50%。38%的折返在$542（图16-7，点L）和一个50%的折返在$562（点M）。实际是价格通过了$512和$522的初始目标后，价格强劲向上运动。

保存资本是做交易计划的两条基本规则之一。按照市场进展，推进每天的止损点以保护已经获得的利润。这时的止损点就是利润保护点。提高保护止损点到1988年9月26日低点以来的62%的折返点或是江恩1×2角度线上。在$544，这正好高于1988年6~9月熊市期间的38%折返下$2。一个重要的价格压力水平与从1988年6月顶部高点的江恩1×1角度线相符了。一个重要的江恩角度线和费波纳茨折返水平的一致，制止了市场运动的轨迹。下降的江恩 1×1 角度线暂时压制价格的上升，而上升的江恩 1×2 角度线在支撑价格的上升。这时下降的江恩 1×1 角度线与上升的江恩 1×2 角度线的交汇点就变得非常重要了，要注意观察这个点的变化。

价格在触及下降的江恩 1×1 角度线后，在 1988 年 10 月 21 日急速回落了，回落到上升的江恩 1×2 角度线上，这证实 A 浪或第一次折返高点完成了。

价格保持在江恩 1×2 角度线上面。作为支撑指示的上升 1×2 和下降 1×1 角度线的价格起到了非常重要的作用。在 1×2 角度上面的价格显示一个很强劲的市场。因为市场是这样强烈地在江恩 1×2 角度上面向前运动，价格的修正小于第一次摆动的 50%。在百分比率的预测中，我们讲过，一个上升或下跌的趋势的修正一般不会超过 50%，如此强劲的初始反弹，如果对它的修正超过 50%，那么就表示这个反弹是个虚假的反弹。

如果价格运动低于 50%折返，显示价格波浪模式的分析是错误的，那么，我们就要清空多头头寸，保护已经取得的利润并且站到一边观望。在这里，我们要告诉大家的是千万不要以为自己的预测是正确的，因为，预测的正确性要得到市场的检验。预测只是为了交易，所以，从交易的原则出发，你永远要跟随市场，并做出对资金的保护。那么，将保护止损调整到 $510 或在 A 浪 50%折返率下面 $2，锁定利润。你可能已经注意到，我们在设立止损时都在确定的支撑或压力下的 $2，这是考虑到价格有时会有一个支撑或压力的无效的渗透。在交易中，你可以采取多种方法，这一点我们在资金管理中有过相关的叙述。

下面，我们分析市场存在的可能的变化情况。预期市场至少正在展开一个从 1988 年 9 月的低点以来的一个 ABC 模式（图 16－8、16－9）。向反弹趋势方向的 C 波浪或摆动应该超过 A 浪的高点。时间、价格和模式分析暗示的主要趋势变化在 9 月份内。一个初始的修正摆动从 1988 年 9 月 26 日低点开始，已经超过所有的最小的预期价格。我们可以预期至少最后一个反弹高过 $544，也就是超过 A 段的高点。

价格在江恩 1×2 角度线上面 $1 开始并且反转向上。1×2 角度线经受了考验，继之以新高结束一个宽幅震荡日，价格轻松越过下降的 1×1 线。这证实了 C 段波浪是在进行之中，并创出了新高。

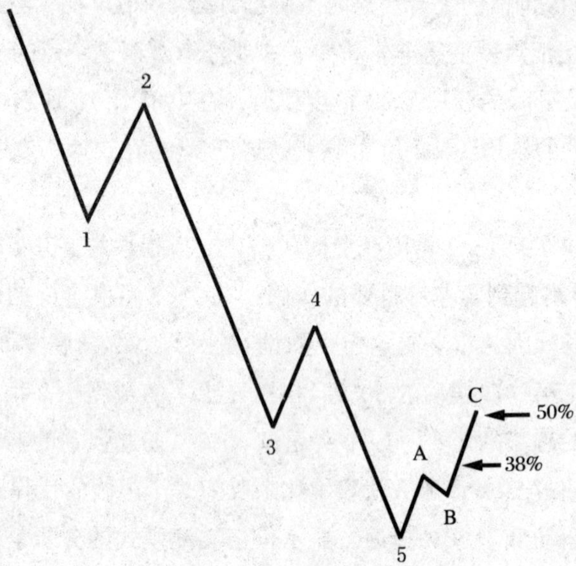

图 16－8　5 浪摆动的 38%、50%折返

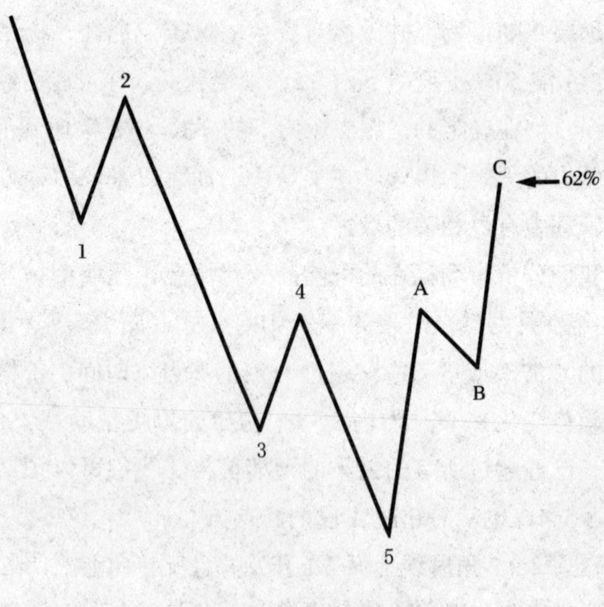

图 16－9　反弹高度预测

现在所有的时间、价格和模式分析正在依序出现，并得到了一再的确认。

我们现在再计算 C 浪的目标价格。一种测量是，C 浪 = 61.8%（A 浪）+ B 波浪的低点，在这种情况下，等于 61.8%（544 - 481.5）+ 523 = \$562。\$562 水平高点与 1988 年 8 月 25 日摆动高点相符。这两个压力水平一致。压力水平的这个一致性也是重要的，我们在遇到这种情况时，就要特别关注。如果 C 浪等于 A 浪的 100%，那么，目标价格是 \$586。\$586 水平靠近 1988 年 6 月到 9 月熊市期间的 62%折返 \$581（点 P）。

我们在图中看到，价格开始强烈反弹，到达初始的目标 \$562 之上，并且站在江恩 1×4 角度线上面。

江恩理论表明，一个主要运动的最后摆动一般大于 1×4 角度线支撑的速率，通常一旦 1×4 角度线被渗透，一个爆发性上升就结束了。我们提到过，一个过快的速率不能维持很久。如果价格反弹到下一个价格目标区 \$581 ~ \$586，这时要非常警惕顶部和反转的迹象。

3. 江恩方法与波浪模式的相互证明

在一个组合分析的方法中，方法之间要相互印证，要符合一致性原则。在这个例子中，一个艾略特 5 浪模式的完成，正好在一个重要的支撑和压力价格区域以内。在 1988 年 11 月 3 日，在 \$586 上面，价格反弹到了新的高点，但是收盘却收在前一天的收盘价下面，因而，它又引发了一个反转。更重要的是，\$586 压力价格落到江恩 2×1 角度线上，也就是江恩线与角度线会合了，产生了共振。回忆 A 浪高点回落到在江恩 1×1 角度线，与 1988 年 6 月的高点到 1988 年 9 月的熊市周期 38%折返相一致。现在，江恩 1×1 角度线和 1988 年 6 月到 9 月周期的 62%折返的一致性表示，一个反转已经展开了。

正如我们所预料的那样，1988 年 11 月 3 日收盘出现的单日反转形态和波浪模式，已经呈现出 ABC 形态。价格已经进入重要的长期价格压力（2×1）区域。短期的反转日模式显示出一个顶部的确立。

确定的证据显示出了重要的顶部，其出场在第二天的开盘价附近。在 11 月 4 日的 \$571 开盘价附近，清空多头头寸。当我们的预期得到证实，当一个重要的顶部来到，我们就不能贪婪，要及时清理头寸，并退出市场静观其变。那么，到目前，江恩、艾略特和费波纳茨时间、价格和波浪模式的一致性展示出了我们可以以最小的风险获取最大的利润的方法。

然而，市场决定一切，经过一个低谷后，价格快速向上反弹，并站在1×2角度线上面，超过了前面的高峰点。到达新的高峰的行动证实了市场将呈现一个艾略特5浪推动模式。也就是说它不是一个ABC调整模式而是一个5浪模式。

我们观察到，市场很强，一个艾略特5浪推动模式在展开。如果是这样的话，今天的高峰将被新的高峰所替代，并最终结束这次摆动。有太多的证据显示市场对1988年6~9月熊市周期的修正正在或接近结束。

那么接下来我们要做的是计算波浪5模式和时间-价格目标。

下一重要的时间目标落在1988年12月6日上了，1988年6月2日高峰到1988年9月26日的低点等于116个日历天。116的62%等于72。从1988年9月26日加72天的日历天正好落在1988年12月7日上。我们在1988年12月的第一个星期以内寻找趋势变化的指示，作为第5波浪的结束的价格目标落入＄611~＄625区域。

第5波浪各种各样的费波纳茨关系投射了这个范围。如果等于1浪的50%第一个目标是＄611；如果波浪5等于浪1，那么将是＄617；如果浪5等于波1的开始到波3的结束的62%，目标将是＄624。最终的费波纳茨测量是浪5等于浪3并且目的将是＄620。一个另外的考虑是缺口区域（＄612）——1988年6月岛形反转的顶。

这是一个重要的价格区域＄611~＄625，在江恩4×1角度线上面不远，与另外一个重要的江恩角度的价格比率目标一致（点R）。

小心地观察短期的反转模式，如果价格在这个压力区，在这重要的价格水平、重要的时间，在一个反转日上，那么，我们可以在1988年12月5日建立空头头寸。

第5个波浪模式的高峰在＄620，1988年12月5日引发了一个单日反转，在精确显示的价格压力区以内。时间、价格和波浪模式再一次被一个短期的反转证实。所有全部的指示是我们在12月5日做空，并以最小的代价获取最大的利润。

做空设在＄614上，止损在＄622，在全天高点以上＄2。我们预期这是对1988年9月26到1988年12月5日的实质修正。3天以后的走势，证实了这种分析，有力地收在从底部向上的江恩1×4角度线下面。

从上面的分析中我们可以得出，准确地使用时间、价格和模式分析可以使你以最小的代价获取最大的利润。在这个案例中，我们综合应用了江恩角度线、时间周期的确定、空间循环、费波纳茨数列比率、50%折返、交易规则等的知识。

地震出版社证券股票精品图书

K线技术实战精髓

本书是有关K线的最权威著作，是投资者学习K线的第一书。作者是征战股市多年的操盘手，对K线形态和K线组合的理解深刻、准确。

作者：邱太钦　　　定价：58.00

黑马飙涨时段的经典图谱

本书作者是中国人民银行研究生部金融学硕士，曾在广东粤海集团、香港合生创展集团从事投资工作多年，遍览名家奇技，潜心钻研股票，坚信2^{10}=1024。

作者：朱正阳　　　定价：39.80

做幸福的投资者

本书一位投资老手的倾心指点和忠告。

从新手到老手、从失败到成功、从沮丧到幸福，看完本书，我们会知道证券投资原来可以是一件幸福的事。作者曾著有《鱼来了》。

作者：周密　　　定价：30.00

主控战略移动平均线

本书是台湾黄韦中先生七本主控中的一本，是作者在借鉴前辈经验的基础上，加上自己多年来关于均线、指标的独特见解和实际操盘经验总结归纳而成，是一本难得的专门讨论移动平均线的书籍。

作者：黄韦中　　　定价：39.80

主力九大经典洗筹模式

本书准确归纳主力洗筹经典模式，使主力行动完全暴露在投资者面前，让投资者的每一次买卖都心中有数。

作者：邱太钦　　　定价：39.80

地震出版社证券股票精品图书

短线交易大师——工具和策略

本书为投资者提供了短线交易大师的工具、战术和策略，向投资者展示了当今顶尖的短线交易者怎样在心理上和知识上武装自己，以迎接无止境的短线交易职业生涯的挑战。

作者：[美]奥利弗·瓦莱士 [美]格雷格·卡普拉　　定价：48.00

反弹操作技术精要

本书是作者继《永久生存》之后的又一部力作，是国内第一本全面、系统讲解反弹操作获利方法的著作，书中详尽披露股市高手秘而不宣的各种反弹实战操作获利秘诀，力求让读者掌握如何在反弹操作中寻找精确化的进出买卖点，规避风险，获取丰厚利润。　　作者：金石 一舟　　定价：48.00

职业操盘手实战全程解析②

本书真实再现股市技术分析专家金石先生在九个月时间里，将400万中等资金实盘操作到2000万的全过程，详细剖析其独到的风险控制、短线、波段的操盘理念、选股方法、买卖技巧，探寻其实战操盘的心路历程，总结其制胜关键，披露其可供投资者复制的专业手法和赚钱模式。

作者：一舟　　定价：30.00

钱是怎么赔的——股民风险回避手册①

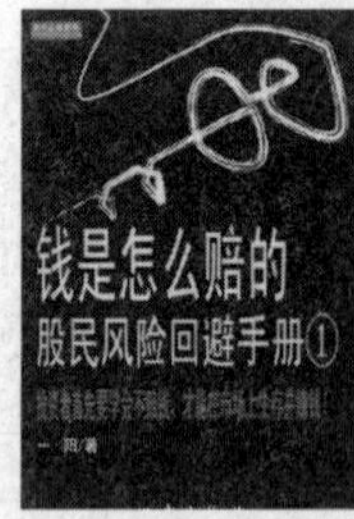

投资者首先要学会不赔钱，才能在市场上生存并赚钱！

经过几轮证券市场的牛熊转换，作者将投资中造成亏损的案例记录下来，归纳总结，用活生生的案例告知投资者股市中最容易产生亏损的时刻及最容易招致失败的操作。

作者：一阳　　定价：48.00

主力行为盘口解密①

盘口买卖盘挂单、盘面单笔成交、个股分时走势等等都隐藏着主力操纵的痕迹和其行为目的。这种盘口语言是一种无形的语言，只有掌握独门专业知识和经过长期实践训练的投资者才能读懂。本书运用大量实战案例详细解析主力在操盘过程中的思路、手法、技巧，告诉投资者如何准确理解其盘口语言。

作者：翁富　　定价：42.00